AF329671

BLAISOT Éditeur
M^d d'Estampes
178 RUE DE RIVOLI

Ve Jules RENOUARD
Éditeur de l'Histoire des Peintres
6, RUE DE TOURNON

LES
ÉMAUX DE PETITOT

DU

MUSÉE IMPÉRIAL DU LOUVRE

PORTRAITS

DE

PERSONNAGES HISTORIQUES ET DE FEMMES CÉLÈBRES

DU

SIÈCLE DE LOUIS XIV

ACCOMPAGNÉS D'UNE

ÉTUDE LITTÉRAIRE & BIOGRAPHIQUE INÉDITE SUR CHAQUE PERSONNAGE

RÉDIGÉE

Par nos plus éminents écrivains contemporains

PROSPECTUS.

Parmi les chefs-d'œuvre qui composent la Collection
nationale du Louvre, le Musée impérial possède une précieuse
réunion de petits portraits historiques peints sur émail par
un inimitable artiste du XVIIe siècle, le célèbre Petitot.

Jusqu'ici, personne n'avait songé à présenter dans son
ensemble — nous en avons souvent entendu témoigner le

PARIS

IMPRIMÉ CHEZ BONAVENTURE ET DUCESSOIS

55, quai des Augustins

LES
ÉMAUX DE PETITOT
DU
MUSÉE IMPÉRIAL DU LOUVRE

PORTRAITS
DE

PERSONNAGES HISTORIQUES ET DE FEMMES CÉLÈBRES

DU

SIÈCLE DE LOUIS XIV

GRAVÉS AU BURIN PAR M. L. CERONI

PARIS

BLAISOT, LIBRAIRE-ÉDITEUR, Md D'ESTAMPES

178, Rue de Rivoli, 178

—

1862

1964

ÉMAUX DE PETITOT

MUSÉE IMPÉRIAL DU LOUVRE

TABLE DU TOME I

AVIS DE L'ÉDITEUR

Depuis que ce livre est en cours d'exécution (mars 1864), les charmants portraits peints en émail par Petitot ont été l'objet d'une attention plus marquée et d'une assez vive curiosité. Ils ont surtout provoqué un mouvement artistique plein d'enseignements et d'intérêt.

Des artistes, des hommes de lettres, quelques amateurs érudits se sont pressés dans la galerie où ils sont exposés, au Louvre. La dimension exiguë de ces petits chefs-d'œuvre n'était pas de nature à révéler tout d'abord leur présence; on les connaissait, mais on savait à peine où les trouver; on ignorait que des tableaux aux vastes proportions envahissaient presque tout l'espace d'une des salles du centre (celle placée au-dessus de la voûte d'entrée qui regarde la rue Marengo) et reléguaient dans une encoignure les microscopiques émaux. Enfin, on a découvert leur retraite; puis on les a examinés de plus près, analysés, commentés, discutés tour à tour.

Cette analyse et ces commentaires ont poussé les esprits dans la voie des constatations historiques, et ont permis à quelques connaisseurs spéciaux de rectifier, soit d'après des textes, soit d'après les documents inédits qu'ils possèdent, un certain nombre d'attributions de noms et de qualités que nous avons cru devoir respecter, en principe, dans notre publication,—et dont nous avons même conservé la plus grande partie,—parce que ce sont celles énoncées dans le catalogue publié par l'administration du Musée du Louvre, et qui porte pour titre : *Notice des Dessins, Peintures, Émaux, etc., exposés au Musée royal dans la galerie d'Apollon.* (Un vol. in-12. Paris, C. Ballard, 1820.)

Il faut le constater, cependant, cette notice contient des erreurs qui ont été signalées depuis longtemps déjà, et qui seront relevées dans un nouveau catalogue, préparé, avec toute l'autorité que lui donnent son savoir et son expérience, par l'un de MM. les conservateurs du Musée. L'évidence de ces erreurs, établie sur des faits incontestables, nous a en partie dégagé de nos scrupules d'exactitude envers la notice de 1820, et c'est ainsi que nous avons renoncé à publier ici quelques émaux qui, par leur caractère, leur dessin et leur exécution, n'offrant presque aucune relation avec la manière ou les procédés de Petitot, ne sauraient lui être attribués avec certitude sans porter préjudice à sa renommée artistique. Tels sont, entre autres, les numéros 6, 47 et 49 (le czar Pierre le Grand,—Chardin, le voyageur,—J.-H. Mansard, architecte).

Le nombre de soixante portraits, que nous avions d'abord annoncé, s'est donc trouvé diminué.—D'autre part, les cadres affectés aux émaux du Louvre renferment plusieurs répétitions du même personnage. On y voit figurer jusqu'à cinq portraits différents de *Louis XIV*, trois de *Marie-Thérèse d'Autriche*, deux de *Gaston de France*, deux aussi de *madame de Combalet, duchesse d'Aiguillon*; sans parler des numéros 12, 39, 42 et 60, qui portent cette désignation uniforme : *Dame inconnue.*

Les portraits de personnages historiques qui se trouvaient plusieurs fois répétés parmi les émaux du Louvre n'offraient qu'un intérêt secondaire, pour la gravure et pour notre livre; quant aux *Dames inconnues*, elles auraient pu sans doute fournir la matière de quelques biographies d'imagination finement esquissées, mais la légèreté du fond eût été en désaccord avec le ton général des autres chapitres de l'ouvrage.

Pour combler, au moins en partie, les vides que nous laissaient les numéros mentionnés plus haut, nous avons sollicité le concours de ceux d'entre nos souscripteurs qui possèdent des collections d'objets d'art, et nous avons obtenu de leur bienveillante courtoisie la communication de plusieurs émaux originaux du maître, qui n'avaient jamais été gravés jusqu'ici, et qui représentent, pour la plupart, des personnages importants : émaux sur l'authenticité historique et artistique desquels il n'existe aucun doute.

Le portrait de *Louis XIV jeune*, que nous avons publié récemment, a été gravé d'après le merveilleux émail qui fait partie de la collection particulière de Sa Majesté l'Impératrice; c'est l'un des plus parfaits que le maître ait produits, un chef-d'œuvre de finesse et de sentiment.

Nous devons à l'auguste bienveillance de Sa Majesté la reine des Pays-Bas l'autorisation qu'il nous a fallu pour reproduire, d'après l'émail de Petitot, le portrait de *La Rochefoucauld* que possède sa collection royale.

M. le marquis de Colbert a bien voulu nous confier le précieux modèle d'après lequel nous avons reproduit les traits du célèbre ministre de Louis XIV. C'est ici encore l'une des œuvres les plus accomplies de Petitot.

L'émail qui représente *Turenne* fait partie aussi d'une collection particulière, celle de M. L. Double. Le possesseur l'a mis à notre disposition avec une parfaite urbanité.

Les portraits d'*Henriette d'Angleterre* et de *la comtesse d'Olonne* ont été dessinés à Londres, en vue de notre publication, d'après les émaux originaux exposés au Musée de Kensington.

Enfin, c'est grâce à un dessin très-achevé de Petitot lui-même, *ad vivum*,—communiqué par M. H. Bordier,—que nous avons pu faire connaître au public la physionomie du célèbre artiste qui a consacré soixante ans de sa vie à la production d'un nombre infini de petits chefs-d'œuvre. Son portrait, gravé pour la première fois en France d'après un document irrécusable, figure en tête de cet ouvrage.

Quant au second portrait de madame de Sévigné, qui motive en partie cet *Avis de l'Éditeur*, nous devons à nos souscripteurs une explication à son sujet. Dans la controverse dont nous avons parlé en commençant, les opinions se sont partagées. Le nom de madame de Sévigné, donné par la notice de 1820 à l'émail du Louvre qui porte le numéro 40, n'a pas paru être une attribution exacte. Quelques juges compétents ont voulu y voir un autre personnage que la célèbre marquise; ils n'ont pas trouvé dans ce visage éveillé une complète ressemblance avec les descriptions que les contemporains nous ont laissées des traits « un peu rustauds » de l'immortel auteur des *Lettres*. Ces doutes s'étant produits après la publication de notre première planche (le numéro 40 du Louvre), nous avons dû profiter des renseignements recueillis, des vérifications faites, et, par déférence pour les esprits éclairés dont émanaient ces renseignements, comme aussi pour complaire à nos souscripteurs, nous nous sommes trouvé dans l'obligation de publier un second portrait au bas duquel on pût écrire avec certitude le nom de madame de Sévigné. Ce second portrait est une exacte reproduction de celui qu'a peint au pastel Robert Nanteuil, un contemporain de la marquise; il a été gravé au burin par Nicolas Edelinck, et Petitot a pu le peindre en émail d'après Nanteuil, sans cependant qu'il nous soit possible d'affirmer le fait d'une manière positive. Il figure en tête d'une des premières éditions des *Lettres*, et aucune voix jusqu'ici ne s'est élevée pour contester l'œuvre des deux graveurs.

L'importance historique du personnage, et l'admiration qu'excite de nos jours encore la Correspondance de madame de Sévigné nous ont paru, enfin, des raisons déterminantes pour la publication de ce double portrait. Est-il en effet un homme de goût, en France, qui ne partage, à cet égard, les sentiments si bien exprimés par M. Sainte-Beuve, dans ces lignes charmantes extraites des *Portraits de femmes?*

« ...Si, dans tout ce qui précède, nous paraissons à quelques esprits difficiles avoir
« poussé bien loin l'admiration pour madame de Sévigné, qu'ils nous permettent de
« leur adresser une question : L'avez-vous lue? Et nous entendons par lire, non
« point parcourir au hasard un choix de ses lettres, non point s'attacher aux deux
« ou trois qui jouissent d'une renommée classique, au *Mariage de Mademoiselle*, à
« la *Mort de Vatel*, de M. de Turenne, de M. de Longueville, mais entrer et che-
« miner pas à pas dans les dix volumes de lettres (et c'est surtout l'édition de MM. de
« Monmerqué et de Saint-Surin que nous recommandons), mais tout suivre, tout
« *dévider*, comme elle dit; faire pour elle enfin comme pour *Clarisse Harlowe*,
« quand on a quinze jours de loisir et de pluie à la campagne. Après cette réponse,
« fort peu terrible, qu'on s'en prenne à notre admiration, si on en a le courage... »

On ne saurait mieux penser, ni mieux dire, pour mettre dans tout son relief le talent accompli de l'inimitable *épistolière*.

A. B.

Décembre 1863.

JEAN PETITOT

(1607-1691)

Un fruit savoureux est enveloppé souvent d'une rude écorce. Dans les obscurs labeurs d'une vie simple et austère (celle d'un grave bourgeois huguenot), s'est formé de lui-même, par les seuls efforts du talent, l'art délicat, charmant, original, du peintre inimitable à qui ce livre est consacré. Il est nécessaire de jeter un coup d'œil sur cette honnête existence, du moins sur ceux de ses traits qu'on a pu ravir à l'oubli, pour ensuite apprécier l'œuvre. Le lecteur permettra qu'on le fasse passer par cette entrée, un peu froide mais nécessaire, qui conduit à la galerie brillante où tant d'illustres physionomies du grand siècle nous ont été conservées presque vivantes par un admirable pinceau.

Jean Petitot, émailleur, joaillier, orfèvre et génie créateur dans la peinture de portraits en émail, naquit à Genève le 12 juillet 1607. Son grand-père était un médecin bourguignon qui, s'étant fait protestant sous Charles IX, n'avait échappé au bûcher qu'en se réfugiant en Italie, et son père, un artiste de mérite qui après s'être distingué à Rome comme architecte et sculpteur en bois, avait sacrifié sa carrière pour s'établir (en 1597) à Genève et pratiquer librement sa religion dans le giron du protestantisme. Le fils du sculpteur trouva dans la joaillerie et la bijouterie génevoises l'espoir d'un métier lucratif en même temps qu'un aliment aux goûts d'artiste qu'il tenait de sa naissance, Il s'adonna avec succès à l'ornementation et à l'émaillerie des bijoux sous la direction d'un joaillier génevois nommé Pierre Bordier, alors plus expérimenté que lui et doué aussi de talent pour sa profession. Leur genre de travail ne consistait encore qu'à ciseler et à colorer sur le métal des fleurons, des rinceaux, des gentillesses, comme on les appelait ; mais la chimie, encore peu avancée, ne fournissait aux conceptions de l'artiste que des ressources très-insuffisantes. Les deux amis résolurent de voyager pour chercher dans les laboratoires de l'étranger des procédés nouveaux et se perfectionner la main. Ils parcoururent l'Italie, la France, où Petitot travailla, dit-on, chez les Toutins, fameux orfèvres de Châteaudun et de Blois ; puis ils se rendirent en Angleterre, où régnait un prince passionné pour le luxe et les belles choses, Charles Ier. Arrivé à Londres, Petitot courut offrir ses services à l'orfèvre du roi, et lui rapporta bientôt des bagues et d'autres bijoux émaillés avec tant de finesse et d'éclat, que lorsqu'on les eut présentés au roi, celui-ci voulut voir l'ouvrier qui les avait faits. Il s'entretint avec lui de son art, joignit à ses encouragements de judicieux conseils ; enfin, donna des ordres pour que son premier médecin et son premier peintre aidassent Petitot, l'un en se livrant à des expériences de chimie pour lui trouver de nouvelles couleurs, les tons de chair surtout qui manquaient, l'autre en le dirigeant pour la peinture des figures et des portraits. Le médecin était en effet un grand chimiste et de plus un Génevois, Turquet de Mayerne ; le peintre était un maître illustre, Van Dyck.

Tous ces efforts unis produisirent des merveilles. Les couleurs qui manquaient et dont l'absence avait toujours laissé une certaine grossièreté dans les émaux de Limoges et de Blois furent bientôt découvertes, et Petitot, docile aux conseils de Van Dyck, devint un portraitiste parfait. La première figure qu'il peignit fut un saint Georges que Charles Ier lui demanda pour une plaque de l'ordre de la Jarretière ; puis il fit, d'après les tableaux à l'huile de Van Dyck, les portraits du roi, des membres de sa famille et des personnages principaux de sa cour ; portraits qui sur un petit espace de vingt à trente millimètres reproduisaient tous les détails, toutes les nuances, tout l'esprit des grandes peintures, en offrant l'avantage d'être inaltérables. Les Anglais citent comme admirable celui de la comtesse de Southampton, Rachel de Ruvigny, qui, par exception, compte près de dix pouces anglais de hauteur. Georges Vertue et sir Horace Walpole, dans leurs *Anecdotes of painting*, l'appellent : « l'ouvrage d'émail le plus capital qu'il y ait au monde. »

Les malheurs et la triste fin de Charles Ier, en 1649, chassèrent Petitot de l'Angleterre. Il dit adieu pour toujours au pays où son protecteur avait été mis à mort, et suivit l'émigration anglaise à Paris. Son ancien collaborateur Pierre Bordier, qui n'avait sans doute pas à tenir compte des mêmes scrupules, demeura à Londres et se chargea d'un ouvrage que Petitot n'aurait pas accepté. Ce sont deux plaques d'or émaillées représentant : l'une le Parlement anglais en séance, l'autre la bataille de Naseby où Charles avait été défait par le général Fairfax, bijou commandé par la Chambre des communes pour être offert au vainqueur.

« Chacune de ces peintures est large d'un pouce et demi, dit Walpole, et l'on ne saurait rien imaginer de plus parfait que ces petites figures. Sur la bataille, on voit les troupes engagées dans le lointain, et au premier plan, Fairfax lui-même monté sur un cheval bai. L'homme et le cheval sont copiés d'après Van Dyck, mais avec une indépendance et une richesse de tons qui peut-être surpassent l'œuvre de ce grand maître. Au-dessous du cheval, on lit *P. B. fecit.* »

C'est là le seul ouvrage que l'on connaisse comme étant uniquement dû au premier collaborateur de Petitot.

Un de ses jeunes parents, nommé Jacques Bordier, avait aussi assisté Petitot, comme élève probablement, car il était de neuf ans plus jeune, dans ses travaux mi-partis d'orfèvrerie et de peinture, de commerce et d'art. Il avait eu, lui aussi, l'honneur de travailler sous les yeux de Charles Ier, et avait également fait son voyage d'Italie, comme le montre cette lettre écrite, le 12 août 1640, par Turquet de Mayerne :

« A M. *Reade*, mon noble et respectable ami, à *Otelands*.

« Monsieur, j'ai receu vostre lestre dont je vous remercye. Ce sera une grande œuvre de charité de tirer hors de peine deux enfans de Genève, mes compatriotes, qui ont esté arrestés à Milan et sont prisonniers dans l'Inquisition. Le nom de l'un est Jacques Bordier que le roy cognoist fort bien, ayant travaillé en esmail pour Sa Majesté. L'autre est son cousin dont je ne sais pas le nom de baptisme[1]. Ils sont allés en Italie pour trafiquer et se rendre plus capables en leur profession d'orfèvrerie, et sans doubte ont porté quelque marchandize avec eux que je croy estre la principale cause de leur malheur. Nous implorons la bonté de Sa Majesté (catholique) pour leur délivrance que nous aimons mieux obtenir par terme d'honneur et de faveur que par des voyes plus rudes, comme de représailles qui nous est aisée en nostre ville, en ce temps icy auquel le roy d'Espagne a plusieurs de ses sujects de la Franche-Comté réfugiés avec leurs biens pour se garantir de l'invasion des François... »

Jacques, en 1649, accompagna Petitot en France et ils continuèrent ces travaux en commun où leur modestie ne semblait compter l'art que pour un accessoire. On lit sur l'un des registres de l'église réformée de Paris :

« Les promesses de mariage d'entre Jean Petitot, *marchand à Paris*, fils de deffinet Paul Petitot, marchand à Genève, et de deffuncte Etienna Royaume, ses père et mère, d'une part ; et Marguerite Cuper, fille de Sulpice Cuper, conseiller du roy et controlleur des rentes en la généralité de Bordeaux, et de Marie Manier, ses père et mère, d'autre part ; ayant esté publiées et venes au Consistoire, ont esté par trois dimanches consécutifs, savoir le 9, le 16 et le 23 juillet 1651, sans qu'il y aist heu aucune oposition. Et le jeudi vingt-troisième novembre 1651, le mariage a esté bénit par M. Drelincourt. »

Jacques Bordier avait épousé au mois d'août Madeleine Cuper, sœur de Marguerite. Toutes deux étaient natives de Blois, qui, comme le remarque Mariette, « nourrissoit alors plus d'un bon peintre en émail. » Par une harmonie qui s'est rarement vue dans l'histoire des arts, les deux beaux-frères ne cessèrent pas, jusqu'au moment où la mort vint les séparer, de peindre ensemble : Petitot faisait les chairs et les visages ; son ami les cheveux, les vêtements et les fonds. Les succès qu'ils avaient eus à la cour d'Angleterre grandirent encore à Paris

---

[1] Il s'appelait Joseph Bordier. Cette lettre a été publiée pour la première fois par M. William Carpenter, dans son ouvrage sur Rubens et Van Dyck, Londres, 1840.

lorsqu'on eut vu le roi tout-puissant, Louis XIV, leur accorder sa
bienveillance. Tout en conservant la partie mercantile de leur profession, l'orfévrerie et la joaillerie, ils peignirent d'après Mignard,
Lebrun, Champagne, quelquefois d'après leurs propres dessins, la
plupart des seigneurs et des grandes dames de la cour de France.
Leurs noms devinrent des favoris de la mode, mais non d'une mode
passagère. Richelet, dans les remarques préliminaires de son fameux
Dictionnaire françois (publié d'abord en 1680), s'exprime ainsi :

« Monsieur Bordier et monsieur Petitot, dit-il, sont des plus fameux peintres en
émail de Paris et les premiers qui ont fait des portraits en émail. On ne faisoit, avant
eux, que des fleurs et autres petites gentillesses. Un portrait en émail, grand comme
la paume de la main, vaut quarante ou cinquante pistoles quand il est fait par un
habile peintre, et les plus petits quinze et vingt pistoles. »

« La peinture en émail, continue Richelet, est un art qui imite, avec des couleurs
d'émail, ce qu'il y a de beau dans un sujet. Elle se fait sur des plaques d'or ou de
cuivre, émaillées de blanc par les orfévres metteurs en œuvre, et on peint sur ces
plaques avec des pinceaux et avec toutes les couleurs d'émail qui peuvent agréablement imiter la nature. Les couleurs du peintre en émail sont : le noir d'écaille, l'azur,
le gris de lin, le rouge, le pourpre d'or, le pourpre de vitrier, etc. Mais il est besoin
de donner aux émaux qu'on employe un feu propre afin de les parfondre sur la plaque
et de leur faire prendre le poliment qu'ils doivent avoir, et, pour cela, l'ouvrage
doit aller sept ou huit fois au feu. La peinture en émail n'est point sujete à changer,
et le temps qui fait de si grands changemens en la plupart des choses ne peut rien
sur elle, parce que c'est une espèce de vitrification. Les honnêtes gens qui en voudront savoir davantage sur ce sujet n'ont qu'à consulter monsieur Bordier et monsieur Petitot, célèbres dans la peinture en émail. Ce sont ces messieurs qui m'en ont
instruit avec la plus grande honnêteté du monde. »

Ces détails techniques ne paraîtront sans doute pas déplacés ici,
surtout à ceux qui savent combien les rares artistes de ce temps-ci
encore adonnés à la peinture sur émail sont loin de confier sept ou
huit fois au feu leurs ouvrages. Cette opiniâtreté du travail, et ce courage qui exposait tant de fois une œuvre aux chances destructives de la
cuisson dans l'espoir de la rendre plus parfaite, sont bien un signe du
vrai talent. Celui de Petitot a été célébré en prose et en vers. Dezallier

d'Argenville, dans son *Histoire des plus fameux peintres* (1762), l'appelle le « Raphaël de la peinture en émail, » et il ajoute :

> La vie et les couleurs qu'à l'émail il imprime,
> De la beauté nous rendent tous les traits ;
> Sous son pinceau leur éclat se ranime.
> Il nous rend la fraîcheur, les grâces, les attraits.
> Tel est de son talent la force et l'art suprême
> Que de l'absence il charme les regrets ;
> Et qu'il nous fait par ses vivants portraits
> Jouir à chaque instant de la douceur extrême
> De voir entre ses mains respirer ce qu'on aime.

C'est de la poésie d'almanach ; mais elle prouve la notoriété du talent auquel elle était dédiée. Toutefois elle ne vaut pas l'opinion du judicieux Mariette, ce savant et habile appréciateur d'objets d'art, qui dit à deux reprises, en comparant l'émail à la peinture à l'huile :

« Le plus beau morceau de peinture en émail qui fut jamais est le portrait du cardinal Mazarin (par Petitot), qui appartient à M. l'abbé de Breteuil. Il a certainement été fait pour capter la bienveillance de ce ministre à qui, plus il avait de crédit, plus le peintre paroît avoir pris soin de lui plaire. Il vient d'après un très-beau tableau de Philippe de Champagne ; mais je suis assuré que si l'on comparoit aujourd'hui la copie avec l'original, l'ouvrage du peintre en émail effaceroit celui du peintre à huile, tant il est finement touché et tant les couleurs en sont brillantes.... Je n'entreprendrai pas, continue-t-il, de faire passer en revue tous les chefs-d'œuvre de Petitot ; mais il en est un que je me reprocherois de passer sous silence. Il s'agit du portrait d'Hugue de Lyonne, ministre et secrétaire d'État, qui, dans un très-petit espace, car c'est un rond qui n'a pas plus de huit lignes de diamètre, est d'une telle précision qu'aucun de ces traits vifs et spirituels qui caractérisent la physionomie de ce grand homme d'État n'a été oublié. Ils sont si parfaitement saisis qu'il eût été difficile au peintre le plus habile de les exprimer avec autant de force dans un tableau de grandeur naturelle. J'ai eu l'occasion de voir et d'examiner l'original de Champagne qui a servi de modèle à Petitot et qui est excellent dans ce qu'il est ; il n'a pas été capable de me faire changer d'opinion. »

Cette supériorité des deux artistes a été louée de même en tout temps, avec une chaleur qu'on ne peut s'empêcher de partager lorsqu'une fois on a jeté les yeux sur les faibles échantillons de leurs travaux qui sont exposés aujourd'hui dans les galeries du Louvre. Petitot et son collaborateur y joignaient l'élévation du caractère. Ce dernier, qui paraît avoir été l'homme actif de la maison, fut, pendant les quinze dernières années de sa vie (1669-1684), le chargé d'affaires de la république de Genève à Paris. Par leur crédit auprès des courtisans de Louis XIV, les deux amis avaient rendu à Genève divers services qui leur avaient été payés par une grâce à laquelle ils répondirent, en écrivant aux syndics de la république, le 1ᵉʳ janvier 1669, la lettre suivante :

« Magnifiques et très-honorés Seigneurs,

« Vous ayant pleu nous donner une marque singulière de votre bonté et de l'honneur de votre bienveillance par l'arrest que monsieur l'ancien syndic Lullin nous a envoyé en votre nom, en date du 16ᵐᵉ may dernier, qui accorde à nos enfans à naître le droit et les priviléges de citoyens, comme s'ils étoyent nés dans votre ville, nous en remercions très-humblement Vos Seigneuries et ne saurions assez leur témoigner la recognoissance que nous en avons. Mais s'il plaist à Dieu nous donner des fils qui puissent jouir de ce privilége, nous les assurons de prendre soing de les eslever et instruire à leur rendre leurs respects, et leurs services à leur patrie avec tout le zèle auquel cette grâce les oblige. Et si Vos Seigneuries ont fait quelque considération de la dévotion et affection avec laquelle nous avons tâché d'exécuter leurs ordres et leurs commandemens dont ils nous ont honorez pour leurs affaires, nous rechercherons de plus fort les occasions de leur en donner à l'advenir de plus grandes preuves et leur témoigner que nous sommes, avec beaucoup de respect, de Leurs Seigneuries, les très-humbles, très-obéissans et très-fidelles serviteurs et citoyens.

« J. PETITOT.   J. BORDIER. »

On a dit que Petitot et son collaborateur, enrichis par leur art et par l'engouement de la cour, étaient devenus millionnaires ; c'est une illusion dont on s'était bercé. Petitot écrivait à ses enfants : « Vous aurez observé que vous estes nés d'un père qui n'a rien épargné, suivant son pouvoir, à subvenir à toutes les choses nécessaires pour vostre entretien et pour vostre éducation, en quoy vous devez recognoistre la grâce que Dieu vous a faite. Je ne puis vrayement vous laisser que peu de biens selon le monde…. » On peut l'en croire. D'ailleurs sa femme lui avait donné dix-sept enfants dont le dernier naquit le 11 juin 1674. Ce fut en cette année 1674, lorsque ayant atteint l'âge de soixante-sept ans, Petitot pouvait se croire à la fin de sa carrière, qu'il composa, pour sa nombreuse famille, un de ces livres de piété comme il n'est pas rare d'en trouver encore aujourd'hui dans les familles protestantes et qui, en effet, s'est conservé jusqu'à nos jours entre les mains de ses descendants. Ce volume (in-8° de 166 feuillets), écrit presque en entier de la main de Petitot, commence par une sorte d'instruction paternelle intitulée : *A ma famille*, d'où est tirée la phrase ci-dessus citée, relative à la médiocrité de sa fortune ; il comprend ensuite une série de prières et de méditations pour les diverses circonstances de la vie chrétienne et se termine par la liste des mariages, naissances et décès de la famille, continuée, après Petitot, par une de ses filles mariée à un pasteur réfugié en Hollande, Jean Bazin de Limeville, puis par la postérité de celui-ci. D'Amsterdam et de la Haye, le livret est passé à Montpellier, puis à à Brest, où il est aujourd'hui et où il a reçu ses dernières inscriptions en 1840 et 1844[1]. C'est un précieux volume, non pas seulement pour le témoignage qu'il renferme du caractère de Petitot, et pour ces pages écrites de sa main, mais surtout pour un certain nombre de lavis à l'encre de Chine dont il l'a décoré.

Il s'ouvre par un frontispice en forme de temple ionique où sont agencées, en manière de groupes sculptés, parmi des sentences pieuses, les trois vertus théologales : la Foi, l'Espérance et la Charité. Au verso de ce titre, Petitot a dessiné son propre portrait, au-dessous duquel on lit : « Je vous fay présent, ma chère femme, de ce petit recueil de « prières et de méditations, que j'ay faict pour le laisser à nostre famille « affin que ce luy soit une ayde pour la porter à la piété, » et en regard se trouve la pleine et vaillante physionomie de Marguerite Cuper. Le public ne connaissait point, jusqu'à présent, les traits de celui qui a peint tant de personnages. Le musée de Genève possède une très-belle toile de Pierre Mignard, sur le fond de laquelle on lit : JEAN PETITOT, et

[1] On peut voir plus de détails dans le *Bulletin de la Société de l'histoire du Protestantisme français*, publié par M. Charles Read, t. IX, p. 305 et 419.

qu'on a gravée[1] comme étant le portrait du célèbre émailleur. Elle représente un joli homme d'environ trente-cinq ans, coiffé d'une vaste
perruque noire élégamment négligée, cravaté d'une riche dentelle,
drapé dans un manteau de soie cramoisie; c'est probablement, comme
l'indique ce costume de la fin du XVIIe siècle, un des fils de Petitot qui,
peintre en émail comme son père et nommé du même prénom, a été la
cause innocente de beaucoup de confusions commises par les biographes.

Il existe, chez S. M. la reine actuelle de Hollande, un portrait de
Petitot père, dit-on, peint par lui-même sur émail (conf. la liste alphabétique ci-après); mais les démarches faites pour en obtenir une copie
par nos zélés éditeurs, MM. Blaisot, sont restées sans résultat. Le portrait, parfaitement authentique, du livret de Brest est celui que nous
donnons en tête de ces lignes.

Aux feuillets suivants de son registre de famille, Petitot a représenté
quatre sujets de piété : la Naissance du Christ, la Crucifixion, l'Enseve-
lissement et l'Ascension. Ces dessins sont jolis; mais ils ne portent pas
l'empreinte d'un talent supérieur, ni rien qui s'éloigne, soit dans la
composition, soit dans l'exécution, de ce que les aquarellistes du temps
savaient faire. Ce qui est plus curieux, c'est la délicatesse timorée avec
laquelle l'auteur s'excuse auprès de ses enfants d'avoir osé, lui calviniste, traiter de tels sujets :

« Comme nous devons avoir au cœur vivement gravée, dit-il, la bienheureuse
naissance de Notre-Seigneur Jésus, sa mort douloureuse et sa résurrection triomphante, estant la seule et unique bonne pensée du chrétien, me trouvant en quelque
sorte capable d'en faire en ce livre les tableaux, pour représenter à nos yeux corpo-
rels ce que les yeux de la foy doivent incessamment contempler, j'ay cru sans
scrupulle, bien que les images ne soyent pas othorisées entre nous réformés qui
sommes, par la grâce de Dieu, éloygnés de toute adoration terrienne, qu'il me seroit
bien permis de faire voir la représentation de ce divin Sauveur.... »

[1] Dans les *Fragments des reg. des Conseils de Genève*, par le baron Grenus, Genève, 1815,
p. 137. D'Argenville, et d'après lui Fuesslin (*Geschichte, etc.*) en donnent un autre où Petitot,
jeune encore, est représenté en costume du temps de Louis XIII. Je ne sais d'où il est tiré.

Notre émailleur n'eut que trop l'occasion de mettre à l'épreuve les sentiments de sa vive piété. Il vécut assez pour assister à la révocation de l'édit de Nantes, et pour boire sa part d'amertume dans cet épisode historique. Lorsque les protestants virent les rigueurs de Louis XIV se multiplier, et le cercle de la violence se resserrer peu à peu jusqu'à ce qu'éclatât le funeste édit de révocation (17 octobre 1685) qui supprimait d'un coup cette liberté de conscience, si cruellement achetée et si chèrement maintenue, Petitot, presque octogénaire, chargé de famille et pourvu d'une fortune médiocre malgré l'assiduité de ses travaux, voulut regagner Genève. Mais il était bourgeois de Paris et attaché au service de la cour; il lui fallait, pour se retirer, une permission du roi qui ne s'accordait à personne et qui lui fut refusée. Il renouvela plusieurs fois sa demande et n'obtint, par sa persistance, qu'un ordre d'emprisonnement. On l'enferma dans les geôles du For-l'Évêque, et le grand prédicateur, Bossuet, lui fit l'honneur d'employer sa parole et son autorité pour le convertir. Il y perdit sa peine. Mais vinrent la maladie, le désespoir, la frayeur d'avoir, comme tant d'autres, à souffrir la ruine, les galères, la torture, la mort peut-être, et ces convertisseurs pleins d'éloquence arrachèrent de Petitot sa signature au bas d'un acte d'abjuration. Ce fut durant ces angoisses du vieillard, auxquelles s'ajoutèrent immédiatement la honte et la désolation d'avoir eu cette faiblesse, que sa femme et lui adressèrent au conseil de Genève les deux touchantes lettres que voici. La première est de madame Petitot.

« 31 mai 1686. »

« Messeigneurs,

« Quoique jusqu'à présent la demande que vous (nous) avez fait l'honneur de faire à M. de Croissy[1] de M. Petitot comme vous appartenant n'ait encore rien servi, et qu'il a fallu qu'il ait signé comme les autres pour sortir de l'affreux lieu où il a été un mois sans voir personne de sa famille, il ne laisse pas, ni moi non plus, de vous en avoir à tous toute la reconnoissance possible, espérant qu'avec le temps le roy voyant l'obéissance qu'il a eue pour ses ordres, il fera quelque considération de la demande que vous avez eu la bonté de lui faire d'un pauvre homme qui ne se conso-

[1] Frère de Colbert.

lera jamais d'avoir été contraint par les accès de fièvre qu'il a eus dans le couvent (appréhendant d'y demeurer), d'y faire ce qu'il a fait en déclarant que ce n'était que par force. Nous nous flattons encore, qu'après tout ce cahos passé, notre bon roi vous accordera, messeigneurs, la prière que vous lui faites avec tout l'empressement possible, dont nous vous serons toute notre vie obligés les uns et les autres, et particulièrement cette chère personne qui est si accablée qu'elle n'a pas encore la force de vous faire elle-même ses complimens. Vous les recevrez, s'il vous plaît, messeigneurs, de lui et de moi, puisque nous vous prions avec tout le respect que nous vous devons, de nous tenir pour vos plus acquis serviteur et servante, messeigneurs,

« PETITOT. »

Le mari écrivit deux ou trois jours plus tard :

« Messeigneurs,

« Les disgrâces qui me sont arrivées dès quelque temps me seroient moins sensibles qu'elles ne sont, si je pouvois avoir assez de reconnoissance et de remerciemens à vous rendre, messeigneurs, des grâces et des bontés dont il vous a plu m'honorer, n'ayant rien omis en tout ce qui pouvoit me procurer du repos et la joie d'aller finir mes jours en ma patrie. La lettre qu'il vous a plu, messeigneurs, d'écrire par une grâce singulière à M. de Croissy-Colbert en ma faveur n'ayant rien pu obtenir près de Sa Majesté, laquelle a témoigné que je voulois être le seul en son royaume qui fût exempté, et dit que les longues années de mon séjour en France ne le pouvoient permettre; j'avoue que cela m'a mis dans une sensible affliction et porté à la résolution de sortir d'entre les mains des personnes chez lesquelles on m'avoit relégué pour revenir en ma famille et avec elle chercher le pardon d'en haut et les consolations, et le moyen d'y vivre éloigné de tout ce qui s'oppose à la pureté du christianisme. La Providence nous a voulu rendre participans avec nos frères de la dernière désolation, en la perte de toutes les églises de ce royaume. Il faut avoir une grande soumission pour ses châtiments, étant l'œuvre d'en haut. Je prie le Seigneur, de toute la force de mon âme, de vouloir être le protecteur de votre république. Je ne cesserai jamais de faire des vœux et des prières ardentes pour sa conservation et pour sa prospérité, comme aussi, messeigneurs, pour celle de vos personnes mes souverains, desquels, avec un profond respect, j'ai l'honneur de me pouvoir dire, messeigneurs, le très-humble et très-obéissant et fort obligé subject,

« J. PETITOT. »

Petitot ne parvint à s'enfuir que l'année suivante. On lit dans les registres du consistoire de Genève, à la date du 22 mars 1687, que cet austère tribunal des mœurs, averti de l'arrivée du réfugié, qui se trouvait dans la ville depuis quelques jours avec une partie de sa famille, discuta la question de savoir s'il ne le citerait pas à sa barre pour recevoir le blâme dû à la faiblesse qu'il avait eue de signer une abjuration ; mais, considérant qu'il n'avait du moins pas été à la messe, l'assemblée jugea devoir user à son égard de la voie plus bénigne des remontrances particulières ; elle se contenta de la réparation que lui et les siens firent entre les mains d'un pasteur.

A Genève, Petitot fit encore quelques émaux importants, notamment un portrait du roi et de la reine de Pologne réunis sur une même petite plaque. On conserve aussi, au musée de cette ville, un émail de grande dimension, mais inachevé, reproduisant le tableau de Lebrun : *la famille de Darius aux pieds d'Alexandre*. Il est peint sur une plaque d'or mesurant 13 centimètres et 1 millimètre en longueur sur 9 centimètres et 2 millimètres en largeur. L'on dit que Petitot fut assailli dans sa retraite par un tel concours de demandes et de visites, qu'il la quitta pour aller ailleurs chercher le repos de ses derniers jours ; il se retira à l'autre bout du lac Léman, dans la petite ville de Vevey, et y mourut, en 1691, pendant qu'il s'occupait, dans sa quatre-vingt-quatrième année, de peindre encore un portrait de sa femme. Plus heureux que son collaborateur, dont il partageait les sentiments, Jacques Bordier avait échappé à la persécution : il était mort, à Paris, dix-huit mois avant la révocation de l'édit de Nantes.

II

Voilà tout ce qu'on sait de l'histoire de nos deux peintres ; quant à celle de leurs œuvres, nous n'avons que des renseignements moins complets et moins certains encore. Pendant le cours de leur longue carrière, ils ont sans doute exécuté un nombre considérable de portraits, mais il s'en est bien peu conservé. Il paraît qu'aucun de ceux faits en France ne porte ni le nom du modèle, ni la signature de l'auteur, ni la date, ni aucune marque quelconque. Cela est certain, du moins, pour tous ceux qui sont au Louvre[1]. Cet orgueil du talent qui dédaignait de rien mettre sur ses œuvres quand toute la vieille école de Limoges, et même des contemporains estimables comme Prieur (vers 1660), en agissaient autrement, a porté malheur aux deux artistes génevois. « Le manque de noms, dit Mariette, a beaucoup fait perdre de prix aux portraits de Petitot et a souvent occasionné la destruction qui s'en est faite, faute de connoître les personnes qui y étoient représentées. C'étoit alors, ajoute le même critique, une mode parmi les femmes d'avoir son portrait peint, monté en bracelet, et pour peu qu'elles fussent d'un certain rang, il n'y en avoit point qui ne voulussent avoir un pareil bijou ; mais uniquement occupées de leur parure, elles les laissoient le plus souvent à la discrétion de leurs suivantes, qui, les confondant avec les diamants de leurs maîtresses, y occasionnoient des rayures et quelquefois même des fractures dans l'émail, et comme le mal étoit sans remède, on ne manquoit pas alors de les envoyer aux orfévres, dont la cupidité alloit quelquefois jusqu'à y comprendre des peintures bien conservées, pour en retirer le pur or sur lequel l'émail étoit assis. Et c'est ainsi qu'ont péri une infinité de peintures de Petitot qu'on ne peut assez regretter.... »

Donc, beaucoup sont perdues et l'on doit renoncer sans doute à jamais savoir de quoi se composa l'œuvre entier de Petitot. Mais, pour ce qu'on en pouvait savoir du temps de Mariette, si cet habile critique se plaignait déjà, et des pertes accomplies, et du danger qui se présentait souvent de prendre un personnage pour un autre, combien les mêmes plaintes ne sont-elles pas plus fondées aujourd'hui ?

En 1822, cependant, séduit par ces ravissants petits portraits, M. Blaisot avait entrepris de les reproduire au moyen de la gravure. Il avait fait appel au crayon de Devéria et au burin des trois frères Charles,

---

[1] « Pas un des émaux de Petitot qui sont au Louvre (je les ai tous vus et maniés autrefois hors de leur cadre officiel), pas un, ni sur la face peinte ni au revers, ne porte le nom du personnage représenté ; pas un même n'est signé du peintre. Le talent du peintre signe pour lui, et, par parenthèse, je soupçonne fort d'être apocryphes les Petitot qui courent signés en toutes lettres. » (F. Feuillet, *Revue des Deux Mondes*, 15 nov. 1849.) Avant d'arguer de faux, il est à observer que Petitot avait un fils peintre en émail, comme lui.

Alfred et Tony Johannot ; mais burin et crayon se montrèrent d'une insuffisance notoire devant les ouvrages si fins qu'il s'agissait de reproduire, et la publication s'arrêta lorsqu'elle eut donné les dix portraits inscrits au catalogue des émaux du Louvre sous les nᵒˢ 13, 18, 23, 28, 30, 31, 32, 37, 40 et 57.

Aujourd'hui, le même éditeur, à quarante ans d'intervalle, reprend la même idée ; muni, cette fois, de moyens d'exécution plus dignes de son projet, animé d'une intelligence de l'art et de l'histoire que personne n'avait encore en 1823, il offre à un public devenu, lui surtout, plus délicat et plus éclairé, la collection complète des émaux de Petitot conservés au Louvre.

Le chemin, toutefois, est semé d'écueils. Ce ne sont plus maintenant les doctes et les lettrés seulement qui connaissent, qui aiment les personnages héroïques et les femmes adorables du xvııᵉ siècle ; il n'y a guère de gens du monde actuel à qui ne soient familières jusqu'aux physionomies diverses de cette époque célèbre. Or, ici renaissent, dans toute leur énergie, les appréhensions de Mariette : Si la tradition, consacrée par le catalogue du musée du Louvre s'était quelquefois trompée ? Si nous nous trompions nous-mêmes ? Si nous faisions admirer à nos lecteurs un personnage au lieu d'un autre, parmi cette réunion de portraits dont aucun ne porte de nom ?

A cette objection, voici notre réponse : Il est vrai, la tradition et le catalogue qui la consacre, catalogue publié en 1820 et en vertu duquel les émaux de Petitot ont reçu les numéros et les noms qu'ils portent encore aujourd'hui dans les salles du Louvre, sont plus d'une fois dans l'erreur. On en verra bientôt la preuve. Nous nous sommes crus obligés néanmoins, de respecter les données officielles que chacun trouve inscrites dans le livret qui se vend ou s'est vendu à la porte du musée, et nous avons laissé à tous nos portraits, bien malgré nous pour quelques-uns, les noms que leur assigne le catalogue, sauf à prendre la liberté de les discuter.

C'est ici la place de ce dernier travail. Les lecteurs voudront bien se tenir pour prévenus que la liste qui va être mise sous leurs yeux forme un correctif indispensable (quoique non pas infaillible) aux attributions données à chacun des portraits dont l'ouvrage se compose. Cette liste est disposée dans l'ordre alphabétique des noms, et l'on a tâché de faire d'elle un inventaire, non-seulement des émaux du Louvre mais de tout ce que l'on connaît des œuvres de Petitot[1], en y faisant entrer l'indication de portraits exécutés par ce maître, qui ont été cités par ses différents biographes, ou qui sont annoncés dans les catalogues de plusieurs ventes importantes faites à Paris, surtout pendant le cours du XVIIIe siècle, et dont les catalogues ont été rédigés par des connaisseurs dignes de foi.

[1] Nota. Aux portraits, il faut ajouter, pour tâcher d'être complet, cette mention faite par d'Argenville : « Une Vierge de la plus grande beauté, peinte par Petitot, qui se voyait, dit-on, au trésor de l'église de Lorette. » Walpole et Mariette parlent aussi d'un ouvrage de ciselure exécuté par le même maître, d'après la Lucrèce du Titien. Enfin, on se rappelle le *saint Georges*, la *famille de Darius* et le Livre de prières dont il a été parlé tout à l'heure. Il existe, en outre, quelques portraits à la miniature de personnages du temps de Louis XIV, peints sur parchemin (d'une dimension double environ de la dimension ordinaire des émaux de Petitot) avec une telle perfection qu'on les attribue à Petitot lui-même et qu'ils ne semblent pas avoir pu être faits par une autre main que la sienne. Nous connaissons deux portraits de cette sorte à Paris, l'un de la reine Marie-Thérèse, l'autre de Colbert.

Ouvrages à consulter sur Petitot :

Abrégé de la vie des plus fameux peintres, par M*** (d'Argenville), in-8°, Paris, 1762, t. III, p. 28. — *Geschichte der besten Künstler in d. Schweiz*, von Fuesslin, in-8°, 1769, t. Ier, p. 488. — *Anecdotes of painting in England*, by G. Vertue, new digested by Horace Walpole. — *Histoire littéraire de Genève*, par Sénebier, in-8°, 1786, t. II, p. 233. — *Neues allgemeines Künstler-Lexikon*, von Dr G. K. Nagler, Munich, in-8°, 1841. — *Renseignements sur la culture des beaux-arts à Genève*, par M. le syndic Rigaud, in-8°, 1847. — *Abecedario de P.-J. Mariette*, pub. par P. de Chennevières et A. de Montaiglon, Paris, Dumoulin, 1858. — *Bulletin de la Société de l'histoire du protestantisme français*, 1861.

Catalogues mentionnés dans la liste qui suit :

Catalogue d'un cabinet de diverses curiosités contenant…, une suite unique de petits portraits, dont plusieurs sont peints en émail par le célèbre Petitot, 1752. (C'est le cabinet de M. Cottin ; catalogue rédigé par Helle et Glomy.) — *Catalogue des portraits de personnes illustres, dont plusieurs sont en émail, par le célèbre Petitot et autres*, par M. Helle ; vente le 26 septembre 1758. — *Catalogue raisonné des différents objets de curiosité… qui composaient le cabinet de feu M. Mariette*, par F. Basan, graveur, 1775. — *Catalogue d'une belle collection de tableaux,… émaux par Petitot, etc., venus du cabinet de M. T…* ; vente le 22 décembre 1783. — *Catalogue d'une belle collection de tableaux… venant du cabinet de M. le baron S. T***** ; vente le 21 juin 1784. — *Catalogue des tableaux précieux, dessins… qui composaient le cabinet de feu M. Aubert, joaillier de la couronne* ; vente le 2 mars 1786. — *Catalogue de tableaux… provenant du cabinet de feu M. Watelet, de l'Académie française…* ; vente le 12 juin 1786. — *Catalogue de tableaux provenant du cabinet de M. le chevalier de C****** ; vente le 4 décembre 1786. — *Catalogue d'une très-belle collection de tableaux… provenant du cabinet de M******* ; vente le 26 nov. 1787. — *Catalogue d'une collection de tableaux… formant le cabinet de M. Roger de Fons-Colombe* ; vente le 18 juin 1790. — *Catalogue… Lebrun, peintre, parle des tableaux du comte d'Artois*, 1791. — *Catalogue des tableaux précieux… provenant du cabinet de M. Choiseul-Praslin* ; vente le 18 février 1793. — *Catalogue d'une collection précieuse de tableaux originaux… du cabinet de feu le citoyen Duclos-Dufresnoy* ; vente le 18 août 1795. — *Catalogue… de Saint-Martin*, 1806. — *Catalogue raisonné du cabinet de M. Charles Léoffroy de Saint-Yves… par L.-F. Regnault, peintre et graveur…*, 1805. — *Catalogue… Dubreuil Lenoir*, 1821. — *Catalogue… Montfort*, 1833. — *Catalogue… du maréchal Soult*, 1852.

LISTE ALPHABÉTIQUE

I. *Anne d'Autriche*. — N° 4, 5 et 54 des émaux du Louvre, plus un quatrième
émail figurant, sans numéro, dans la décoration d'un joyau placé au centre de l'un
des cadres occupés par ces émaux. Le joyau dont il s'agit est un fragment de quelque
pièce vraisemblablement sortie de l'atelier de bijouterie de Petitot et Bordier; il se
compose d'une plaque circulaire, en nacre de perle, d'environ 13 centimètres de diamètre, bordée d'un cordon d'émail bleu semé de fleurs de lis d'or. Sur la plaque se
découpe, en or ciselé parsemé de diamants, un petit monument qui représente une
balustrade garnie à ses extrémités de deux trophées d'armes; dans le centre du
trophée de gauche est sertie une plaque d'émail représentant la figure de Louis XIV;
à droite est disposé de même le portrait de Philippe d'Orléans, son frère. Un *L* mis
sous le premier, un *P* sous le second ne permettent pas de s'y tromper. Entre les
deux s'élève, sur la balustrade, un vase dont la panse, formant le milieu de la plaque,
est une large émeraude et dont le sommet supporte le portrait émaillé d'Anne d'Autriche, un peu plus élevé que ceux de ses fils. Sous le vase, un amour tient un écus-
son sur lequel est la lettre *A*. Au-dessus du tout règne un riche baldaquin dont un
ange soulève les plis, et dont le sommet est surmonté d'une couronne royale formée
de rubis et de diamants.

Dans ces quatre portraits, le visage de la reine est le même et tourné de la même
façon; elle est uniformément parée d'une robe noire, d'un voile noir dont la pointe
avance sur le front, d'un collier de perles et d'une broche de corsage à cinq perles en
pendeloque; toutes leurs différences consistent en ce que les boucles d'oreilles sont ou
non cachées sous les cheveux, et en ce que la guimpe qui couvre la poitrine est plus
ou moins montante. L'original de cette représentation d'Anne d'Autriche, en costume
de veuve, me paraît être une peinture exécutée par Nocret, en 1645, et gravée par
Michel Lasne, Moncornet, Larmessin, Humbelot, J. Valdor, Pierre de Jode ont reproduit par la gravure le même type. Cependant, ce n'est pas à Nocret, mais à Beaubrun, que le rédacteur du catalogue Duclos-Dufresnoy attribue la peinture primitive:

2

« N° 94. Le portrait d'Anne d'Autriche, d'après Beaubrun. Elle est presque de face ; coiffée en cheveux bouclés, couverte d'un voile de gaze dont la pointe lui couvre le milieu du front, et vêtue d'un corset lilas en partie couvert d'une collerette en dentelle. Hauteur, 18 lignes ; larg., 15. » — On lit dans le catalogue de Saint-Yves (1802) : « N° 49. Le portrait d'Anne d'Autriche ; cette princesse est coiffée en cheveux, les épaules couvertes d'un manteau bleu semé de fleurs de lys en or. » (Vendu 1,222 livres.)

II. *Aiguillon (la duchesse d')*. — N° 58 et 59 des émaux du Louvre. Cheveux châtains tirant sur le roux, draperie brune sur le corsage ; dans le n° 58, on aperçoit, de plus, un voile descendant du chignon. La physionomie est bien la même dans les deux numéros, quoique le n° 59 ait les yeux plus bruns que l'autre.

III. *Armande (la belle)*, « fille d'honneur de la cour de Louis XIV, riche monture sur boîte ronde d'écaille, de forme carrée et doublée en or, 4,051 francs » (Vente Dubreuil Lenoir, 1821).

IV. *Barbezieux*. — N° 14 des émaux du Louvre. Teint basané, perruque noire, pourpoint bleu, gilet jaune, cravate rouge. Le catalogue Cottin indique, sous le n° 574 : « Louis-François Le Tellier, marquis de Barbezieux, secrét. d'État, peint d'après Mignard. » (Vendu 250 livres.) Celui du Louvre est aussi exécuté d'après une peinture de Mignard, gravée par C. Vermeulen.

V. *Bouillon (la duchesse de)*. — Émail cité par d'Argenville.

VI. *Bourgogne Marie-Adél. de Savoye (duchesse de)*. — « Monture ordinaire de forme ovale sur tabatière d'écaille à gorge d'or, 780 livres. » (Vente Dubreuil Lenoir, 1821.)

VII. *Buckingham (le duc de)*. — « Sa Grâce le duc de Devonshire possède une tête de Buckingham, par Petitot, avec le nom du peintre et la date 1640. C'est, par conséquent, une copie faite après la mort du duc (assassiné en 1628) et à laquelle a servi évidemment de modèle le portrait peint par Honthorst. La duchesse de Portland possède un autre émail de Buckingham exactement semblable au précédent. » (Walpole.)

VIII. *Castelnau*. — Voyez l'article suivant.

IX. *Catinat (le maréchal de)*. — N° 19 des émaux du Louvre. Perruque blonde, yeux bleus, cuirasse à clous d'or et festons rouges. L'attribution de ce portrait est une erreur manifeste pour ceux qui connaissent les traits lourds et heurtés de Catinat, qu'ont reproduits Vermeulen et Largillière (gravures de Desrochers, Larmessin, Lalive, Leroux). La physionomie douce et fine, représentée sur cet émail, est celle de

Jacques, marquis de Castelnau, troisième fils de Castelnau de La Mauvissière, créé maréchal de France en 1658, et mort la même année. M. de Reiset, conservateur au Louvre, est l'auteur de cette restitution qu'il a bien voulu nous signaler. L'émail semble fait d'après le même portrait qui a servi à Nanteuil pour sa gravure, datée aussi de 1658. — Un portrait de Catinat, cuirassé, figure dans la vente Dubreuil Lenoir, 1821 (2,700 fr.), et un autre (peut-être le même) dans la vente Soult, 1852 (2,000 fr.).

X. *Cervantes* (1547-1616). — Mentionné comme il suit dans le catalogue du 26 novembre 1787 : « Quatre boîtes d'écaille noire enrichies chacune, sur le couvercle, d'un portrait en émail par Petitot, dont trois de femmes connues, et celui de Michel Cervantes. Elles seront détaillées lors de la vente. Tout le monde connaît aujourd'hui la rareté des ouvrages de cet habile artiste : ceux-ci sont de ses plus beaux et des mieux conservés. »

XI. *Chardin, le voyageur* (1643-1713). — N° 47 des émaux du Louvre. Perruque d'un blond cendré. Protestant fidèle et fils d'un bijoutier de Paris, Chardin, qui était de retour de son premier voyage en Perse dès l'année 1670, dut être connu personnellement de Petitot. — En effet, les traits du portrait émaillé rappellent tout à fait ceux des gravures faites d'après David Loggan, sauf qu'ils sont d'un homme beaucoup plus jeune. L'émail a été exécuté entre les années 1670 et 1671 ; l'ouvrage du peintre anglais entre 1685 et 1693.

XII. *Charles Ier.* — Plusieurs portraits de ce prince, de sa femme et de la plupart des personnes de sa famille, peints en Angleterre par Petitot. (D'Argenville et Walpole.) Ce dernier auteur en possédait un dont il dit : « Je possède une jolie tête de Charles Ier, pour laquelle ce prince a probablement posé, car il n'y ressemble à aucun de ceux que j'ai vus de la main de Van Dyck.... Il me vint d'un des fils (d'un des petits-fils, veut-il dire) de Petitot, qui était major au service d'Angleterre, et qui mourut major général à North-Allerton en Yorkshire, à l'âge de soixante-ans, le 19 juillet 1764. »

XIII. *Chevreau (Urbain).* — Écrivain, né à Loudun (1643-1701). Son portrait a été gravé, pour être mis en tête de ses œuvres, par un graveur hollandais nommé Gunst. Voyez au cabinet des estampes de la grande bibliothèque, à Paris, le recueil AA 1, article *Petitot*.

XIV. *Christine, reine de Suède.* — N° 35 des émaux du Louvre. Cheveux châtains, petite couronne d'or posée sur le derrière de la tête, yeux bruns, robe bleue, manteau rouge doublé d'hermine ; un globe en cristal dans la main gauche.

XV. *Colbert.* — Teint coloré, cheveux châtains, moustache grisonnante, manteau noir et rabat blanc sous lequel on aperçoit le cordon bleu. C'est à la bienveillance des descendants actuels du grand ministre de Louis XIV, et particulièrement de M. le marquis de Colbert, que M. Blaisot doit la communication de cet émail, plus beau peut-être qu'aucun de ceux du Louvre, et la permission de le faire graver pour le présent ouvrage.

XVI. *Condé (la princesse de).* — N° 15 des émaux du Louvre. Cheveux châtains, manteau rouge bordé de martre. Dans la vente du cabinet de M. T... (22 décembre 1783) figurait, sous le même nom, un émail tout à fait différent : « N° 111. Un très-beau portrait de la princesse de Condé, vue de buste et de trois quarts, ajustée d'un tour de gorge de dentelle et d'une draperie bleue brodée en or. Hauteur, 16 lignes; largeur, 14 lignes; de forme ovale. — « La princesse de Condé, coeffée en cheveux, draperie bleue, vendu 200 livres. » (Vente Belizard, 1783.)

XVII. *Conti (la princesse de).* — Émail figurant dans la vente Cottin, n° 626 (vendu 100 livres) et dans celle du 26 septembre 1758, n° 9. Le catalogue de la vente Cottin annonçait aussi, sous le n° 574, un portrait de F. L. de Bourbon, prince de Conti, peint par Petitot; mais il fut reconnu à la vente que c'était un ouvrage du peintre Châtillon (vendu 100 livres).

XVIII. *Dauphin (le grand),* fils de Louis XIV. — N° 26 des émaux du Louvre. Perruque blond clair, joues colorées, cravate rouge. Peint probablement d'après le portrait de Nanteuil, gravé en 1677 (Note de M. de Reiset). Il en figurait deux exemplaires (n° 560 et 562) dans la vente Cottin.

XIX. *Deshoulières (madame).* — N° 51 des émaux du Louvre. Cheveux châtain clair, manteau jaune dont la doublure verte bouillonne sur la poitrine.

XX. *Dupré (mademoiselle).* — N° 21 des émaux du Louvre. Cheveux châtains, joues rosées, corsage bleu bordé d'une draperie en mousseline brunâtre, nouée au milieu par un nœud de ruban rouge orangé. Cette belle personne n'est pas aussi inconnue ni aussi villageoise qu'on le supposerait d'après la notice jointe ici-même à son portrait. Mademoiselle Dupré, parente peut-être de cette prude madame de Montchal, fille de Du Pré, maître des requêtes, dont Tallemant des Réaux raconte plaisamment la noce (*Historiette* 409), était un bel esprit de la société de Conrart et de mademoiselle de Scudéri. On trouve de ses vers dans le *Recueil de vers choisis* donné par le P. Bouhours (1693) et de sa prose dans la correspondance de Bussy-Rabutin. En écrivant (le 27 juillet 1673) à Corbinelli et à madame de Sévigné, Bussy leur adresse un petit poëme de mademoiselle Dupré, intitulé : *L'ombre de Descartes,* et il ajoute : « A propos de Descartes, je vous envoie des vers qu'une fille de mes amies a faits en faveur de son ombre; vous les trouverez de bon sens, à mon avis. »

XXI. *Du Quesne (l'amiral Abraham).* — Ficquet a gravé son portrait d'après Petitot.

XXII. *Élisabeth (la reine).* — Émail cité sous le n° 133 dans le catalogue de la vente T... (1783) ; c'était une plaque circulaire de 15 lignes de diamètre.

XXIII. *Fiesque (la comtesse de).* — Il y avait deux exemplaires de son portrait à la vente du cabinet Courfin ; N° 553 vendu 184 livres 4 sols, et n° 578 adjugé à M. de Dijonval à 220 livres ; le premier fut vendu à la vente Helle du 26 septembre 1758.

XXIV. *Fontanges (la duchesse de).* — N° 30[1] des émaux du Louvre. Cheveux blonds cendrés, corsage en brocart d'or ; cet émail est malheureusement fendu en cinq ou six morceaux, mais assez bien rajustés. L'attribution de ce portrait à mademoiselle de Fontanges est une erreur du musée du Louvre. C'est le portrait de la comtesse de Grignan, fille de madame de Sévigné, qui n'eussent point été flattées de cette méprise. En effet, l'édition des *Lettres de madame de Sévigné*, donnée à Paris de 1734 à 1737, en six volumes in-12, fut l'œuvre, comme on sait, du chevalier de Perrin, ami de la famille ; elle fut faite sous les yeux et avec le concours de madame de Simiane, fille de madame de Grignan ; or, le portrait de cette dernière, gravé par Petitot, pour être joint à l'édition, est précisément le même que reproduit l'émail n° 30.

Mademoiselle de Fontanges avait d'ailleurs été certainement peinte par Petitot (voyez d'Argenville et Walpole). On voit dans le catalogue de la vente Cottin, rédigé par Helle, figurer sous le n° 361 une duchesse de Châtillon, montée sur un bracelet d'or (vendu 700 livres), qui reparut dans la vente du 26 septembre 1758 (n° 10), avec l'aveu fait par le même Helle qu'il s'était trompé et que cette prétendue duchesse de Châtillon était mademoiselle de Fontanges. C'est vraisemblablement le même bracelet qui reparut de nouveau sous le n° 145, en 1783, à la vente de T... : « Le portrait de madame de Fontanges ; la tête vue de trois quarts, coeffée en cheveux bouclés et ornés de perles ; monté sur un bracelet en or ; hauteur 16 lignes, largeur 14 lignes ; de forme ovale. »

XXV. *Gaston d'Orléans.* — N°⁸ 16 et 36 des émaux du Louvre, si l'on en croit le catalogue de 1820. Cette double attribution contient au moins une erreur ; il est impossible que deux figures aussi différentes représentent le même personnage. Le n° 16 est d'un homme au teint brun, aux cheveux châtains bouclés ne descendant pas beaucoup au-dessous de l'oreille ; cuirasse à ornements d'or ; draperie jaune sur l'épaule. Cette belle et martiale physionomie au type aquilin très-accentué est l'opposé en tout de celle que représente le n° 36, jeune homme à visage long et blafard, à nez écrasé, à lèvre pendante, à perruque immense dans le goût de la fin du XVII° siècle. Le n° 16 a quelque lointain rapport de physionomie avec celle donnée à

[1] Quelques-unes de nos gravures de ce portrait, par suite d'une faute d'impression, portent le n° 23 au lieu du n° 30.

Gaston par le portrait de Mignard (gravure de F. de Poilly); quant au n° 36, je crois qu'il faut le ranger provisoirement à l'article des *Inconnus*.

Je ne puis supposer qu'on ait ici confondu le duc d'Orléans Gaston avec le duc d'Orléans Philippe, l'oncle avec le neveu, car ce dernier, heureusement pour lui, ne ressemble pas davantage au n° 36. Mais où cette confusion de Gaston avec Philippe s'est pleinement faite, c'est dans l'émail n° 27. Le catalogue du Louvre le donne comme représentant le frère de Louis XIV; or il ne lui ressemble nullement et il porte le costume du temps de Louis XIII : cheveux naturels bouclés autour de la tête et long col brodé rabattu sur la cuirasse. En un mot, le n° 27 est Gaston. Ce qui ne laisse pas ici de place au doute, c'est que l'émail est exactement copié sur un portrait peint par P. Mignard et gravé en 1660 par F. de Poilly.

XXVI. *Grignan (le comte de)*. — N° 5 des émaux du Louvre. Perruque châtaine, yeux bleus, rabat blanc. On a des doutes sur la justesse de l'attribution (note de M. de Reiset).

XXVII. *Grignan (la comtesse de)*. — N° 43 des émaux du Louvre. Cheveux blond pâle, gaze brunâtre drapée sur le corsage. D'après ce qui vient d'être dit à l'article XXIV, ce portrait-ci n'est point celui de madame de Grignan. On a plus d'une fois confondu la fille de madame de Sévigné avec sa bru, Jeanne-Marguerite de Bréhan de Mauron, également marquise de Sévigné. C'est ce qui a été spirituellement dit par M. F. Feuillet, lorsqu'il a démontré (*Revue des Deux Mondes*, 15 novembre 1849) que le portrait donné en 1820 à la tête de l'excellente édition de M. Monmerqué, comme étant celui de l'auteur des *Lettres*, était celui de cette dame Jeanne de Mauron, « jeune femme pâle, ajoute-t-il, délicate, étiolée, aux yeux bleu d'azur, au nez aquilin, à la chevelure presque incolore. » Il en parlait ainsi d'après un autre émail de Petitot, appartenant alors à M. de Mussey; et cette description, aussi bien que la gravure publiée dans l'édition de M. Monmerqué, se rapportent parfaitement, ce nous semble, à l'émail du Louvre n° 43.

Il est difficile après cela de rien conjecturer pour savoir quelle personne représentait l'émail de Petitot, indiqué en ces termes sous le n° 146 de la vente T... (22 septembre 1787) : « Le portrait de madame de Grignan vu de trois quarts, coeffée en cheveux bouclés avec collier de perles et ajusté d'un fichu de gaze jaune rayé de bleu, dans une bordure d'or. Hauteur 12 lignes, largeur 14 lignes. »

XXVIII. *Henriette-Marie de France*, femme de Charles Ier, 1609-1669. Portrait cité par sir Horace Walpole.

XXIX. *Henriette d'Angleterre*, duchesse d'Orléans, 1644-1670. Portrait cité par Walpole, « comme très-grand et comme une œuvre capitale travaillée d'une manière exquise. » — Vente Duclos-Dufresnoy (1795), n° 97 : « Le portrait d'Henriette-Anne d'Angleterre, d'après Van Dyck. Elle est vue de trois quarts, coeffée en cheveux bouclés ornés d'une guirlande de fleurs, portant une robe de soie blanche avec colerette de dentelle. Hauteur 17 lignes, largeur 14 lignes. »

XXX. *Inconnus.* — Un grand nombre de portraits de Petitot figurent avec cette désignation anonyme dans les catalogues et dans les cabinets. Nous ne donnerons place dans cette liste qu'à ceux qui se trouvent décrits avec assez de soin par les catalogues pour pouvoir être à la rigueur reconnus, et aux trois émaux du Louvre nos 39, 42 et 66 restés sans nom.

XXXI. « Un portrait de femme, la tête coiffée en cheveux bouclés, le tour de gorge garni d'une dentelle et d'une étoffe brochée en or; hauteur 14 lignes, largeur 12 lignes. » (Vente T..., 1783, n° 147.)

XXXII. Portrait d'un artiste inconnu, représenté de trois quarts, portant des moustaches et coiffé de cheveux blancs, cravate de dentelle au cou, manteau bleu broché. (Vente T..., 1783, n° 151, et vente Aubert, 1786, n° 112.)

XXXIII. « Une tabatière de forme ronde en laque montée en cage et doublée d'or; elle est ornée sur son couvercle d'un superbe portrait en miniature, peint en émail par Petitot, représentant une femme vue de trois quarts, coiffée en cheveux bouclés, portant deux grosses perles à ses oreilles et un autre rang de perles à son col : on distingue une partie de son corsage qui se détache en bleu sur sa poitrine. Ce médaillon précieux, et de la plus parfaite conservation, est entouré de dix-huit perles fines entières. » (Vente Choiseul-Praslin, 1793, n° 353.)

XXXIV. « Une jeune femme vue de trois quarts, coiffée en cheveux avec guirlande de perles et vêtue d'un corset orange; hauteur 15 lignes, largeur 12 lignes. » (Vente Duclos-Dufresnoy, 1795, n° 98.)

XXXV. « Un portrait d'homme, d'après Van Dyck, coiffé en cheveux plats; il porte un rabat en batiste et chaîne d'or autour du col; hauteur 11 lignes, largeur 9 lignes. » (Même vente, n° 99.)

XXXVI. « Un portrait d'homme, d'après Champagne, en cheveux naissants et rabat garni de dentelle; hauteur 9 lignes, largeur 8 lignes; monté en bague. » (Même vente, n° 100.)

XXXVII. N° 39 du Louvre. Jeune fille au visage long et mince presque de face, grands yeux bleus, cheveux d'un blond vif; la tête en partie couverte d'un voile jaunâtre, guimpe de même couleur.

XXXVIII. N° 42 du Louvre. Jeune femme à jolie physionomie brune et mutine, de trois quarts, tournée à gauche. Très-reconnaissable à un corsage en étoffe de gaze blanche rayée de distance en distance d'une double raie rouge.

XXXIX. N° 60 du Louvre. Femme blonde coiffée de perles. Émail bordé d'une guirlande de fleurs émaillées blanc, noir et or, semées de diamants.

XL. *Jacques II*, roi d'Angleterre, peint lorsqu'il n'était que duc d'York. Cité par Walpole.

XLI. *Joyeuse (Henriette-Catherine de)*, duchesse de Montpensier.—Deux exemplaires dans la vente du cabinet Cottin : le n° 552 vendu 700 livres, et le n° 372 vendu 308 livres.

XLII. *La Meilleraye (le maréchal de)*, père de La Meilleraye-Mazarin. — « Portrait sur une tabatière en écaille avec gorge en or; il provient de la vente Potowski.» (Vente Montfort, 1833.)

XLIII. *La Rochefoucauld (le duc de)*.—Un portrait de l'auteur des *Maximes*, pris de trois quarts, tourné à gauche, tête nue et cuirassé, a été gravé au trait, d'une pointe fine et légère, par C. S. Gaucher.

XLIV. *Lasne*.—« Le portrait de Michel Lasne, fameux graveur, grand ovale avec des mains, dont une appuyée sur la poitrine, est un des plus beaux morceaux qu'on puisse voir, » dit d'Argenville.

XLV. *La Vallière (la duchesse de)*. — N° 25 des émaux du Louvre. Cheveux châtains, robe bleue à nœud rouge, écharpe jaune. Il y a des doutes sur la justesse de l'attribution de cette figure, quelque jolie qu'elle soit, à mademoiselle de La Vallière. (Renseignement dû à M. de Reiset.)—A la vente Cottin (1752), le portrait de mademoiselle de La Vallière, par Petitot, fut vendu 750 livres, et le docteur Nagler en cite un qui atteignit dans une autre vente, en 1809, le prix de 9,000 francs [1].— A la vente Boyer de Fons-Colombe (1790), n° 572, un portrait de mademoiselle de La Vallière, beaucoup plus petit que celui-ci, est coté comme ayant 13 lignes sur 11.

XLVI. *Lavardin (Charles de Beaumanoir, marquis de)*.—N° 2 des émaux du Louvre. Perruque châtaine, yeux bruns, pourpoint noir, cordon bleu sous le rabat. L'attribution du nom de Lavardin à cet émail est une erreur; on peut voir, d'après un portrait peint par Pierre Mignard et gravé par Vermeulen, qu'il représente le chancelier Phelypeaux. (Renseignement dû à M. de Reiset.)

XLVII. *Longueville (le duc de)*.—Portrait mentionné sous le n° 18 dans la vente du 26 septembre 1758.

XLVIII. *Longueville (la duchesse de)*.— N° 50 des émaux du Louvre. Cheveux blond cendré, couronne de lauriers, mantelet de fourrure grise. Dans la vente Cottin (1752),

---

[1] « Il est des ouvrages de Petitot qui ont été portés jusqu'à 18,000 francs. » (Rigaud.)

n° 537, figurait l'article suivant : « Madame la duchesse de Longueville, montée en émail et un reliquaire au dos du portrait; il vient de M. Gendron, oculiste célèbre, qui l'avoit eu en présent de la famille. » (Vendu 806 livres 12 sous.)

XLIX. *Lorraine (Marguerite de)*, femme de Gaston d'Orléans.—N° 37 des émaux du Louvre. Cheveux brun clair, yeux noirs, sourcils épais, guimpe brunâtre. Portrait entouré d'un cadre ovale formant une bordure de fleurs en émail blanc rehaussé d'or.

L. *Louis XIII.* — Vente Duclos-Dufresnoy (1795), n° 93 : « Le portrait de Louis XIII, d'après Beaubrun, peint dans sa jeunesse; il est coiffé en cheveux, et porte un vêtement de satin jaune avec collet de batiste garni en dentelle. Hauteur 18 lignes, largeur 15 lignes. Ce portrait est endommagé. »

LI. *Louis XIV.* — N° 10, 11, 45 et 46 des émaux du Louvre, auxquels il faut ajouter celui qui fait partie du joyau que nous avons décrit à l'article d'*Anne d'Autriche*. Dans chacun de ces portraits, l'attitude, l'âge, le costume du roi sont différents sans qu'on aperçoive la moindre disparité dans ses traits. L'émail n° 44 est encore un Louis XIV, mais du peintre suédois C. Boit, et non de Petitot. Nous avons signalé la quantité de portraits de Louis XIV que dut faire ce dernier. Dans la seule vente Cottin (1752), il y en avait sept, dont un fut acquis par M. de Dijonval (160 livres), et un autre par la marquise de Pompadour (180 livres); un autre encore, n° 550 (vendu 280 livres 19 sous), est indiqué dans le même catalogue comme ayant été peint par Petitot « en l'année 1670. » — « Louis XIV et Monsieur, sur la même tabatière en écaille, de forme carrée, doublée en or, 2,080 fr. » (Vente Dubreuil Lenoir, 1821.)

LII. *Louvois (le marquis de)*.—Mentionné sous le n° 562 dans la vente du cabinet Cottin.

LIII. *Ludre (mademoiselle de)*.— N° 44 des émaux du Louvre. Cheveux châtains, manteau rouge sur l'épaule gauche.

LIV. *Lyonne (Hugues de)*. — Voyez ci-dessus, page 6, ce que dit Mariette au sujet du portrait de ce ministre, appartenant, lorsqu'il en parlait, à madame la marquise de Gouvernet.

LV. *Maine (le duc du)*.—Portrait mentionné dans la vente du cabinet Cottin sous le n° 615 (vendu 48 livres).

LVI. *Maintenon (la marquise de)*.—N° 9, 12, 36 des émaux du Louvre. Le dernier numéro, celui où Françoise d'Aubigné est représentée dans tout l'éclat de la jeunesse, a été habilement gravé au commencement de ce siècle par Laugier. Les cheveux sont châtains, les fleurs qui garnissent le corsage, de toutes couleurs et éclatantes ; on aperçoit à peine la robe, dont la nuance paraît gris-perle. Le corsage qui se voit dans la gravure de M. Ceroni n'existe pas dans l'émail ; il a été ajouté dans le but de porter cette figure à la dimension uniforme adoptée pour toutes, dans la collection de M. Blaisot. Le n° 9, gravé par M. Paul Mercuri pour l'*Histoire de madame de Maintenon*, publiée, en 1848, par l'arrière-petit-neveu de la marquise, M. le duc de Noailles, offre les traits de cette femme célèbre à un âge un peu plus avancé, mais jeune encore : ses cheveux sont châtains ; sur l'épaule droite, une draperie blanche ; sur le dos, une écharpe rouge ; le fond forme un ciel très-bleu coupé de nuages. L'authenticité de ce portrait est d'une certitude particulière : il a été gravé par Larmessin d'après Mignard, et se trouve, de plus, gravé par Giffart, en 1687, en tête d'une thèse dédiée à madame de Maintenon elle-même, par un de ses parents, nommé Leblanc de Neauville (F. FEUILLET, *Revue des Deux Mondes*, 15 nov. 1849). La gravure de Mercuri a été habilement contrefaite par un de ses élèves. — N° 12. Costume de veuve. Tête voilée de gaze noire, robe noire, guimpe en mousseline blanche.

LVII. *Malezieu (l'abbé de)*. — N° 24 des émaux du Louvre. Teint brun, perruque noire, simarre rouge. Portrait gravé par Edelinck.

LVIII. *Mansart (Jules-Hardouin)*. — N° 49 des émaux du Louvre. Visage pris presque de face, perruque châtaine, gilet rouge, pourpoint en brocart d'or. Cette figure ne ressemble point à celle de Mansart que l'on connaît d'ailleurs ; attribution très-douteuse. (Note de M. de Reiset.)

LIX. *Marie d'Angleterre*, fille aînée de Charles Ier, d'après Van Dyck. (Voyez *Mariette*.)

LX. *Marie-Thérèse*, femme de Louis XIV. — N° 17, 52, 53 des émaux du Louvre. Cheveux blond pâle, guimpe brunâtre ; dans le n° 52, le corsage est bleu, et dans le n° 53, blanc. La physionomie, la coiffure et l'attitude de la reine sont presque les mêmes dans les trois émaux. Le n° 53 paraît peint d'après un portrait de Mignard, gravé d'une manière très-faible par J. Frosne, et publié, à Paris, par J. Boisvin. (Note de M. de Reiset.)

LXI. *Mauron (Jeanne-Marie de)*, belle-fille de madame de Sévigné. — Émail cité par M. Feuillet (voyez ci-dessus l'article XXVII), comme appartenant, en 1822, à M. de Mussey. Il portait la trace d'avoir été brisé en trois morceaux.

LXII. *Mazarin (le cardinal de)*. — Cité par Mariette dans les termes rapportés ci-dessus, page 6.

LXIII. *Mazarin (la duchesse de)*. — N° 33 des émaux du Louvre. Cheveux châtain clair, robe bleue à fleurons blancs et bordée de rouge.

LXIV. *Montbazon (la duchesse de)*. — N° 8 des émaux du Louvre. Cheveux noirs, yeux bleus, robe bleue à fleurs d'or, écharpe rouge sur l'épaule gauche. Il y a des doutes sur la justesse de cette attribution. (Note de M. de Reiset.)

LXV. *Montespan (la marquise de)*. — N° 23 des émaux du Louvre. Cheveux blond cendré enlacés de perles, corsage rouge à ramages d'or. Cette attribution me paraît d'accord, pour la ressemblance, avec le portrait de madame de Montespan, n° 3543 des galeries de Versailles, peint par M. Franque « d'après un pastel ancien. »

LXVI. *Montpensier (la duchesse de)*, première femme de Gaston d'Orléans. — N° 37 des émaux du Louvre. Cheveux blond cendré, corsage garni d'une draperie brunâtre à ornements bleus.

LXVII. *Montpensier (mademoiselle de)*, fille de la présidente. — N° 34 des émaux du Louvre. Cheveux châtain clair, visage coloré, robe bleue.

LXVIII. *Morton (lady)*, gouvernante des enfants de Charles Ier. (Émail cité par sir Horace Walpole.)

LXIX. *Ninon de Lenclos*. — N° 28 des émaux du Louvre. Robe bleue, cheveux noirs, avec une couronne de fleurs. Le travail de cette peinture, d'une assez grande dimension et toute au pointillé, diffère beaucoup des autres et n'en a pas la largeur ; les fleurs sont de nuances criardes. On peut douter que ce portrait soit de Petitot. — Un autre portrait de Ninon, par Petitot (coiffé en cheveux, le col orné d'un rang de perles), figure, sous le n° 59, dans la vente Saint-Yves (1805) ; il était monté en bague, c'est-à-dire très-petit, et fut vendu 1,601 livres. — « Madame Ninon de Lenclos, riche monture sur tabatière d'écaille, de forme carrée et doublée en or, 1,020 fr. » (Vente Dubreuil Lenoir, 1821).

LXX. *Olonne (la comtesse d')*. — Charlotte-Henriette d'Angennes, femme de Louis de La Trémouille, comte d'Olonne, 1643-1714. « Je puis, dit Mariette, montrer un émail auquel il ne manque rien de tout ce qui peut le rendre recommandable : c'est le portrait d'une belle femme qui, sous la figure de Diane est, à ce qu'on m'a assuré, celui de la comtesse d'Olonne que ses galanteries ont rendue fameuse. Le travail en est exquis, mais ce qui, selon moi, lui donne une valeur qui le rend inestimable, est une guirlande de fleurs en relief émaillées dans leurs véritables couleurs qui en fait la bordure. Cet ouvrage, qu'on donne à Gilles Lesgaré, de Chaumont en Bassigny, est véritablement un travail de fée, et je ne crois pas qu'aucun peintre en émail en ait fait un semblable ; et ce n'est point le goût de la propriété qui me fait parler ainsi, c'est la vérité seule qui me dicte cet éloge. Ce portrait, y compris la bordure, porte 2 pouces de haut sur 1 pouce 8 lignes de large et forme un ovale. » (*Abecedario*, t. IV, p. 132). En 1775, cet émail fut vendu avec le reste de la collection Mariette, au catalogue de laquelle il porte le n° 8 et cette désignation : « Coiffée en cheveux et la gorge découverte. » Il fut vendu 3,200 livres, et se trouve probablement aujourd'hui en Angleterre, car l'acquéreur était sir Horace Walpole. (Voy. *Anecdotes of painting.*)

LXXI. *Orléans (Philippe, duc d'),* frère de Louis XIV. — Nous avons expliqué ci-dessus (n° XXV) comment nous croyons que le seul portrait de ce prince existant parmi les émaux de Petitot, de la collection du Louvre, est celui qui figure dans le joyau dont il a été question à l'article *Anne d'Autriche.*

LXXII. *Orléans (Françoise-Madeleine d'),* fille de Gaston. — N° 18 des émaux du Louvre. Cheveux blond pâle, corsage bleu clair garni de broches en bijouterie d'une teinte sombre.

LXXIII. *Orléans (Marie-Louise d'),* fille de Philippe d'Orléans. — N° 13 des émaux du Louvre. Cheveux noirs bouclés tout autour de la tête, robe bleue à fleurons d'or, écharpe jaune, deux broches formées d'un gros rubis entouré de perles. Exécuté d'après un portrait (probablement de Mignard), gravé par Larmessin, en 1679. (Note de M. de Reiset.) — Conf. le n° 3548 de Versailles.

LXXIV. *Ossinglay,* « célèbre amateur, dont le cabinet a passé chez M. le duc d'Orléans et chez M. Crozat; coiffé en cheveux bouclés, portant cravatte et vêtu d'une robbe de chambre brodée en or. Hauteur 12 à 14 lignes, largeur 11 à 12 lignes. » (Ventes T... (1783) n° 150, et Boyer de Fons-Colombe (1790), n° 574.)

LXXV. *Petitot.* — Il avait un fils établi à Londres, dit Walpole, qui se livrait aussi à la peinture en émail et à qui son père envoyait souvent de ses ouvrages comme modèles. « Ce fils a laissé des descendants qui sont établis à Dublin et de l'un desquels la duchesse de Portland a acheté un portrait de Petitot, peint par lui-même, en petite dimension mais d'une manière exquise. A sa mort, arrivée en 1785, la duchesse a légué cet émail à son amie la veuve du docteur Delany. » (*Anecd. of paint.*) — C'est vraisemblablement de cette duchesse de Portland, déjà citée à l'article *Buckingham,* que provenaient les cinq émaux de Petitot, cités sans autre détail (« Frame of enamels, the five at the top are by Petitot ») comme prêtés par le duc actuel de Portland à l'exposition de Manchester. (Voyez le *Catal. of the Art treasures of the United Kingdom collected at Manchester in* 1857, page 207, n° 5.)

LXXVI. *Petitot (madame).* — D'Argenville rapporte, comme il a été rappelé ci-dessus, p. 12, que Petitot travaillait au portrait de sa femme lorsqu'il mourut. Ajoutez celui, non en émail, dont il a été parlé ci-dessus p. 8.

LXXVII. *Palatine (Anne de Gonzague, princesse).* — N° 29 des émaux du Louvre. Cheveux blond cendré, guimpe brunâtre.

LXXVIII. *Pierre le Grand*, czar de Russie. — N° 6 des émaux du Louvre. Le portrait de ce prince, qui ne se montra dans l'Europe occidentale qu'en 1698, ne peut très-probablement pas être de Petitot le père. Le catalogue du musée du Louvre le dit lui-même.

LXXIX. *Portsmouth (la duchesse de)*. — Louise-Renée de Penacoët de Keronalle, maîtresse de Charles II, roi d'Angleterre. Cette attribution faite par le catalogue du Louvre à l'émail n° 55 est une erreur. Il représente Marie-Anne de Bavière, femme du grand dauphin, fils de Louis XIV, probablement d'après le portrait peint par Mignard et gravé par F. de Poilly.

LXXX. *Rembrandt (la femme de)*. — N° 4 des émaux du Louvre. Femme âgée, corsage bleu à broderies d'or.

LXXXI. *Richelieu (le cardinal de)*. — N° 32 des émaux du Louvre. Cheveux et barbe gris, simarre écarlate, rabat blanc, cordon bleu. Cet émail, dont la beauté n'a rien de supérieur, ne saurait être le même qui figura dans la vente Wattelet (1788), sous le n° 60, et dont Mariette fait le plus grand éloge en ajoutant : « Certainement il aura été fait à Paris (d'après un des meilleurs tableaux de Champagne) postérieurement à la mort du cardinal, arrivée en 1642, dans le temps que Petitot séjournait encore à Londres. Il fut exécuté sans doute pour quelqu'un à qui la mémoire du cardinal était chère.... ; car, pour mettre l'ouvrage à l'abri de toute insulte, il eut la prévoyance de le tenir renfermé sous un couvercle peint en émail sur lequel il fit mettre le chiffre du cardinal, et il fit ajouter un anneau pour le suspendre.... »

LXXXII. *Richelieu (le duc de)*, père du maréchal. — « Lui-même fit faire à Petitot son portrait, que j'ai vu entre les mains du comte de Caylus. » (Mariette.)

LXXXIII. *Rovigny (Rachel de)*. — Portrait cité par Walpole en ces termes : « Magnifique portrait en pied faisant partie de la collection du duc de Devonshire, peint en émail d'après l'original exécuté à l'huile par Van Dyck et appartenant à lord Hardwicke. C'est indubitablement le plus capital ouvrage en émail qu'il y ait au monde ; il a neuf pouces trois quarts de haut et cinq pouces trois quarts de large. Quoique cet émail soit imparfait en quelques parties peu importantes, l'exécution en est la plus hardie et la couleur la plus riche et la plus belle qu'on puisse imaginer. » — Il faut rapprocher de ce fait certain d'un portrait en pied peint à l'émail par Petitot, celui-ci qui l'est beaucoup moins, quoiqu'il se présente sous la garantie si respectable de feu M. Rigaud et du poète Chaponnière : « La France était particulièrement riche (en émaux de Petitot) avant la Révolution. M. Chaponnière père m'a raconté avoir admiré à Versailles, en 1792, dix à douze émaux de Petitot de sept à huit pouces de hauteur, représentant les principaux seigneurs de la cour de Louis XIV peints en pied. » (*Renseignements, etc.*, par J.-J. Rigaud.)

LXXXIV. *Sarrau (Claude).*—N° 20 des émaux du Louvre. Cheveux noirs, teint basané, simarre noire et rouge.

LXXXV. *Savoye (Marie J.-B., duchesse de).*—Catalogue du cabinet Cottin, n° 551, (vendu 341 livres).

LXXXVI. *Servin (Abel),* surintendant des finances.—Catalogue du cabinet de M. le baron S. J*** (1784) ; hauteur 16 lignes, largeur 14 lignes.

LXXXVII. *Sévigné (la marquise de).*—N° 40 des émaux du Louvre.

LXXXVIII. *Sobieski,* roi de Pologne et la reine, sa femme, dans le même émail. « Le roi et la reine de Pologne souhaitèrent que Petitot, quoique âgé de plus de quatre-vingts ans, travaillât à leurs portraits. On envoya à Paris les originaux croyant que Petitot y était encore; mais le gentilhomme chargé de la commission vint à Genève où il résidait. La reine était représentée assise sur un trophée, tenant le portrait du roi. Comme il y avoit deux têtes dans le même morceau on lui donna cent louis, et il l'exécuta ainsi qu'il l'auroit pu faire dans la fleur de son âge. » (d'Argenville.)

LXXXIX. *Suze (la comtesse de la).*—N° 22 des émaux du Louvre. Cheveux châtain clair, robe bleue, guimpe brun jaune.

XC. *Thianges (la marquise de).* — N° 38 des émaux du Louvre. Cheveux châtains, guimpe brun jaune.

XCI. *Tourville (l'amiral de).*—N° 48 des émaux du Louvre. Perruque blond gris, cordon bleu sous le rabat, cordonnet noir par dessus.

XCII. *Turenne (le maréchal de),* « richement monté sur tabatière ronde d'écaille noire à gorge d'or, 2,036 francs. » (Vente Dabreuil Lenoir, 1821.)—Turenne, émail, 1,999 francs. (Vente Soult, 1852.)

XCIII. *Vendôme (le duc de).*—Portrait figurant dans la vente du cabinet Cottin, n° 573. (Vendu 266 livres.)

XCIV. *Villarceaux (le marquis de).* — N° 7 des émaux du Louvre. Perruque châtaine, cuirasse à clous d'or. L'attribution du nom de Villarceaux à ce portrait est d'une justesse douteuse. (Note de M. de Reiset.)

XCV. *Villars (le maréchal de).*—N° 34 des émaux du Louvre. Perruque blanche, cuirasse avec ornements d'or et bordure rouge, cordon noir sur le rabat.

XCVI. *Vitré.*—Le catalogue Lebrun (1791) contient l'article suivant : « *Bordier,* peintre en émail. Le portrait d'Antoine Vitré, célèbre imprimeur, d'après Philippe de Champagne. Émail comparable aux plus beaux ouvrages de Petitot. Vingt et une lignes sur dix-sept. Il vient de la vente Godefroy, 1748; vendu 700 livres. » (701 fr.) — Vente Saint-Martin, 1806; « *Bordier*. Portrait en émail de Vitré, imprimeur du clergé; il est de face, vêtu d'un habit de soie noirâtre, encadré d'une bordure en or à huit pans. » (3,200 francs.)

Nous retrouvons donc près d'une centaine des émaux de Petitot.

Il y en a beaucoup, sans doute, qui se cachent dans les cabinets d'amateurs; mais si l'on songe que Petitot et son beau-frère ont poursuivi sans relâche, pendant plus de cinquante ans, leurs paisibles travaux, on voit qu'il ne nous reste peut-être pas la dixième partie des peintures qu'ils avaient exécutées.

HENRI BORDIER.

LE CARDINAL DE RICHELIEU

(1585-1642)

Au milieu de ces figures charmantes composant en grande partie l'œuvre de Petitot, ou, pour parler plus exactement, la partie que nous en avons recueillie, parmi ces gracieuses, spirituelles et galantes personnes, voici tout à coup une image grave, imposante, terrible, qui apparaît. Le contraste est saisissant et quasi choquant. J'entends pour ceux ou celles qui feuilletteront ce recueil, car le cardinal de Richelieu n'eût pas été le moins du monde choqué de se trouver en semblable compagnie. Il était d'humeur galante, et les chroniqueurs ou médisants du temps nous ont parfaitement renseigné sur ce point. Si l'on en croyait même Tallemant des Réaux, il n'aurait pas toujours apporté dans ses déclarations cette délicatesse de sentiment si goûtée à l'hôtel de Rambouillet, qu'il traversa dans sa jeunesse. Je fais allusion ici à son aventure avec la princesse Marie, plus tard reine de Pologne : c'est assez et peut-être trop me permettre. Qu'on se rassure ! je ne vais pas dresser la liste de ses bonnes fortunes ; d'ailleurs, elle ne serait pas aussi longue que celle de don Juan. Le cardinal était obligé de mettre un frein à ses goûts amoureux, de se contraindre par crainte du maître. Pouvait-il, à côté d'un roi pudibond qui n'aimait ses maîtresses que jusqu'à la ceinture, afficher des passions moins contenues et des affections trop matérielles ? Le scandale eût été trop

grand et sa position lui commandait de l'éviter; il dut donc forcément être discret, et sa discrétion compromit la belle personne qui
vivait dans son intimité, la duchesse d'Aiguillon, sa nièce. Mille bruits
en coururent à leur honte, bruits calomnieux, rumeurs mensongères,
que la malignité de quelques-uns, la haine de beaucoup d'autres,
répandirent à l'envi.

Armand-Jean du Plessis naquit à Paris, le 5 septembre 1585; il
était le troisième des fils de François du Plessis, prévôt de l'hôtel,
chevalier de l'Ordre, et de Susanne de la Porte. Évêque de Luçon à
l'âge de vingt-quatre ans, il parut aux états généraux de 1614 comme
député du clergé du Poitou. Ce fut là l'origine de sa fortune, car la
reine Marie de Médicis, qui l'avait remarqué, l'attacha à sa personne.
Une fois qu'il eut le pied à la cour et l'entrée au conseil, Richelieu
put prévoir le rôle qu'il était appelé à remplir et se faire sa place
au-dessus de tous les autres. Ce n'était pas un de ces hommes tout
d'une pièce, qui s'imposent de prime-saut; il savait se conformer aux
circonstances et s'ouvrir tout doucement les voies. On raconte que
le pape Paul V dit de lui : « *Questo giovane sarà un grand furbo.* »
Marie de Médicis, dont il sut se débarrasser si habilement quand son
appui lui devint inutile, l'appelait un grand comédien. Grand comédien! ne l'est pas qui veut, et d'ailleurs... Je m'arrête, car j'allais me
laisser entraîner sur le terrain de la politique. Je n'en veux qu'à l'homme.

Richelieu, si impitoyable contre les ennemis de l'État et même
quelquefois contre les siens propres, car il en eut, malgré la déclaration qu'on lui prête à son lit de mort, avait des accès de clémence
surprenants. Tallemant en signale un que je vais reproduire :

« Le cardinal faisait écrire la nuit, quand il se réveillait. Pour cela, on lui donna un
pauvre petit garçon nommé Chéret. Ce garçon plut au cardinal parce qu'il était secret
et assidu. Il arriva, quelques années après, qu'un certain homme ayant été mis à la
Bastille, Laffemas, qui fut commis pour l'interroger, trouva, dans ses papiers, quatre
lettres de Chéret, dans l'une desquelles il disait à cet homme : « Je ne puis vous aller
« trouver, car nous vivons ici dans la plus étrange servitude du monde, et nous avons
« affaire au plus grand tyran qui fût jamais. » Laffemas porte ces lettres au cardinal,
qui aussitôt fait appeler Chéret. «—Chéret, lui dit-il, qu'aviez-vous quand vous êtes

« venu à mon service? — Bien, monseigneur. — Écrivez cela. Qu'avez-vous main-
« tenant? — Monseigneur, répondit le pauvre garçon bien étonné, il faut que j'y
« pense un peu. — Y avez-vous pensé? dit le cardinal après quelque temps. — Oui,
« monseigneur; j'ai tant en cela, tant en telle chose, etc. — Écrivez. » Quand cela
fut écrit : « Est-ce tout? — Oui, monseigneur. — Vous oubliez, ajouta le cardinal,
« une partie de cinquante mille livres. — Monseigneur, je n'ai pas touché l'argent. —
« Je vous le ferai toucher; c'est moi qui vous ai fait faire cette affaire. » Somme
toute, il se trouva six vingt mille écus de bien. Alors il lui montra ses lettres :
« — Tenez, n'est-ce pas là votre écriture? Lisez. Allez, vous êtes un coquin! Que je
« ne vous voie jamais. »

Comme l'a dit Andrieux d'un personnage qui avait avec le cardinal de Richelieu de la ressemblance, ne fût-ce que sous le rapport
de l'inégalité d'humeur, *Ce sont là jeux de prince* ou de tout-puissant!
On laisse le pauvre Chéret s'échapper de ses griffes, mais on se rat-
trape sur un autre. En effet, Richelieu n'avait pas toujours de ces
moments de bonhomie (bonhomie de lion, à bien prendre les choses),
et ceux qui l'avaient offensé n'en étaient pas quittes pour un coup
de théâtre. Il avait souvent, au milieu de ses familiers, des bouffons
dont la société lui plaisait (nul plus que lui n'avait besoin de se déten-
dre, de se dérider), des moments de gaieté quelque peu effrayants; il
jouait avec eux en les égratignant : on sait qu'il aimait beaucoup les chats.

Cependant, s'il était un ennemi implacable et un ami quelquefois
dangereux, il servit toujours ceux qui lui rendirent des services, il les
soutint et les poussa. J'entends des services politiques, et non des services littéraires ; le souvenir de Corneille peut être appelé en témoignage de cette restriction. Cela tient à ce côté très-curieux du caractère
de Richelieu, à sa vanité de poëte. Qu'est-ce donc quand le poëte est
un ministre tout-puissant? Le cardinal aurait voulu être le premier poëte
de son temps, comme il en était le premier homme d'État; malheureusement, ses combinaisons poétiques, même avec l'aide des cinq auteurs,
étaient trop misérablement au-dessous de ses combinaisons politiques. Il
sut donc mauvais gré à ceux qui réussissaient mieux que lui, et personne n'ignore qu'*il n'eut pas pour le Cid les doux yeux de Chimène*.

Son goût pour les vers, il faudrait mieux dire sa passion, aurait mérité un meilleur sort; car il trouvait à faire des vers un plaisir vif et même exagéré. Un jour qu'il était enfermé avec Desmarets, que Beautru avait introduit chez lui, il lui demanda : « A quoi pensez-« vous que je prenne le plus de plaisir? — A faire le bonheur de « la France, lui répondit Desmarets. — Point du tout, répliqua-t-il; « c'est à faire des vers. »

On pourrait, de cette citation, ne tirer qu'une conclusion, c'est que Desmarets était un flatteur. La chose n'est pas certaine; peut-être eût-il apprécié de même Richelieu hors de sa présence, et avait-il pour le ministre les sentiments que Voiture éprouvait, et dont je vais transcrire l'expression, pour terminer par une belle page cette notice, forcément incomplète, et où quelques traits de l'homme sont réunis sans beaucoup de lien. Il écrivait, le 4 décembre 1636, à un de ses amis, *après que la ville de Corbie eut été reprise sur les Espagnols par l'armée du Roi* :

« ...Lorsque, dans deux cents ans d'ici, ceux qui viendront après nous liront en notre histoire que le cardinal de Richelieu a démoli La Rochelle, abattu l'hérésie, et que par un seul trait, comme par un coup de rets, il a pris trente ou quarante de ces villes pour une fois; lorsqu'ils apprendront que, du temps de son ministère, les Anglois ont été battus et chassés, Pignerol conquis, Casal secouru, toute la Lorraine jointe à cette couronne, la plus grande partie de l'Alsace mise sous notre pouvoir, les Espagnols défaits à Veillane et à Aucin, et qu'ils verront que, tant qu'il a présidé à nos affaires, la France n'a pas eu un voisin sur lequel elle n'ait gagné des places ou des batailles, s'ils ont quelques gouttes de sang dans les veines, et quelque amour pour la gloire de leur pays, pourront-ils lire ces choses sans s'affectionner à lui? ... »

Ce témoignage, que tous les contemporains de Richelieu ne lui au-raient pas rendu, a été consacré par la postérité. Son rôle, à l'intérieur, a été aussi grand et aussi salutaire que son rôle à l'extérieur, si bien compris par Voiture. Les faiblesses de l'homme ont été rachetées par la grandeur du ministre. Et si l'on songe qu'il mourut en pleine pos-session du pouvoir malgré la haine des grands, en dépit du roi qui ne l'aimait pas, mais qui sentait qu'il n'était puissant et redouté au dehors et au dedans que grâce à son ministre, quel plus grand éloge peut-on faire de Richelieu?

A. DE VILLIERS.

ANNE D'AUTRICHE

(1601-1666)

« L'auguste reine dont voici le tableau tient la naissance d'un si illustre sang que nous voyons presque toute la terre commandée par ceux qui en sont sortis... Elle n'est ni grande ni petite, mais dans son abord on la reconnaît pour être d'un rang extraordinaire. Ses cheveux sont d'un beau châtain, la forme de son visage est un peu longue, tous les traits en sont beaux, et s'ils n'ont pas de délicatesse, c'est pour avoir tant de majesté que ce qu'ils ont est préférable à ce qui leur manque. Ses yeux sont grands et beaux, sa bouche peut servir de modèle à tous les peintres... Son air est doux et agréable, et sa bonne grâce en tout ce qu'elle fait, la fait juger digne de toutes les couronnes de l'univers... La puissance de ses yeux a été fatale à beaucoup d'illustres particuliers... Par un de ses souris elle peut acquérir mille cœurs et ses ennemis mêmes ne peuvent résister à ses charmes. »

Telle était, d'après divers portraits écrits par trois de ses contemporaines, mesdames de Brégis, de Brienne et de Motteville, la fille de Philippe III, la sœur de Philippe IV, rois d'Espagne, Anne d'Autriche, femme de Louis XIII et mère de Louis XIV.

Un détail assez bizarre me frappe lorsque j'envisage la destinée de cette princesse : c'est que ni comme reine, ni comme femme, ni comme mère, elle n'aperçut jamais, dans le cours d'une carrière assez longue, les choses en leur vraie place, rencontra toujours les autres et se trouva toujours elle-même dans des circonstances exceptionnelles, et ne put

jamais se faire une idée juste soit des grandeurs au sein desquelles elle
était née, soit des douleurs et des joies ordinaires de la vie : reine,
issue d'un sang noble entre tous, alliée à la maison de France, régente
pendant neuf années consécutives, elle ne vit jamais, ni à Madrid, ni à
Paris, la royauté entre les mains des rois : le duc de Lerme gouvernait
l'Espagne, le cardinal de Richelieu et Mazarin gouvernaient la France.
Femme, et douée, comme tous les portraits et toutes les relations le démontrent, d'une beauté et d'une grâce touchante, elle ne sut point
plaire à son mari, qui lui préférait les platoniques amours des d'Hautefort et des Lafayette ; ce ne fut enfin qu'après vingt-deux années de
mariage que la naissance de ses deux fils vint lui révéler les joies ma-
ternelles.

Anne d'Autriche fut amenée en France en 1615 : elle avait alors
quatorze ans. Elle passa ses premières années de mariage préoccupée
successivement des intrigues qui s'agitaient autour d'elle durant les ministères de Concini et de Luynes, des coups d'État et des complots tramés
par les favoris les uns contre les autres, et qu'acceptait tour à tour
l'âme à la fois timide et violente de Louis XIII, des fêtes de la cour,
où triomphait le style mythologique dont ces divertissements inaugu-
raient le règne. Elle vit Marie de Médicis toute-puissante, Concini dominant le conseil, puis Albert de Luynes l'emportant sur Concini, la
maréchale d'Ancre jugée après l'assassinat de son mari, la reine-mère
exilée et ces nombreux mariages dans la famille royale, celui de Christine de France, celui de Mademoiselle de Vendôme, celui du duc d'El-
beuf, où elle paraissait dans des bals splendides, vêtue en Psyché, couchée sur un lit de roses et de lis, et traînée par des cygnes et des
amours dans une conque dorée.

Assurément ces fêtes brillantes devaient plaire à une aussi jeune
reine, mais elle payait ces plaisirs familiers aux femmes de son rang
par bien des chagrins et des inquiétudes. Le roi, prévenu par sa mère
d'abord, puis par de Luynes, qui redoutaient auprès de lui toute influence rivale, lui témoignait une froideur étrange : il s'empressait d'é-
carter d'elle, sous divers prétextes, tous les Espagnols attachés à son
service, et les dames les plus chères à cette vie intérieure dont parfois les

reines fatiguées de tumulte et de bruit recherchent volontiers les joies tranquilles : elle était l'objet de méfiances, voire de taquineries sans nombre, et à vingt ans, dans tout l'éclat de la beauté, assise sur l'un des premiers trônes du monde, elle jouait le triste rôle d'une reine suspecte et d'une épouse délaissée.

Ces ennuis étaient grands sans doute, et ce n'était certes pas l'avenir que se pouvait promettre la jeune et charmante princesse qui, au sortir d'Espagne, était accueillie naguère par les applaudissements et l'admiration du peuple de France. Mais l'avenir était encore plus sombre. Luynes n'était qu'un mince ennemi, le sort lui en réservait un formidable : le cardinal de Richelieu commença de régner. Dès lors, elle dut comprendre que ce génie superbe n'admettrait point de lutte et devait briser tous les obstacles, qu'il avait tout ensemble la puissance d'idées qui soutient les conseils, la volonté qui les subjugue, cet ascendant de l'énergie qui s'impose aux rois timides, la force de tout entreprendre et de tout conduire, la résolution que rien n'arrête, l'élan qui renverse et la sagesse qui édifie. La reine vit abattus tour à tour ceux qui, sans mesurer leurs forces, avaient résisté à cet inflexible maître, depuis Marie de Médicis et Henri de Montmorency jusqu'à Gaston d'Orléans et Cinq-Mars ; du moins eut-elle le bon esprit de reculer devant une lutte inégale où elle eût été inévitablement vaincue, toute fille d'Autriche qu'elle fût et reine de France. Mais si elle connut cette difficile prudence, elle ne put toutefois échapper aux soupçons. Richelieu était trop jaloux de son pouvoir pour ne point prendre ombrage à l'avance, soit des intrigues qu'une reine espagnole pourrait ourdir à l'étranger, soit de l'ascendant qu'une femme jeune, belle, intelligente, pourrait à la fin obtenir sur l'esprit débile et capricieux de son époux. Il n'avait pas fait exiler pour jamais, il n'avait pas laissé mourir de misère à Cologne Marie de Médicis, il n'avait pas chassé de la cour le propre frère de son souverain, il n'avait pas fait monter sur l'échafaud le descendant illustre des premiers barons chrétiens, pour laisser Anne d'Autriche libre de contrebalancer ses manœuvres et de regagner le cœur de Louis XIII. Il lui fallait un roi isolé et que ni mère, ni frère, ni femme ne pussent dominer par la douceur ou la violence. Il avait re-

douté l'énergie passionnée de Marie de Médicis, l'esprit inquiet et turbulent de Gaston; il se mit en garde contre les grâces de la jeune reine.
Il agit à la fois, pour mieux parvenir à son but, sur l'esprit de Louis XIII
et sur celui d'Anne d'Autriche; il fait comparaître la reine de France
devant le Conseil d'État et fouiller de fond en comble son appartement
du Val-de-Grâce; il entretient avec une habileté pleine de souplesse,
usant des circonstances provoquées par les autres ou par lui-même, les
défiances et l'antipathie de Louis XIII. Il réussit cette fois encore : il
était inutile d'employer contre Anne d'Autriche les mesures de rigueur à l'aide desquelles il avait écrasé de robustes adversaires : en
présence de cette femme qu'il se plaisait parfois à entourer des plus
fallacieuses marques d'une sympathie sans péril, de grands efforts lui
parurent inutiles : il se contenta de l'annuler et poursuivit son œuvre.

Telle fut la situation politique d'Anne d'Autriche pendant le ministère de Richelieu : un incident singulier vint agiter sa vie intérieure. On
sait quel violent amour elle inspira à Buckingham, « ce favori d'un
grand roi, dit Madame de Motteville, qui avait tous ses trésors à dépenser et toutes les pierreries de la couronne d'Angleterre pour se parer. »
La reine l'aima-t-elle? Jusqu'à l'oubli de ses devoirs, rien n'autorise
l'histoire à le penser; mais il est certain qu'elle fut sinon faible, du
moins imprudente, et qu'elle donna prise par un peu de coquetterie
aux médisances de la cour. Il faut ajouter que Buckingham, amoureux,
entreprenant, rempli d'une vanité poussée jusqu'à l'infatuation de lui-
même, persuadé que nulle femme ne pouvait résister à ses grâces sé-
ductrices, se plut à compromettre la reine, et donna audacieusement à
la foule des courtisans l'étrange spectacle d'une passion avouée, disons
même proclamée, pour la femme du souverain qui le recevait comme
ambassadeur. Anne d'Autriche, lassée des dédains de son mari, fut
flattée d'une admiration si absolue : elle écouta avec complaisance tant
de discours et de protestations inconnues jusqu'alors à ses oreilles, elle
laissa le favori du roi d'Angleterre la voir et lui parler souvent, elle
permit à la duchesse de Chevreuse de lui vanter sans cesse le mérite de
Buckingham.

Plus tard, elle regretta cette légèreté, non-seulement à cause des suites de cette aventure, qui furent la colère du roi et des suppositions injurieuses, mais encore et surtout au nom de sa dignité d'épouse et de reine qui en avait souffert. Ses ennemis, d'ailleurs, surent exploiter cet égarement passager non pas de la vertu, mais du cœur, et, moins respectée après le scandale qu'une telle affaire avait causé, elle se vit accuser ouvertement d'aimer Gaston d'Orléans, son beau-frère, et même de conspirer avec lui la mort du roi, pour l'épouser plus tard. Elle dédaigna longtemps de répondre aux conseillers royaux qui offensaient à ce point son honneur, mais quand ils osèrent parler du prétendu complot contre la vie de Louis XIII, elle n'y put tenir, et, songeant au triste caractère de celui qu'on la supposait aimer : « Je n'aurais pas assez gagné au change, » répondit-elle avec mépris.

Cependant les années s'écoulaient et Louis XIII ne revenait point vers elle : il aima toutefois successivement, — si l'on peut appeler aimer cette vague tendresse d'un cœur sans désir et plutôt tourmenté par des scrupules médiocres que par un profond sentiment de vertu, — il aima Mesdemoiselles d'Hautefort et de Lafayette. Ici encore, Anne d'Autriche eut cette bizarre destinée, inconnue aux reines, pour ne parler que des reines, d'avoir des rivales sans que son mari lui fût infidèle. Il lui était réservé de subir l'affront de se voir préférer d'autres femmes, sans trouver au moins dans son malheur la dignité douloureuse qui entoure comme d'une auréole la noble attitude des épouses trompées. Elle savait bien que si le roi venait souvent dans ses appartements, ce n'était point pour elle, mais pour Mademoiselle d'Hautefort, et elle dut subir durant plusieurs années, devant toute la cour, cette humiliation imprévue. Elle se réfugia dans une solitude relative, « menant, dit Madame de Motteville, une vie dévote et particulière, et ne vivant que de quelques nouvelles que ses créatures et ses amies lui faisaient savoir. » Lorsqu'enfin Louis XIII se rapprocha d'elle après une séparation si longue, elle n'ignora point qu'il n'obéissait pas à un retour de tendresse, mais aux conseils de Mademoiselle de Lafayette, et que la pieuse pitié de cette vertueuse favorite lui valait seule la présence d'un époux triste, malade et inquiet.

Quoi qu'il en soit, ce fut alors qu'elle eut la suprême consolation d'être mère. En 1638, elle donna le jour à un fils, mais cette naissance, qui la combla de joie, devait être pour elle une nouvelle source de périls et de chagrins ; cinq ans après, Louis XIII mourait, et, en des jours difficiles, elle devenait régente d'un État que se préparaient à troubler tout ensemble les prétentions ambitieuses des uns, les espérances longtemps comprimées et les rancunes violentes des autres, la ligue de l'oligarchie, des Parlements et de la multitude, les séditieuses rumeurs de la rue et les emportements de la guerre civile.

Richelieu avait frappé à mort la haute aristocratie, mais quels qu'eussent été son génie et sa rigueur, il n'avait pu achever complétement son œuvre. Le temps seul et les efforts de ses successeurs devaient y mettre le sceau, et substituer à l'influence féodale l'omnipotence administrative concentrée dans les mains du roi. C'étaient, en vérité, les bureaux des ministères qui devaient hériter des grands seigneurs ; Mazarin, Le Tellier, Colbert et Louvois mettent en activité le système centralisateur conçu par le génie de Richelieu, et dont il a vaincu les adversaires. Ceux-ci toutefois se débattent encore, et, après la mort du cardinal, c'était là une inévitable crise. Mais ce dernier effort attesta leur impuissance : la Fronde fut un de ces enfantillages qui dénoncent à l'histoire l'affaissement moral et la vieillesse des partis. La force des idées politiques se mesure exactement aux moyens dont les hommes qui les représentent usent pour la résistance ou pour la lutte, et lorsqu'on les voit recourir à des manœuvres puériles, à des agitations bruyantes, mais sans principes ni esprit de suite, à des lignes contre nature que romprait inévitablement le lendemain de la victoire, à des intrigues médiocres ou ridicules, on peut juger de leur avenir par la stérilité même de leurs ressources. C'est à ce point de vue qu'il faut considérer la Fronde, cette misérable agonie de la féodalité. Et cependant, comme après tout cette forme de l'état social avait eu ses jours de vigueur et de gloire, il est certain que la main d'une femme en eût difficilement maîtrisé les convulsions suprêmes, si heureusement Anne d'Autriche, poursuivant l'œuvre de ce Richelieu qui lui avait été si longtemps contraire, mais dont elle adopta aisément les principes dès que l'exercice du pouvoir lui en eut démontré la valeur, n'avait ren-

contré auprès d'elle un disciple de ce grand maître ; je veux parler de
Mazarin.

Je n'ai pas à exposer ici les troubles dont Paris fut le théâtre, la
guerre civile fomentée par les princes du sang, les manifestations infé-
condes d'un parlement égoïste, les manœuvres du Coadjuteur, les sympathies populaires décernées à des personnalités minces ou à des intri-
gants, l'esprit plaisant immiscé mal à propos parmi les choses graves,
la gravité de la magistrature compromise au milieu de scènes qui font
sourire l'histoire, le peuple soulevé au nom d'intérêts étrangers à sa cause,
tout cet ensemble d'ambitions revêches et médiocres, de violences irré-
fléchies, de ruses sans portée, de combinaisons impolitiques. Je n'ai
pas à décrire cet étrange tableau où apparaissent au premier plan
de pauvres esprits comme Broussel, des agitateurs vaniteux et vides
comme le cardinal de Retz, des hommes de génie comme Condé, qui
risque, dans un jour d'erreur, une renommée réelle à la poursuite
d'une ombre. Je passe sur les détails de cette déplorable entreprise qui,
dirigée par la pire espèce d'hommes politiques, les esprits personnels et
les rhéteurs, fut définitivement funeste à tous ceux qui s'y trouvèrent
mêlés, depuis ceux qui y rencontrèrent un semblant de popularité jusqu'à ceux qui y compromirent leur gloire, et, après avoir été une
épreuve douloureuse pour l'illustre et sage président Molé, servit admirablement Mazarin en démontrant l'incapacité de ses adversaires. Je me
contente de signaler dans Anne d'Autriche, jetée à l'improviste au milieu de circonstances difficiles, ce mérite rare chez les femmes, à savoir
une volonté suivie.

Elle ne cessa pas de considérer Mazarin comme nécessaire à la couronne, et de voir en lui l'homme de la situation. Ni les clameurs de la
place publique, ni les discours du parlement, ni les intrigues du cardinal de Retz, ni les entreprises belliqueuses des princes, n'ébranlè-
rent la fermeté de sa résolution : elle maintint au pouvoir, même
lorsqu'elle fut forcée de paraître l'éloigner, ce ministre en qui s'était
incarnée la politique de Richelieu, transformée selon le temps. Elle
lui conserva son affection et sa confiance malgré tous les meneurs
de la Fronde, depuis Gaston d'Orléans et Madame de Longueville, jus-

qu'aux émeutiers du Palais-Royal acharnés à le détruire; et cette fermeté fut aussi inflexible à l'instant où la fortune paraissait lui sourire que dans cette heure d'angoisse où elle montrait avec tant de majesté et tant de grâce aux bourgeois séditieux le jeune Louis XIV endormi.

Ce courage, cette décision immuable, cette persistance dans la même voie, ont paru étranges aux contemporains et à la postérité, et l'on a voulu y voir beaucoup moins un système qu'un sentiment romanesque. Selon les uns, la reine a aimé Mazarin, non point seulement d'amitié, mais d'amour; selon d'autres, — et j'ai rencontré cette opinion arrêtée chez un grand nombre de bons esprits, — elle a été unie au ministre par les liens d'un mariage secret. Ce point historique est extrêmement obscur, et je doute fort qu'il puisse jamais être éclairci. La duchesse d'Orléans, mère du régent, affirme ce mariage dans divers passages de ses lettres : « La reine-mère, dit-elle, a fait encore bien pis que d'aimer le cardinal Mazarin; elle l'a épousé »; et ailleurs : « Elle était fort tranquille au sujet du cardinal ; il n'était pas prêtre et pouvait donc bien se marier. On connaît maintenant toutes les circonstances de ce mariage ; le chemin secret qu'il prenait toutes les nuits pour aller la trouver, est encore au Palais-Royal. » Ces paroles sont très-précises, mais on sait bien qu'il ne faut pas ajouter foi aveuglément aux bavardages de Madame. Elle accepte volontiers toutes les historiettes qui l'amusent.

Dans les pamphlets et chansons du temps, on trouve cette opinion fréquemment exprimée : l'un de ces libelles, entre autres, soutient que si le duc de Beaufort fut arrêté, c'est qu'il surprit Mazarin dans la ruelle de la reine, lui parlant d'amour. Mais on conçoit que ces innombrables brochures, remplies d'erreurs manifestes et inspirées par l'esprit de parti, ont aussi peu de valeur à nos yeux que les lettres de la Palatine. L'histoire, pour se décider sur une telle question, exige des preuves, et il n'en est point. En revanche, les dames qui connaissaient le mieux la conduite d'Anne d'Autriche, celles qu'une longue familiarité avec leur souveraine avait mises à même d'être bien informées, la comtesse de Brienne et Madame de Motteville, évidemment n'ont jamais ajouté foi à ces bruits populaires. La première même était assez libre avec la reine pour l'avertir « de tout ce que la médisance publiait contre sa vertu », et un jour qu'elle lui parla de Mazarin avec beaucoup de franchise, Anne d'Autriche lui répondit : « Je t'avoue que je l'aime... mais l'affection que je lui porte ne va pas jusqu'à l'amour... Mon esprit seulement est charmé de la beauté de son esprit... S'il y a là l'ombre de péché, j'y renonce dès maintenant devant Dieu. »

Ces expressions très-authentiques, rapportées par le comte de Brienne qui les tenait de sa mère, font comprendre clairement ce que pour ma part je crois être la vérité. Mazarin, par les agréments autant que par la solidité de son intelligence, avait beaucoup d'ascendant sur l'esprit de la reine ; de plus, il usait, dans ses rapports avec elle, de cette galanterie si fort à la mode de ce temps. N'oublions pas qu'il était Italien, c'est-à-dire de ce pays d'où était venue en France l'habitude du langage complimenteur et hyperbolique. Anne d'Autriche, Espagnole, et qui retrouvait en lui ces grâces de paroles que les poëtes de son pays avaient empruntées, plus complétement encore que les écrivains français, aux beaux diseurs italiens, l'écoutait avec plaisir, s'amusait à lui répondre dans les mêmes termes, et ressentait, non-seulement une haute estime pour son mérite, mais encore cette amitié très-vive que les femmes les plus chastes éprouvent souvent pour un homme extrêmement aimable, insinuant et spirituel. Les lettres de la reine et du cardinal, qui nous ont été conservées, sont entièrement sur ce ton de familiarité agréable et de badinage romanesque. De là au mariage, il y a un monde.

Quoi qu'il en soit, car après tout sur cette question, où l'on en est réduit à des présomptions, on ne saurait rien affirmer avec une complète certitude, Anne d'Autriche vécut, du moins depuis la mort de Louis XIII, fidèle aux lois de la plus austère convenance. Elle donnait ses journées aux soins de la politique, aux réceptions de la cour et aux œuvres de piété. Sa générosité était inépuisable, sa foi ardente et sincère, son cœur ouvert à toutes les infortunes. Un homme d'esprit disait alors que tous les mots de la langue française se réduisaient à ceux-ci : *La reine est si bonne !* Les Mémoires de Mme de Motteville et du comte Henri de Brienne sont remplis d'anecdotes qui démontrent la noblesse d'âme de cette femme, un peu frivole et légère sans doute dans sa jeunesse, mais volontairement méconnue par les auteurs passionnés qui écrivirent les Mazarinades. Anne d'Autriche fut calomniée par de vils pamphlétaires pendant les rudes années de la régence, mais il eût été fort étonnant qu'il n'en eût pas été ainsi. Sa ferme résistance à des prétentions immodérées et à une réaction funeste, son affection pour un ministre habile et dévoué à ses intérêts, devaient exaspérer les esprits extrêmes et pousser à des accusations aussi indécentes que mensongères des écrivains qui spéculaient sur le scandale.

L'histoire, que ne peuvent émouvoir les passions contemporaines, envisage les choses avec calme, et juge favorablement, en dépit de fautes inévitables et de faiblesses sans gravité, cette reine qui traversa des heures si périlleuses et sauvegarda cette politique de transition qui devait mener la société du régime féodal à la Révolution française. Sans doute Anne d'Autriche ne prévoyait pas, plus que les hommes de son temps, les conséquences de son système politique; elle croyait travailler à l'affermissement du pouvoir royal, sans songer que la chute des intermédiaires entre le peuple et la royauté menait inévitablement à un conflit où le peuple serait le plus fort; quoi qu'il en soit, en fait, elle a poursuivi l'œuvre de Richelieu, et c'est là sa gloire. Elle n'avait pas cependant une remarquable intelligence, bien qu'elle ait, dit-on, applaudi aux débuts de Corneille; elle n'aimait pas à lire, savait mal l'histoire, et ne devait ses minces connaissances qu'à la conversation d'hommes éclairés et à son intervention dans les affaires d'État; mais elle avait du bon sens, du courage et de la dignité, n'aimait pas les petites intrigues, et, après avoir connu bien des jours sombres, ce fut sans regret et sans espérances ultérieures qu'elle remit, calmé pour longtemps, à son fils Louis XIV, un État qu'elle avait reçu frémissant et que la turbulence de tant d'esprits avait bien souvent menacé de ruine.

Telle fut Anne d'Autriche. Sous le règne de son fils, elle chercha volontiers la retraite et la solitude, et vécut paisible jusqu'en 1666. Depuis six ans, elle était atteinte d'un cancer au sein, et cachait ses douleurs à tous, même aux médecins. « Enfin, dit Bussi, s'étant confiée à l'une de ses femmes de chambre, celle-ci l'obligea de dire son mal. » On multiplia les opérations, mais tout fut inutile. Elle supporta ses maux avec un admirable courage et une résignation vraiment chrétienne : « Mon Dieu! vous voulez que je souffre et j'ose me plaindre! » répétait-elle avec un accent sublime. Son fils, qui entourait de la plus affectueuse vénération la mère dont il avait éprouvé le dévouement dans les crises redoutables de sa minorité, veilla durant toute la dernière semaine auprès de son lit, et reçut son dernier soupir. Elle avait soixante-cinq ans.

CHARLES DE MOÜY.

Mᵐᵉ DE GONZALES

MME DE COMBALET

(1604-1675)

Ce fut une existence intéressante, et singulièrement agitée dès le début, que celle de l'aimable et pieuse nièce du cardinal de Richelieu; une existence partagée presque également entre le monde, la politique et la religion, et qui, se prolongeant durant trois quarts de siècle, sut rester pure au sein d'une époque orageuse.

Marie-Madeleine de Wignerod ou Vignerot, issue d'une famille d'origine anglaise établie en France sous le règne de Charles VII, était fille de René de Vignerot, seigneur de Pont-Courlay, homme *dubiæ nobilitatis*, s'il en fallait croire Tallemant; mais la gloire de Richelieu devait largement suppléer à ce qui pouvait manquer à ses parents du côté de la naissance, et assurer une situation hors ligne à tous ces neveux qui, suivant M. d'Estissac, n'étaient que des *gredins*.

Marie de Wignerod n'était encore qu'une enfant lorsque l'évêque de Luçon commençait à fixer les regards de la France aux états généraux de 1614. Bientôt distingué par Marie de Médicis et devenu ministre, il fit nommer sa nièce dame d'atours de la reine mère. La jeune fille ne tarda pas à expier cette première faveur par le plus douloureux des sacrifices : après avoir entrepris de lutter à main armée contre le duc de Luynes, la reine avait vu ses troupes complètement battues aux Ponts-

de-Cé, le 8 août 1620, et cet échec rendait sa position difficile. Les
deux parties, par bonheur, aspiraient également à la paix, et le bon
accord entre l'évêque et le connétable fut rétabli et cimenté par l'union
d'Antoine de Beauvoir du Roure, marquis de Combalet, neveu du favori
de Louis XIII, avec mademoiselle de Vignerot. Ce fut là le principal
résultat d'une lutte sanglante; aussi Bautru affirmait-il plaisamment
qu'au combat des Ponts-de-Cé, « les canons du côté du roi disaient
Combalet, et ceux du côté de la reine mère, Pont-de-Courlay. »

Ce mariage politique où l'on avait si peu consulté les convenances des
jeunes époux ne les satisfit, paraît-il, ni l'un ni l'autre, et fut brusquement rompu par la mort, M. de Combalet ayant été tué au siége de
Montpellier en 1622. Ce personnage était médiocrement intéressant.

« .... Il étoit mal bâti et contrefait, dit Tallemant, et n'avoit rien que la jeunesse.
Sa femme conçut une telle aversion pour lui, qu'elle ne le pouvoit souffrir et étoit
dans une mélancolie effroyable. Quand il fut tué aux guerres des huguenots, de peur
que, par quelque raison d'État, on ne la sacrifiât encore, elle fit vœu, un peu brusquement, de ne se marier jamais et de se faire carmélite. Ce fut aux Carmélites
mêmes qu'elle fit ce vœu; elle s'habilla aussi modestement qu'une dévote de cinquante
ans. Elle n'avoit pas un cheveu abattu. Elle portoit une robe d'étamine et ne levoit
jamais les yeux. Avec ce harnois-là elle étoit dame d'atours de la reine mère et ne
bougeoit de la cour. C'étoit alors la grande fleur de sa beauté.... »

Ici se présente une question aussi curieuse que difficile à résoudre.
Madame de Combalet, pas plus que madame Récamier, n'eut d'enfants
de son mariage, et l'on prétend qu'elle resta vierge ainsi que notre sédui-
sante contemporaine. Dulot, l'inventeur des bouts-rimés, avait même
tiré du nom de la belle veuve l'anagramme suivant : MARIE DE
VIGNEROT, *vierge de ton mari*, et il semble qu'elle eût voulu confirmer
le public dans cette opinion, en cessant de porter les armes du marquis.

Tout porte à croire qu'elle ne fut pas moins chaste après, qu'avant et
pendant son mariage; mais la calomnie ne pouvait manquer de s'at-
taquer à une femme jeune et charmante qui vivait au milieu de la cour,
et Guy Patin écrivait à son sujet ces lignes accusatrices : « Le cardinal,

deux ans avant que de mourir, avoit encore trois maîtresses.... dont la première étoit sa nièce.... »

On rapporte, en outre, une cruelle repartie de la reine Anne d'Autriche à qui madame de Combalet se plaignait des propos calomnieux de M. de Brézé. Le maréchal assurait que le cardinal avait eu quatre enfants de sa nièce et il racontait toutes les circonstances de leur naissance et de leur éducation : « Oh ! répondait la reine à la belle outragée, il ne faut jamais croire que la *moitié* de ce que dit M. le maréchal de Brézé. » On fit de cette anecdote l'épigramme suivante :

Philis, pour soulager sa peine,
Hier se plaignait à la reine
Que Brézé disait hautement
Qu'elle avait quatre fils d'Armand.
Mais la reine d'un air fort doux,
Lui dit :—Philis, consolez-vous,
Chacun sait que Brézé ne se plaît qu'à médire,
Ceux qui pour vous ont le moins d'amitié
Lui feront trop d'honneur, de tout ce qu'il peut dire,
De n'en croire que la moitié.

Quoi qu'il en soit de ces allégations, j'opinerais volontiers pour la virginité. Brézé était un amant éconduit, Guy Patin et Tallemant sont des chroniqueurs suspects, et la postérité, en l'absence de démonstrations positives, doit toujours s'en tenir aux hypothèses les plus vraisemblables. Or, pour me servir d'un mot bien connu, madame de Combalet fut du nombre de ces veuves qui pourraient passer pour filles, tandis que tant de filles ne pourraient passer que pour des veuves. Il n'y eut jamais en elle, en effet, aucun signe apparent d'une vie déréglée, et aucune conjecture plausible ne s'élève contre la réputation de cette femme qui, à toutes les époques de sa vie, montra une si grande inclination pour la vie religieuse. Les ennemis du cardinal traitaient d'hypocrisie la haute piété dont elle faisait profession ; cependant, malgré tout l'éclat que lui donnaient le crédit et la fortune de son oncle, elle avait dessein de quitter le monde et de s'ensevelir dans un cou-

vent, et Richelieu en fut si persuadé qu'il fit venir un bref de Rome
pour l'empêcher de se faire religieuse. Nous apprenons cette particu-
larité d'une lettre écrite de la main du cardinal et adressée à M. de
Béthune, alors ambassadeur à Rome, dans laquelle on lit ces paroles:
« Je vous supplie, monsieur, de faire souvenir M. le légat du bref
qu'il lui a plu de me promettre pour empêcher que ma nièce n'entre en
religion. »

En admettant d'ailleurs qu'en renouvelant sept fois son vœu de carmélite, la marquise n'eût joué qu'une indigne comédie, quelle apparence
que pour rester la concubine d'un prêtre déjà vieux et cassé elle eût
refusé successivement les brillantes alliances qui lui étaient offertes
avec de grands seigneurs comme les Béthune et les Lesdiguières, puis
avec des princes, tels que le cardinal de Lorraine et le comte de
Soissons?

Vivement blessée des bruits injurieux qui de temps en temps arri-
vaient jusqu'à elle, madame de Combalet essuya, pendant dix ans, bien
d'autres ennuis, destinée qu'elle était à amortir le choc entre l'esprit
étroit et opiniâtre de la reine mère et le caractère irritable de Richelieu.
Ce rôle était difficile à remplir, car si le cardinal comprenait la nécessité
des concessions, Marie de Médicis ne voulait rien entendre, et c'était
sur sa dame d'atours qu'elle déchargeait de préférence l'expression
amère de son courroux.

Le dernier et le plus violent de ces orages intimes éclata en 1630, à la
veille de la journée des Dupes. Chassée depuis quelque temps de la
maison de la reine, madame de Combalet y reparut le 9 novembre pour
aider à la réconciliation que le roi avait préparée entre sa mère et son
ministre. La marquise s'agenouilla devant Marie et la pria, fort respec-
tueusement, « avec beaucoup d'esprit et de bien dire, » de lui rendre
l'honneur de sa bienveillance. La reine la reçut d'un air glacé; puis,
« à la froideur, l'aigreur succède; puis la colère, l'emportement.....
enfin un torrent d'injures, et peu à peu de ces injures qui ne sont
connues qu'aux halles. » Le roi veut en vain lui rappeler qu'il est
présent, qu'elle manque à sa parole, qu'elle se manque à elle-même;
« rien ne peut arrêter ce torrent. » A la fin, le roi outré relève brus-

quement madame de Combalet et lui dit que c'est en avoir trop entendu et qu'elle se retire.

Le cardinal qui apparut en ce moment la trouva tout en larmes ; il ne fut pas traité moins durement que sa nièce. Plus il s'humiliait, plus la reine affectait de le traiter avec hauteur, lui disant même en face qu'il était un hypocrite et un scélérat. « Voyez-vous ce méchant homme, s'écriait-elle en se tournant vers le roi, il n'aspire à rien moins qu'à vous enlever votre couronne pour la mettre sur la tête du comte de Soissons, après qu'il lui aura fait épouser sa nièce ! »

Richelieu resta, sinon impassible, du moins maître de lui en présence de cette femme furieuse. La grande journée des Dupes allait le débarrasser de son implacable ennemie, et trois mois plus tard la reine partait pour l'exil, tandis que son ancienne dame d'atours était au comble de la faveur.

Battus sur le terrain de l'intrigue, Gaston d'Orléans et sa mère continuèrent à l'étranger, avec le secours de l'Espagne, cette lutte impuissante qu'ils avaient engagée contre l'heureux cardinal. L'acharnement de la vieille reine était extrême : « Je me donnerois au diable, disait-elle, plutôt que de ne pas me venger. » Ingénieuse dans sa haine et peu scrupuleuse sur les moyens à employer, elle avait résolu de faire enlever la marquise de Combalet, persuadée qu'elle était que Richelieu avait pour sa nièce, non pas de l'amitié, mais de l'amour. Des gens furent apostés pour surprendre cette dernière, un jour qu'elle se rendait à Saint-Cloud en compagnie de mademoiselle de Rambouillet ; mais la trame fut découverte et l'entreprise avorta. Voiture, qui était en Espagne l'ambassadeur des rebelles, fait, dans sa xxviiie lettre, allusion à cette aventure :

« Il me semble que.... madame de Combalet.... ne devroit pas être si animée contre les rebelles, qu'elle ne me fît l'honneur de se souvenir quelquefois de moi. S'il est vrai ce que l'on dit, que nous l'ayons voulu enlever : ç'aura été de la même sorte que les Grecs ravirent l'image de Pallas du pouvoir de leurs ennemis ; et sur la créance que l'on a eue, que le bonheur et la victoire se trouveroient toujours du parti où elle seroit. Mais enfin, je n'ai rien su de ce dessein. Elle sait que si j'en ai eu pour elle, ç'a été par la bonne voie, et elle se peut souvenir que ma recherche a été toujours pleine de respect et d'honneur. Tout de bon, quelque passion que j'aie pour nos affaires, je ne puis m'empêcher d'en avoir pour elle. Toutes les fois que je la considère, j'arrête mes souhaits, et j'ai de la peine à être assez affectionné à mon parti. J'ai été plus généreux à la louer qu'elle ne l'est à se souvenir de moi. Il n'y a pas huit jours que je l'ai su ici représenter si semblable à elle-même, que je la fis aimer, ou du moins estimer extrêmement à un homme qui ne peut pas vouloir du bien à tous ses parents.... »

Fixée désormais à la cour, en dépit de ses continuelles aspirations vers le cloître, madame de Combalet consentit, pour plaire à son oncle, à retrancher ce qu'il y avait d'excessif dans ses austérités extérieures : « Elle commença, dit un contemporain, à mettre des languettes, après elle fit une boucle on mit un ruban noir à ses cheveux ; elle prit des habits de soie et, peu à peu, elle alla si avant que c'est elle qui est cause que les veuves portent toutes sortes de couleurs, hors du vert. »

Nommée duchesse d'Aiguillon, en 1638, elle fut comme l'ange de la clémence siégeant aux côtés du justicier impitoyable, et bien des gens lui durent leur grâce qui ne la méritaient pas et la payèrent d'ingratitude ; mais je veux du moins citer ici un trait de générosité intelligente qui fit également honneur à l'oncle et à la nièce. Il s'agit du père de l'auteur des *Provinciales*, d'Étienne Pascal, qui, réduit à se cacher par suite de démarches imprudentes, avait dû se séparer de son intéressante famille. Toujours ingénieuse lorsqu'elle voulait obliger les gens, la nouvelle duchesse s'était adressée à la jeune Gilberte qui dirigeait la maison en l'absence de son chef, et non sans de vives instances avait obtenu d'elle que sa sœur Jacqueline jouerait un rôle dans une pièce de Scudéry, qui allait être représentée à l'hôtel du cardinal. Nous allons laisser la parole à la petite comédienne, qui contait ainsi à son père le succès de l'heureux expédient imaginé par madame d'Aiguillon :

« .... Dès que la comédie fut jouée, je descends du théâtre avec le dessein de parler à madame d'Aiguillon; mais M. le cardinal s'en allait, ce qui fut cause que je m'avançai tout droit à lui, de peur de perdre cette occasion-là, en allant faire la révérence à madame d'Aiguillon; outre cela, M. Mondory me pressait extrêmement d'aller parler à M. le cardinal. J'y allai donc, et lui récitai les vers que je vous envoie, qu'il reçut avec une extrême affection, et des caresses si extraordinaires que cela n'étoit pas imaginable; car, premièrement, dès qu'il me vit venir à lui, il s'écria : « Voilà la petite Pasest; » puis il m'embrassoit et me baisoit, et, pendant que je disois mes vers, il me tenoit toujours entre ses bras et me baisoit à tout moment avec une grande satisfaction; et puis, quand je les eus dits, il me dit : « Allez, je vous accorde tout ce que vous me demandez; écrivez à votre père qu'il revienne en toute sûreté. » Là-dessus, madame d'Aiguillon s'approcha, qui dit à M. le cardinal : « Vraiment, monsieur, il faut que vous fassiez quelque chose pour cet homme-là; j'en ai oui parler, c'est un fort honnête homme et fort savant; c'est dommage qu'il demeure inutile. Il a un fils qui est fort savant en mathématiques, et qui n'a pourtant que quinze ans. » Là-dessus, M. le cardinal dit encore une fois que je vous mandasse que vous revinssiez en toute sûreté. Comme je le vis en si bonne humeur, je lui demandai s'il trouveroit bon que vous lui fissiez la révérence; il me dit que vous seriez le bienvenu, et puis, parmi d'autres discours, il me dit : « Dites à votre père, quand il sera revenu, qu'il me vienne voir, » et me répéta cela trois ou quatre fois. Après cela, comme madame d'Aiguillon s'en alloit, ma sœur l'alla saluer, à qui elle fit beaucoup de caresses, et lui demanda où étoit mon frère, et dit qu'elle eût bien voulu le voir. Cela fut cause que ma sœur le lui mena; elle lui fit encore grands compliments et lui donna beaucoup de louanges sur sa science. On nous mena ensuite dans une salle, où il y eut une collation magnifique de confitures sèches, de fruits, limonades et choses semblables. En cet endroit-là, elle me fit des caresses qui ne sont pas croyables. Enfin je ne puis pas vous dire combien j'y ai reçu d'honneur.... »

Madame d'Aiguillon fut moins écoutée en d'autres circonstances, et ce fut peut-être le plus douloureux épisode de sa vie que ce voyage sur le Rhône où, assise près de son oncle, elle pouvait apercevoir la barque sur laquelle le malheureux Cinq-Mars s'acheminait lentement au supplice.

Si le cardinal était dur, parfois même cruel, il avait aussi des faiblesses, qui bien que fort excusables étaient extrêmement fâcheuses à certains égards, puisqu'elles l'exposaient au ridicule; on connaît en effet ses prétentions littéraires et l'obstination qu'il mettait à faire applaudir ses détestables compositions dramatiques. Madame d'Aiguillon, quoique médiocrement instruite, avait trop de bon sens pour ne pas comprendre la portée de ce travers, et faisait ce qu'elle pouvait pour en atténuer les conséquences. La chose n'était pas facile, et Bois-Robert faillit être disgracié pour avoir cherché à dissuader le cardinal de mettre au jour

certaine comédie absurde ; il avait pourtant eu recours, comme on peut
le supposer, à d'infinies précautions oratoires, et s'était vu nettement
appuyé par la duchesse et le maréchal de La Meilleraye. Il est heureux, pour la mémoire du ministre, que la destinée l'ait forcé de chercher habituellement la gloire sur un plus vaste théâtre, et qu'elle lui
ait permis, tout meurtri encore de ses luttes avec Corneille et Rotrou,
de battre Olivarez sur le terrain de la diplomatie en abaissant la maison
d'Autriche, ce grand arbre qui, suivant l'expression de Voiture, *donnait
de l'ombrage au reste de la terre.*

Cette pure tendresse que le cardinal inspirait à sa nièce fut souvent
mise à l'épreuve par les crises d'une santé chancelante et que les soucis
de la politique minaient chaque jour. Lorsqu'il fut à sa dernière heure,
la duchesse tomba dans un abattement profond d'où la tirait par moments une confiance superstitieuse en des visions monastiques : « Monsieur, disait-elle, vous ne mourrez point, une sainte fille, une brave
carmélite en a eu une révélation. » Mais Richelieu attendait la mort
de pied ferme et répondait : « Allez, allez, ma nièce, il faut se moquer
de tout cela, il ne faut croire qu'à l'Évangile. »

Les calculs de l'ambition n'entraient pour rien dans les regrets que
cette perte cruelle fit éprouver à madame d'Aiguillon. Sous la Régence,
sa situation resta presque la même. Anne d'Autriche, par politique plus
que par inclination, Mazarin, par respect pour la mémoire de celui
dont il se proclamait le disciple, tenaient grand compte des recommandations de la duchesse, qui se vit, comme par le passé, entourée d'un
peuple de solliciteurs. Mais par cela même que les demandes étaient
nombreuses, elles étaient plus difficiles à satisfaire ; c'était précisément
ce que beaucoup de gens se refusaient à comprendre, et Tallemant
semble s'être inspiré de leurs colères en rapportant l'anecdote suivante,
qui est pour le moins aussi invraisemblable que malicieuse :

« Après la mort du cardinal de Richelieu, Bois-Robert dit à madame d'Aiguillon
qu'il n'auroit pas moins de zèle pour elle qu'il n'en avoit eu pour son oncle. Elle le
remercia et lui promit qu'il ne seroit pas longtemps sans recevoir des marques de
l'affection qu'elle avoit pour lui, puisque son neveu avoit des abbayes dont dépen-

doient de bons prieurés. Bois-Robert eut plusieurs avis, mais les prieurés qu'il demandoit avoient toujours été donnés la veille. Il se douta qu'il y avoit de la fourberie, et, pour en être éclairci, il la fut trouver un jour avec une lettre par laquelle on lui donnoit avis que le prieuré de *Kermassonnet* étoit vacant, et qu'il y étoit à la collation de l'abbé de Marmoustier. « Hé! mon pauvre monsieur de Bois-Robert, s'écriat-elle, que je suis malheureuse! si vous fussiez venu deux heures plus tôt, vous l'auriez eu. — Je n'en serois pas mieux, madame, car vous pouvez disposer de ce prieuré-là comme de la lune. — Eh! pourquoi? — C'est qu'il n'y en a jamais eu de ce nom-là; je vous rends grâces de votre bonne volonté, me voilà plus convaincu que jamais de votre sincérité et de votre bonne foi. »

Madame d'Aiguillon, qui à l'égard de Bois-Robert fit toujours preuve d'une grande bienveillance, n'avait évidemment aucun motif qui la portât à rejeter systématiquement ses demandes, et la protection qu'elle accorda à d'autres gens de lettres, à Scudéry notamment, qu'elle fit nommer capitaine de vaisseau, doit nous faire supposer que ses bienfaits n'avaient de limites que celles de son crédit à la cour, lequel ne pouvait se maintenir qu'à charge d'en user avec modération.

Les premiers temps de la Régence s'écoulèrent pour elle dans une demi-retraite. La cour venait parfois la visiter à Rueil, et c'est dans cette agréable résidence que Voiture composa ses stances hardies à la reine Anne d'Autriche :

Je pensois que la destinée.....

Mais si la duchesse accueillait avec empressement ces hôtes illustres, elle aimait surtout à vivre dans un cercle intime composé des membres d'élite de la société de l'hôtel de Rambouillet. Son dévouement à l'amitié était inépuisable; c'était elle qu'on chargeait de lever les derniers obstacles qui s'opposaient au mariage de Julie d'Angennes avec Montausier; c'était elle aussi qu'on voyait au palais s'entremettre officieusement pour amener à terme les procès embrouillés de madame du Fargis. Gardant à la mémoire de son oncle un souvenir pieux, elle s'occupait également, vers la même époque, de la publication des œuvres du cardinal, œuvres fort médiocres qu'elle voulut faire retoucher par Chapelain et par Patru.

Aux belles années qui avaient immédiatement suivi la mort de Louis XIII succédèrent bientôt les orages de la Fronde. On savait, dès le début, que madame d'Aiguillon resterait invariablement fidèle à la reine, aussi fut-elle frappée la première par le principal adversaire de Mazarin. L'héritier du nom et de la fortune du cardinal de Richelieu s'était laissé séduire par l'esprit et les grâces de madame de Pons plus que par sa beauté. La duchesse de Longueville protégeait cette veuve sans fortune; elle engagea le duc à l'épouser; Condé entra dans les vues de sa sœur, il conduisit lui-même les deux amants au château de Trie, et autorisa de sa présence le mariage, qui fut contracté à l'insu de la cour et de la duchesse d'Aiguillon, tante et tutrice de l'époux. Celle-ci destinait à son neveu l'un des partis les plus brillants du royaume, et sa douleur fut extrême. Elle courut chez la reine et, le cœur plein d'amertume, s'éleva avec énergie contre ce qu'elle appelait l'attentat de Condé, qui mariait un duc et pair sans l'agrément de la cour. La reine partageait secrètement l'indignation de la duchesse; ce n'est pas qu'elle ne regardât d'un œil indifférent l'alliance du duc avec madame de Pons, mais elle craignait que le duc de Richelieu, poursuivi par sa tante, ne livrât le Havre, dont il était gouverneur, au duc de Longueville, déjà si puissant en Normandie. L'emprisonnement des princes donna à la duchesse une satisfaction éclatante; mais la conduite de son neveu avait fait à son cœur une blessure profonde, et elle voulut rompre défi-nitivement avec les illusions et les espérances du monde.

Ce n'est plus dans l'histoire, c'est dans l'oraison funèbre de Fléchier qu'il faut chercher des détails sur cette dernière période de la vie de madame d'Aiguillon. L'éloquent panégyriste nous la montre dégagée de toute attache terrestre et comme transfigurée par la grâce. On la voit, satisfaisant au vœu de sa jeunesse, se consacrer tout entière aux pauvres, jeter à pleines mains l'or de la charité à des populations ruinées par la guerre civile et semant des bienfaits sans mesure, fonder des hôpitaux jusque sur les rives reculées de la Nouvelle-France.

Elle mit un intervalle de près de vingt-cinq ans entre sa vie et sa

mort, et s'éteignit, en 1675, gémissant à l'écart sur les pompes adultères du grand roi, et léguant son titre de *Mère de l'Église* aux
Longueville et aux Miramion.

AMÉDÉE ROUX.

LA DUCHESSE DE MONTPENSIER

MARIE DE BOURBON

(1605-1627)

Le 15 octobre 1605, la riante colline de Gaillon était en fête ; le beffroi de l'antique manoir d'Amboise sonnait à toute volée ; le blason des Bourbon-Montpensier, à travers la brume d'automne, faisait resplendir dans l'espace son azur et ses fleurs de lis d'or ; là, bourgeois, manants, rustres, vilains, varlets, vassaux, vavassaux, gentilshommes, hommes d'armes, hommes liges se pressaient autour de cette délicieuse résidence. Au mouvement de la foule bariolée, au pittoresque des costumes, à l'élan du menu peuple, à l'allure dégagée, adorablement impertinente et quelque peu libertine des gens de qualité, au bruit des fanfares, aux repas pantagruéliques en plein air, aux flons-flons joyeux et rutilants qui s'échappaient des bouches avinées, on se serait cru au milieu de cette étourdissante kermesse que Rubens anima du feu de son intrépide pinceau.

C'est qu'après huit années de mariage, après huit années d'ardents désirs, de vœux et de macérantes pratiques pieuses, la riche héritière de Joyeuse venait de mettre au jour le dernier rejeton de la troisième branche de la maison royale de Bourbon. C'était une fille ; elle reçut le doux nom de Marie, symbole de douceur et d'espérance. Ce fut la première princesse française qui le porta ; et, chose singulière, toutes celles qui le portèrent depuis se firent remarquer par leurs vicissitudes et leurs luttes contre l'adversité.

Jamais être humain ne fut accueilli à sa naissance avec plus de bonheur. Son père, Henri, duc de Bourbon, indépendamment des immenses domaines que Henriette-Catherine, duchesse de Joyeuse, comtesse du Bouchage, son épouse, lui avait apportés en dot, jouissait d'une des plus grandes fortunes du royaume; et, sans enfant, outre la douleur de voir éteindre sa race, tous ses biens devaient passer entre les mains des membres de sa famille, dont la plupart ne professaient pas la même religion que lui. A cette époque de haines religieuses où la société se trouvait divisée en deux camps bien tranchés, les catholiques et les huguenots, il ne voulait pas, lui catholique, par sentiment religieux ou par esprit de parti, que sa mort vînt à enrichir quelques princes de la religion réformée. Aussi, grande fut sa joie quand après une si longue attente ses vœux les plus chers venaient enfin à se réaliser.

Henri IV, à la nouvelle de cette naissance, se rapprocha du duc de Bourbon avec lequel, du reste, il avait entretenu d'intimes relations. Il l'appelait le *bon enfant de la maison*. Le Béarnais, qui, sous ses cajoleries gasconnes, cachait presque toujours quelques motifs intéressés, caressait les biens de son cousin dans sa propre personne; et, afin de resserrer l'amitié qui les unissait, il lui demanda la main de sa fille, qui venait de naître, pour le duc d'Orléans, son second fils,— Gaston n'était alors que duc d'Anjou. — Le *bon enfant* ne put résister à une marque d'intérêt aussi haute et surtout aussi *sincère*. Le mariage fut donc conclu le 14 janvier 1608. Le roi, la reine, et la reine Marguerite, les premiers princes du sang et les grands officiers de la couronne assistèrent à la cérémonie. Le cardinal de Joyeuse confirma la donation faite à la duchesse-mère, madame de Guise, en l'honneur de cette alliance. Mais toutes les espérances que ce mariage, si favorable à la maison de France et si flatteur aux Montpensier, avait fait éclore, s'évanouirent par la mort du jeune prince qui arriva quatre ans après. Marie avait alors six ans : ce fut sa première étape dans la vie.

Sur ces entrefaites, son père aussi vint à mourir; elle resta donc seule avec sa mère, femme d'ailleurs d'un haut mérite, qui l'aimait avec passion et qui ne négligea rien pour développer cette tendre fleur. Sous son intelligente et délicate tutelle, la jeune Marie tint, avec l'âge, tout ce qu'elle avait promis. A vingt ans, dit Hilarion de Coste, elle était une personne accomplie; ses grâces naturelles, sa beauté exceptionnelle et les perfections de son esprit, et plus que tout cela les aimables qualités de son cœur la distinguaient entre toutes les femmes qui composaient alors le brillant écrin de la cour de Louis XIII. Sa taille mignonne et bien prise, sa démarche noble et assurée, la langueur de ses longs regards, l'éclat de son teint qu'atténuait un peu le blond cendré de ses cheveux, qui ruisselaient en longues torsades sur ses joues, lui attiraient l'attention de la jeune noblesse. Gaston, surtout, ne put résister à tant d'attraits; quoiqu'il fût incapable d'un sentiment profond, il ne laissa pas que de lui donner des preuves sinon d'amour, du moins d'une réelle amitié. Cette passion, ou plutôt ce nouveau désir du plus versatile des hommes, favorisait singulièrement les projets de la reine-mère, Marie de Médicis; aussi s'y prêta-t-elle de tout son crédit. Ambitieuse, elle tâchait de maintenir le pouvoir qu'elle avait déjà perdu et qu'elle venait de recouvrer. Par ce mariage, elle devenait le pivot de toute la cour. En donnant à Gaston une femme sur laquelle elle exerçait elle-même une certaine influence, elle le dominerait, lui qu'elle savait faible, sans portée aucune et propre tout au plus à servir d'instrument ou de manteau à quelque ambition particulière. Richelieu, que des considérations d'un ordre plus élevé faisaient mouvoir, agissait de concert avec Marie de Médicis pour l'exécution du même dessein, mais dans des vues bien opposées. Après dix années de mariage, Louis XIII était encore sans héritier, et le peu de goût qu'il avait pour Anne d'Autriche ne laissait guère d'espoir qu'il dût en avoir jamais : cependant il en fallait un. Le souvenir des luttes intestines auxquelles le royaume avait été en proie occupait les esprits éclairés, et c'était à prévenir le retour de ces luttes que Richelieu travaillait. Tous les gens animés du bien de l'État se ralliaient à la politique du ministre. Mais il y avait alors autour du roi une certaine faction inquiète, remuante, qui supportait avec impatience le pouvoir naissant du cardinal. Une opposition formidable se souleva tout à coup contre ses vues et faillit tout renverser. Conduite par d'Ornanno, elle parvint sans difficulté à circonvenir Gaston et à le détacher de la princesse; Louis XIII lui-même allait fléchir lorsqu'un coup de tonnerre l'arrêta brusquement. D'Ornanno fut jeté en prison à Vincennes, où il mourut; les princes de Vendôme souffrirent une longue captivité; plusieurs personnages importants furent exilés, et le jeune Chalais, que poussait la duchesse de Chevreuse dont il était l'amant, porta sa tête sur l'échafaud. Gaston, avec sa mobilité habituelle, abandonna tous ses imprudents amis au ressentiment de l'implacable ministre, et revint auprès de la duchesse, cause bien innocente de tous ces troubles, avec le même empressement que devant : le mariage fut dès lors arrêté.

Dans les régions sociales où la raison d'État domine, on consulte peu les cœurs en pareille circonstance : la conformité des goûts et des humeurs, le plus doux et le plus naturel des sentiments, celui qui couvre sous un voile de pourpre et d'or les tristes réalités de l'existence, l'amour, tout cela est du superflu; on a bien autre chose à penser, vraiment! Il en fut ainsi à l'égard de la princesse Marie. Si l'on en croit les chroniques du temps, elle ressentait peu de sympathie pour Gaston. Douce, timide, réservée et pour ainsi dire aveuglément soumise aux volontés de sa mère qui, dans cette union, au reste, croyait assurer son bonheur, elle s'inclina, la pauvre enfant, et tendit sa main immaculée à l'époux qu'on lui imposait.

La célébration de ce mariage se fit avec une pompe inaccoutumée. Tout ce que l'art, tout ce que l'industrie la plus ingénieuse purent enfanter de merveilles et de prodiges fut prodigué en ce jour; les carrousels, les combats à la barrière, les cavalcades, les feux d'artifice, les joutes sur l'eau occupèrent Paris pendant plus de huit jours. Le roi donna à Monsieur les duchés d'Orléans, de Chartres et le comté de Blois en apanage; la seigneurie de Montargis y fut ajoutée depuis. Madame eut pour ses apports la souveraineté des Dombes, la principauté de la Roche-sur-Yon, les duchés de Montpensier, de Châtellerault et de Saint-Fargeau, et plusieurs autres terres érigées en titres de marquisat; comté, vicomté et baronnie. En outre, sa mère, madame de Guise, lui donna un diamant évalué alors à 80,000 écus. Quant au cardinal, il reçut pour ses épingles la magnifique terre de Champvaut, qu'il convoitait depuis longtemps comme à proximité de sa maison de Richelieu.

Tout le monde paraissait satisfait, excepté la duchesse : et pouvait-elle l'être, elle, si l'on fait attention à l'énorme différence morale qui existait entre les deux époux! Quoi qu'il en soit, une fois mariée, elle se consacra tout entière aux devoirs de sa nouvelle position : elle se sentit au cœur une mission à remplir. Elle employa tout ce qu'elle avait de tendresse et d'abnégation pour fixer son inconstant époux et pour donner à son esprit une direction plus digne de lui; mais elle ne put y réussir. Le naturel du prince, un moment subjugué par tant de grâces et de dévouement, reprit son mouvement accoutumé; il ne tarda pas à se replonger, avec toute l'ardeur de la jeunesse, dans les dissipations de toute nature. Elle ne proféra aucune plainte; voyant que ses remontrances ne servaient qu'à l'éloigner et à l'irriter, elle s'enferma dans sa douleur muette et résignée.

Un rayon de bonheur vint pourtant la visiter; c'est lorsqu'elle se sentit mère. Son mari se rapprocha d'elle et parut vouloir, par son assiduité, racheter tous les désordres de sa vie passée; d'ailleurs elle portait les destinées de la France : l'avenir était plein de riantes promesses. Ce fut une explosion de joie indicible quand elle accoucha; des actions de grâces furent rendues, des *Te Deum* furent chantés dans toute l'étendue du royaume pour son heureuse délivrance. Bien que l'attente fut en quelque sorte déçue en ce que c'était une fille,—celle qui fut depuis la Grande Mademoiselle,—qu'elle avait mise au monde, au lieu d'un garçon que la politique désirait, on n'en célébra pas moins avec un grand éclat cette naissance. Le poëte Garnier fit un sonnet que nous citons, non pas parce qu'il est un phénix, tant s'en faut, mais parce que c'est la seule pièce de vers qu'on ait faite en cette circonstance, et qu'elle représente, selon nous, le goût littéraire de l'époque :

> Qvoy! pour estre une fille ira-t-elle au silence?
> Cloches, feux et canons et flambeaux radieux
> N'eslanceront-ils point iusqu'aux voutes des cieux
> Le plaisir qui doit estre auiourd'huy par la France?
>
> Le sexe où va brillant tant d'heur et d'excellence,
> Qui resiouyt l'esprit et contente les yeux
> Ira-t-il soubs l'oubly comme un faict odieux
> Indigne de paroistre avec esiouissance?
>
> Lovys regneroit-il dessur les Flevrs de Lys
> Si venante icy-bas Marie eust été fils?
> Anne fourniroit-elle à iamais cet empire
>
> De Roys à l'aduenir ayant eu mesme effect?
> Bien que le diamant en son prix on admire
> La perle en sa valeur n'a rien de moins parfaict.

Tout à coup, au milieu de l'allégresse générale, une nouvelle se répandit. Madame, dont l'accouchement, quoique laborieux, s'était très-bien effectué sous l'habile direction de la célèbre Louise Bourgeois, dite Bourcier, était atteinte de la fièvre puerpérale. Les ressources de l'art furent impuissantes contre le mal. Elle était accouchée le 29 mai, et le 4 juin suivant elle disparaissait de ce monde à l'âge de vingt-deux ans. Elle vit approcher son heure suprême sans terreur; rien n'altéra sa sérénité; elle imposait silence à ses propres douleurs pour ne s'occuper que de celles des autres. Tous ceux qui l'entouraient et dont elle était tendrement aimée, voyant venir le fatal moment, fondaient en larmes, tandis qu'elle, presque souriante, les yeux agrandis par la maladie, cherchait à les consoler et à les fortifier. Elle étendait sa main pâle et amaigrie à Gaston, comme pour l'engager à la résignation. Lorsqu'elle se retourna vers la duchesse de Guise, qui se tenait debout devant elle, immobile, silencieuse et bouleversée, elle fit un effort pour lui saisir la main et lui dire avec un accent profondément mélancolique et doux : *Ma mère, je m'en vais mourir, consolez-vous.* Elle conserva sa présence d'esprit jusqu'aux confins de la vie. Peu à peu ses mouvements devinrent plus lents et sa parole plus difficile. Quand elle ne put ni parler, ni remuer, ses yeux semblaient encore exprimer ce qui se passait dans son âme; puis ils restèrent fixes et dirigés vers le ciel, sa céleste patrie : elle avait vécu! Ainsi s'éteignit, sans trouble, sans effort ni secousse, cette princesse, l'ornement de son époque; ainsi passa sur terre, comme une blanche apparition, l'une des plus gracieuses figures de notre ancienne France[1].

Son cœur et ses entrailles furent déposés à l'église des Filles-de-la-Passion ou des Capucines, autrefois rue Neuve-Saint-Honoré, auprès du tombeau de son aïeul, ce duc de Joyeuse dont Voltaire a dit :

> Il prit, quitta, reprit la cuirasse et la haire.

On lisait encore avant 1793 cette inscription :

Cy gist le cœur de très-haute, très-puissante et très-vertueuse Princesse Marie de Bourbon, fille de très-haut Prince Henry de Bourbon, Duc de Montpensier, et de très-haute Princesse Henriette-Catherine de Joyeuse, jadis Duchesse de Montpensier à present de Guyse : laquelle Marie épousa très-haut, très-puissant et très-magnanime Prince Gaston, frère unique du Roy, fils de Henry-le-Grand et de Marie-Auguste de Medicis, et décéda le 4 de Juin de l'an 1627 en l'age de 21 ans, 7 mois et 18 jours, dix mois après son mariage et 7 jours après son accouchement. Priez Dieu qu'il reçoive son ame et console sa mère, qui laisse ce marbre à la mémoire de son amour et de sa douleur.

Le reste de sa dépouille mortelle fut transporté en grandes pompes à Saint-Denis et placé dans le caveau d'Henri IV.

Quelques muses officielles exhalèrent en phrases banales leurs douleurs nonpareilles. Mais la poésie, comme l'amour, ne se commande pas. Rien de plus froid, en effet, de plus insignifiant ni de plus platement ampoulé que ce qui parut alors au sujet de la mort de Marie de Bourbon. Il n'existe d'ailleurs que fort peu de chose : une élégie

---

[1] Cette princesse avait pour devise une fleur de lis d'argent avec ses feuilles vertes, sa tige dirigée en haut, sur laquelle des rayons célestes épandaient leur lumière, accompagnée de cette légende : *In manibus tuis sortes meæ.*

latine, deux élégies françaises en longs vers alexandrins et un *quadrain*, et c'est tout. Voici le quadrain :

> Je voy comme le Ciel pour soulager ton deuil
> Veut que tout l'Univers à nos souspirs responde,
> Et pour n'en exempter, ordonne à ton cercueil
> Les pleurs de tout le monde.

JOANNIS GUIGARD.

GASTON D'ORLÉANS.

GASTON D'ORLÉANS

Jean-Baptiste Gaston, duc d'Anjou, naquit à Fontainebleau le 25 avril 1608. Il fut le second fils d'Henri IV et de Marie de Médicis. Son plus jeune frère, le duc d'Orléans, étant mort, il prit le titre de *Monsieur* et de frère unique du roi, et plus tard il reçut le duché d'Orléans en apanage. A sept ans, il sortit des mains de madame de Monglat et eut successivement pour précepteurs François Savary, seigneur de Brèves, le comte de Lude, puis d'Ornano, et enfin Despréaux.

D'Ornano et sa femme, qui avaient su prendre de l'influence sur le caractère faible et irrésolu de Gaston, le jetèrent dans sa première intrigue. Cette cabale, à laquelle se joignirent les princes de Vendôme et le comte de Chalais, résolut d'attenter à la vie de Richelieu, dans sa maison de Fleury, près de Fontainebleau, où il allait quelquefois se reposer de ses fatigues. Le complot échoua par la présence d'esprit du ministre et par l'incertitude de Gaston. D'Ornano mourut à Vincennes; les princes de Vendôme subirent une longue captivité, et le comte de Chalais, conduit à Nantes, où se trouvait la cour, fut exécuté pour crime de lèse-majesté. Gaston, loin de chercher à défendre celui qui mourait pour sa cause, déposa contre lui. Il épousa,

vers le même temps, mademoiselle de Montpensier, et l'on remarqua
qu'il se montra très-gai dans les fêtes brillantes de son mariage. De
cette union naquit une fille célèbre, *la grande Mademoiselle*, dont
nous parlerons plus loin. Sa mère mourut trois jours après sa naissance.

Gaston se rendit à la cour de Charles IV, duc de Lorraine, où il
s'éprit de la princesse Marguerite, qu'il épousa secrètement.

Son premier pas à la cour avait coûté la vie à Chalais. On a vu
comment il en avait été affecté. Il en agit toujours ainsi dans la
suite. Ce qu'on a appelé sa faiblesse et son irrésolution mérite un
jugement plus sévère de l'histoire. Avec de la méchanceté, il eût
causé moins de malheurs. La vie de ce prince nous apparaît comme
une énigme sombre dénouée par la fatalité. Haï de son frère,
brouillé avec sa fille par d'interminables procès d'héritage, persécuté
par Richelieu, mêlé à toutes les intrigues de son temps, abandonnant
et reniant lâchement ses amis, sans caractère et sans grandeur, il
joua un rôle considérable, mais triste, pendant la régence, et finit
par mourir à Blois dans un exil obscur.

Nous retrouvons Gaston ligué pour la seconde fois contre Richelieu avec Montmorency. Celui-ci livre combat à Castelnaudary. Il se
jette presque seul au milieu de la mêlée. Il est fait prisonnier. Toujours prudent, Gaston tire son épingle du jeu et abandonne son ami
au cardinal, qui le fait exécuter à Toulouse. Il promet même, dans le
traité conclu avec son frère, « d'aimer le cardinal de Richelieu. »
Cependant il craint encore pour sa liberté et va rejoindre sa mère
à Bruxelles.

« Gaston, dont la vie était un reflux perpétuel de querelles et de raccommodements
avec le roi son frère, était revenu en France, et le cardinal fut obligé de laisser à ce
prince et au comte de Soissons le commandement de l'armée, qui reprit Corbie;
Richelieu se vit alors exposé au ressentiment des deux princes. C'était le temps des
conspirations ainsi que des duels. Les mêmes personnes qui depuis excitèrent, avec le
cardinal de Retz, les premiers troubles de la Fronde, et qui firent les barricades,
embrassaient dès lors toutes les occasions d'exercer cet esprit de faction qui les dévo-

rail. Gaston et le comte de Soissons consentirent à tout ce que les conspirateurs pourraient attenter contre le cardinal. Il fut résolu de l'assassiner chez le roi même; mais Gaston, qui ne faisait jamais rien qu'à demi, effrayé de l'attentat, ne donna point le signal dont les conjurés étaient convenus. Ce grand crime ne fut qu'un projet inutile. »

Nous ne mentionnerons que pour mémoire la mort de Cinq-Mars et de de Thou, que Gaston abandonna comme les autres, et qui périrent sur l'échafaud. Mais ici, ce n'est plus l'histoire, c'est sa fille elle-même qui va l'accuser :

« A la nouvelle de la mort de la reine, ma grand'mère, succéda celle du procès et de l'exécution de M. de Cinq-Mars, grand écuyer de France, et de M. de Thou, dont j'eus beaucoup de regret et par la considération de leurs personnes, et parce que *Monsieur* étoit malheureusement mêlé dans l'affaire qui les fit périr; jusque-là même que l'on a cru que la seule déposition qu'il fit à M. le chancelier fut ce qui les chargea le plus, et ce qui fut cause de leur mort.

« Il soupa chez moi où étoient les vingt-quatre violons. Il y fut aussi gai que si MM. de Cinq-Mars et de Thou ne fussent pas demeurés par les chemins. J'avoue que je ne le pus voir sans penser à eux, et que dans ma joie je sentis que la sienne me donnoit du chagrin. »

On comprendra mieux maintenant cette anecdote racontée par Voltaire : Gaston, jaloux de son rang et de l'étiquette, fit un jour changer de place toutes les personnes de la cour, à une fête qu'il donnait, et, prenant le duc de Montbazon par la main pour le faire descendre d'un gradin, le duc de Montbazon lui dit : « Je suis le « premier de vos amis que vous avez aidé à descendre de l'échafaud. »

Mais, disent naïvement les Mémoires du temps, il se promettait, pour sa consolation, d'être plus heureux une autre fois à protéger ses défenseurs.

La reine était stérile, et Gaston se trouvait être héritier présomptif de la couronne. Il la rencontra un jour qu'elle venait de faire une neuvaine pour avoir des enfants et lui dit en raillant : « Madame, « vous venez de solliciter vos juges contre moi; je consens que vous « gagniez le procès, si le roi a assez de crédit pour cela. »

La naissance de Louis XIV dut paraître à la reine une réponse suffisante à cette plaisanterie.

« Le roi voulait que le mariage de son frère avec Marguerite de Lorraine fût déclaré nul. Gaston n'avait qu'une fille de son premier mariage avec l'héritière de Montpensier. Si l'héritier présomptif du royaume persistait dans son nouveau mariage, s'il en naissait un prince, le roi prétendait que ce prince fût déclaré bâtard et incapable d'hériter. C'était évidemment insulter les usages de la religion; mais la religion n'ayant pu être instituée que pour le bien des États, il est certain que, quand ces usages sont nuisibles ou dangereux, on doit les abolir.

« L'état de la maison royale devenait problématique en Europe. Si l'héritier présomptif du royaume persistait dans un mariage réprouvé en France, les enfants nés de ce mariage étaient bâtards en France, et auraient besoin d'une guerre civile pour hériter; s'il prenait une autre femme, les enfants nés de ce nouveau mariage étaient bâtards à Rome, et ils faisaient une guerre civile contre les enfants du premier lit. Ces extrémités furent prévenues par la fermeté de Monsieur; il n'en eut que dans cette occasion; et le roi consentit enfin, au bout de quelques années, à reconnaître la femme de son frère. »

Richelieu était mort. Gaston, qui vivait retiré à Blois, reparut à la cour. Pour la troisième fois, il dut venir renouveler les serments de son mariage. Ce fut Jean-François de Gondy, archevêque de Paris, qui fit cette cérémonie. « Je suis venu, lui dit Gaston, non pour « ratifier mon mariage, qu'il n'est pas nécessaire de renouveler; « mais ce que je fais est pour obéir au roi. » L'archevêque répondit : « *Ego vos conjungo in matrimonium, in quantum opus est.* »

Louis XIII suivit de près Richelieu au tombeau. Anne d'Autriche eut la régence, et Gaston fut nommé lieutenant général du royaume. Sous le ministère de Mazarin, les premières années de la régence furent tranquilles, et Gaston fit avec succès les campagnes de Flandre.

Nous sommes arrivés à la Fronde. À un siècle et demi de distance, on se demande comment on a pu voir chez une même nation, la *Fronde* et la *Révolution française.* C'est peut-être que la Fronde fut une guerre de bourgeois et de grands seigneurs, et que la Révolution fut une œuvre du peuple qui ne devait pas, comme l'autre, finir par des chansons.

La guerre de la Fronde est connue, et le rôle que Gaston y joua fut celui qu'il tint toute sa vie.

« Quoique le mot *Fronde*, dit mademoiselle de Montpensier dans ses *Mémoires*, ne soit venu que pour une bagatelle, il faut que je mette ici son origine. Un jour, dans ce commencement de troubles que le Parlement s'assembloit souvent, Bachaumont, conseiller, parloit d'une affaire qu'il avoit ; il dit de sa partie : « Je le fronderai bien, » et, comme chacun étoit assis à sa place, l'on commença à parler contre M. le cardinal, sans cependant le nommer, quoique l'on le fît assez connoître. Barillon l'aîné commença à chanter :

> « Un vent de Fronde
> « S'est levé ce matin ;
> « Je crois qu'il gronde
> « Contre le Mazarin.
> « Un vent de Fronde
> « S'est levé ce matin. »

Quelques désordres dans les finances furent la première cause et le commencement de la guerre civile :

« ... Ce fut là, dit-elle encore, l'origine des troubles qui ont suivi et où l'autorité du roi a commencé à être attaquée. Cela doit bien faire connoître aux rois, quand ils sont en âge de gouverner, et, quand ils n'y sont pas, aux personnes entre les mains de qui l'autorité est en dépôt, qu'il faut peser tout exactement, même les moindres choses, et en examiner les suites. Trop de clémence dans un temps est aussi blâmable que trop de rigueur dans un autre ; et quand l'on a embrassé l'un de ces deux partis, il seroit quelquefois plus nécessaire de le continuer que d'en changer : l'un et l'autre, en beaucoup de rencontres importantes dans tous les empires du monde, ont causé de mauvais effets... »

« Deux pouvoirs, dit Voltaire, établis chez les hommes uniquement pour le maintien de la paix, un archevêque et un parlement de Paris, ayant commencé les troubles, le peuple crut tous ses emportements justifiés... La reine ne pouvait paraître en public sans être outragée..... Elle s'enfuit de Paris avec ses enfants, Mazarin, Gaston, le grand Condé lui-même, et alla à Saint-Germain, où presque toute la cour coucha sur la paille. On fut obligé de mettre en gage, chez les usuriers, les pierreries de la couronne ; le roi manqua souvent du nécessaire. Les pages de sa chambre furent congédiés parce qu'on n'avait pas de quoi les nourrir. En ce temps-là même, la tante de Louis XIV, fille de Henri le Grand, femme du roi d'Angleterre, réfugiée à Paris, y était réduite aux extrémités de la pauvreté; et sa fille, depuis mariée au frère de Louis XIV, restait au lit, n'ayant pas de quoi se chauffer, sans que le peuple de Paris, enivré de sa fureur, fît seulement attention aux afflictions de tant de personnes royales. »

Voici le magnifique portrait que Voltaire trace du coadjuteur :

« Le cardinal de Rétz se vanta d'avoir seul armé tout Paris dans la *journée des Barricades*. Cet homme singulier est le premier évêque en France qui ait fait une guerre civile sans avoir la religion pour prétexte. Il s'est peint lui-même dans ses *Mémoires*, écrits avec un air de grandeur, une impétuosité de génie, et une inégalité qui sont l'image de sa conduite. C'était un homme qui, du sein de la débauche, et languissant encore des suites infâmes qu'elle entraîne, prêchait le peuple et s'en faisait idolâtrer. Il respirait la faction et les complots; il avait été, à l'âge de vingt-trois ans, l'âme d'une conspiration contre la vie de Richelieu; il fut l'auteur des barricades; il précipita le parlement dans les cabales, et le peuple dans la sédition. Son extrême vanité lui faisait entreprendre des crimes téméraires, afin qu'on en parlât. C'est cette même vanité qui a répété tant de fois : « Je suis d'une maison de Flo« rence, aussi ancienne que celle des plus grands princes; » lui, dont les ancêtres avaient été marchands, comme tant de ses compatriotes. »

« Sans les noms de roi de France, de grand Condé, de capitale du royaume, dit-il plus loin, cette guerre de la Fronde eût été ridicule. On ne savait pourquoi on était en armes. Le prince de Condé assiégea cent mille bourgeois avec huit mille soldats. Les Parisiens sortaient en campagne ornés de plumes et de rubans; leurs évolutions étaient le sujet des plaisanteries des gens du métier. Ils fuyaient dès qu'ils rencontraient deux cents hommes de l'armée royale.

« On leva douze mille hommes par arrêt du parlement : chaque porte cochère fournit un homme et un cheval. Cette cavalerie fut appelée la *Cavalerie des portes cochères*.

« Le coadjuteur avait un régiment qu'on appelait le *régiment de Corinthe*, parce que le coadjuteur était archevêque titulaire de Corinthe. Ayant été battu par un petit parti, on appela cet échec : *la première aux Corinthiens*.

« Les troupes parisiennes, qui sortaient de Paris et revenaient toujours battues, étaient reçues avec des huées et des éclats de rire. On ne réparait tous ces petits échecs que par des couplets et des épigrammes. Les cabarets et les autres maisons de débauche étaient les tentes où l'on tenait les conseils de guerre, au milieu des plaisanteries, des chansons et de la gaieté la plus dissolue. »

Condé disait que toute cette guerre ne méritait d'être écrite qu'en vers burlesques, et il l'appelait *la guerre des pots de chambre*.

Cependant on l'y vit aux prises avec Turenne. Pendant le cours de ses opérations, Condé sentait l'importance de conserver Orléans à la Fronde, mais Gaston n'osait aller la défendre lui-même, et il y envoya sa fille, Mademoiselle, qui sut bien empêcher le roi d'y entrer.

On peut lire, dans ses *Mémoires*, une lettre de Gaston adressée :

A MESDAMES LES COMTESSES MARÉCHALES DE CAMP DANS L'ARMÉE DE SA FILLE CONTRE LE MAZARIN.

Je regrette de ne pouvoir m'étendre ici sur cette princesse singulière, dont l'ambition fut toute sa vie d'épouser une tête couronnée. Un mariage d'inclination lui paraissait, dans une femme, la plus haute des folies, et elle dit, à propos de madame de Frontenac, l'une de ses amies, qui, après s'être mariée par amour, ne pouvait plus souffrir son mari : « Je compris bien que la raison ne suit guère ce qui « est fait par passion, que la passion cesse bientôt et que l'on est fort « malheureux le reste de ses jours quand c'est pour une action de « cette durée où elle engage comme le mariage, et qu'on est bien « heureux, quand on veut se marier, que ce soit par raison. »

On lira peut-être avec intérêt la liste des *mariages* projetés par la plus riche héritière du royaume :

1° L'appât de la riche dot de sa fille fut un des moyens dont se servit Gaston pour lier à ses intérêts le COMTE DE SOISSONS, prince de la famille royale, et il est probable que *Mademoiselle* l'aurait épousé, s'il n'eût été tué en portant les armes contre Louis XIII.

2° *Mademoiselle* avait onze ans, et la reine, qui se flattait de porter dans son sein un héritier de la couronne, lui disait souvent en riant : « *Vous serez ma belle-fille.* » Le dauphin, depuis LOUIS XIV, étant né, elle allait souvent le voir et ne l'appelait que *son petit mari*. Richelieu coupa court à cette plaisanterie en éloignant Mademoiselle de la cour.

3° Pour détourner le cours de ses idées, on lui fait entrevoir qu'à l'époque de la paix, elle pourrait épouser le CARDINAL INFANT, prince de la maison d'Autriche et gouverneur des Pays-Bas, vieux et laid. — Il meurt.

Deux monarques veufs attirent son attention :

4° PHILIPPE IV, roi d'Espagne.

5° Et l'empereur FERDINAND III.

6° Mazarin s'oppose à ces alliances. Il veut qu'elle épouse :

LE PRINCE DE GALLES, fils de Charles Ier, et réfugié en France.

7° Mademoiselle refuse, et ayant perdu l'espoir d'épouser l'Empereur, elle jette les yeux sur L'ARCHIDUC, son frère. Elle confie le soin des négociations à Saugeon, qui est arrêté. Elle subit un interrogatoire devant la régente, Gaston et Mazarin.

8° On projette de marier son amie, mademoiselle d'Épernon, avec le prince Casimir, frère du roi de Pologne. Elle se met en tête d'épouser LE ROI DE HONGRIE. Mademoiselle d'Épernon entre dans un couvent, et les deux mariages en restent là.

9° Sur le point d'accueillir LE PRINCE DE GALLES, qui venait de prendre le titre de roi d'Angleterre après l'exécution de Charles Ier, elle y renonce encore en apprenant que L'EMPEREUR était veuf pour la seconde fois. Elle ne réussit pas.

10° La femme du PRINCE DE CONDÉ tombe malade. Elle forme le projet d'épouser son mari. La princesse de Condé revient à la santé.

11° Elle se jette dans la Fronde, espérant que la paix ne pourra se faire que si elle épouse LOUIS XIV.

12° Elle veut encore épouser LE PRINCE DE CONDÉ, dont la femme retombe malade, puis revient à la santé ; mais elle est grosse, elle peut mourir en couches, et *Mademoiselle* espère toujours.

13° Elle rejette les hommages du DUC DE NEUBOURG, qui demande sa main, et elle se flatte de nouveau de pouvoir épouser le prince de Condé, dont la femme est en danger. Elle échappe encore cette fois.

14° Sur quelques mots obligeants du roi, *Mademoiselle* se figure qu'on veut lui faire épouser MONSIEUR, frère de Louis XIV, qui avait douze ans de moins qu'elle. Elle finit par s'apercevoir qu'on n'avait pas pensé sérieusement à cette union, et pour se consoler, elle rêve des mariages avec d'autres princes.

15° On lui propose, pour la troisième fois, d'épouser CHARLES II, roi d'Angleterre. Elle déclare qu'elle croit indigne d'elle d'accepter la main d'un monarque qu'elle avait repoussé lorsqu'il était dans l'adversité.

16° D'après l'ordre du roi, Turenne lui propose d'épouser le roi de Portugal, ALPHONSE-HENRI, prince débauché. Elle rejette cette proposition avec hauteur, et Louis XIV l'exile à Saint-Fargeau, exil auquel on doit ses curieux Mémoires.

« Enfin, elle lie une correspondance avec madame de Motteville, sur le projet d'établir, dans une campagne délicieuse, une société d'hommes et de femmes, à qui l'amour et le mariage seraient interdits. »

Avec de pareils principes, ses nombreux mariages manqués devaient-ils venir aboutir à cette longue intrigue amoureuse avec Lauzun, qu'elle

raconte si minutieusement, où elle s'humilia tant, et qui n'eut pas
un dénoûment meilleur que les autres? De tout cela, il ne lui resta
peut-être pas même des titres sérieux pour marcher sur les traces
de Jeanne d'Arc.

Mais ce ne fut pas à Orléans le dernier service qu'elle devait rendre
au grand Condé, qui lui dut le salut de son armée au combat de la
porte Saint-Antoine. Gaston flottait irrésolu, selon sa coutume; Mademoiselle lui demande et obtient l'autorisation d'aller à son secours.
Elle fait ouvrir les portes de la ville, fermées par ordre de Gaston,
et, pour protéger la retraite de Condé, elle fait tirer le canon de la
Bastille sur les troupes du roi.

« Voilà, » dit Mazarin à cette nouvelle, « un coup de canon qui
« vient de tuer son mari. »

A la suite des événements qui suivirent, Condé alla prendre le
commandement des troupes espagnoles. Gaston n'eut la force ni de
le suivre, ni de s'opposer au retour du roi. Son rôle était désormais
terminé, et un ordre du roi le relégua à Blois. Le cardinal de Retz,
qui avait été si longtemps son confident et son ami, fut arrêté au
Louvre, et Mazarin, triomphant et digne élève de Richelieu, fit sa
rentrée à Paris.

Voici, au sujet de son exil, les détails consignés dans la collection
des Mémoires de Petitot, sous le titre de *Mémoires de Gaston* :

« Gaston, dans sa retraite, ne conserva pas la dignité qui convenait à son rang, et
ne jouit pas de la tranquillité, unique moyen de bonheur qui lui fût laissé. Il avait,
dès sa jeunesse, aimé les lettres. Voiture et Vaugelas, qui lui avaient été attachés,
s'étaient efforcés de nourrir ce goût; mais il n'y trouva aucune consolation, soit parce
que, ayant passé presque toute sa vie dans les grandes affaires, il n'y vit qu'une occupation frivole, soit parce que, désabusé de toutes les illusions, il fût devenu incapable d'en sentir le charme. Se consumant dans de longs procès contre sa fille aînée,
Mademoiselle, dont il voulut conserver les biens, il ne trouva de distraction que dans
l'exercice de la chasse et dans la culture d'un jardin botanique qu'il établit près de
son château de Blois.

« Quoique dévoré du désir de reprendre de l'influence à la cour, il affectait d'en

être entièrement dégoûté. « Je n'y retournerai jamais, disait-il : si on m'ôte mes re-
« venus, si on veut me prendre par famine, je camperai à Chambord avec tout mon
« train ; il y a assez de gibier pour me nourrir longtemps ; j'y mangerai jusqu'au
« dernier cerf avant de revenir à la cour. » Son mécontentement l'aveuglait sur les
grandes qualités du jeune roi : il ne voyait en lui qu'un prince imprudent et inhabile.
« La monarchie va finir, répétait-il souvent; au point où en est le royaume, elle ne
« peut subsister : dans tous les États qui ont fini, leur décadence a commencé par des
« mouvements pareils à ceux que nous voyons. »

Il mourut sept ans après sa disgrâce, âgé de cinquante-deux ans,
et sa prédiction ne fut pas loin de se réaliser.

Madame de Motteville, dans ses *Mémoires*, donne de sa mort cette
appréciation que nous transcrivons à titre de curiosité :

« Pendant le séjour que le roi fit en Provence, le duc d'Orléans, étant à Blois, y
mourut en fort peu de jours. Ce prince méritoit d'être regretté, tant pour ses bonnes
qualités que pour être fils du roi Henri le Grand, dont la mémoire doit toujours être
chère aux François. On peut croire que sa mort fut précieuse devant Dieu, car elle fut
précédée d'une vie pieuse et chrétienne, accompagnée d'une véritable contrition de
ses péchés. Il accompagna ces vertus, à l'exemple du feu roi, son frère, d'une grande
fermeté d'âme, et il envisagea la mort sans frayeur ni sans foiblesse. Le repos dont
il jouissoit depuis sa retraite n'avoit pas contribué à sa santé; au contraire, il étoit
vieilli et changé. Il avoit autrefois été le chef de toutes les factions et cabales qui, de
son temps, avoient été faites sous son nom contre le cardinal de Richelieu. Ce
ministre avoit pensé périr souvent par ses entreprises ; mais le bon naturel de ce
prince l'avoit toujours empêché d'en venir à la conclusion, parce qu'il étoit bon et
qu'il ne voulut jamais consentir à répandre le sang de son ennemi, ni faire aucune
action de violence. Sa cour autrefois étoit remplie de plusieurs seigneurs du royaume,
qui tous vouloient avoir l'honneur d'être à lui, parce qu'il étoit présomptif héritier
de la couronne, et que l'abaissement où étoit réduit le feu roi, son frère, le relevoit in-
finiment ; mais toute cette gloire étoit passée. Celle qu'il avoit eue pendant la régence
l'étoit aussi : il ne lui en restoit que le fâcheux souvenir de la vanité de ses pensées
et de l'inutilité de ses actions. Depuis le mauvais succès de ses malheureuses entreprises, il étoit demeuré dans un certain état de disgrâce qui fait compter les hommes
au rang des morts avant qu'ils le soient en effet; mais il est à présumer qu'il vit de la
vie des justes, et que sa pénitence et les aumônes qu'il faisoit dans sa solitude de
Blois lui donnent dans l'éternité une place qui vaut beaucoup plus que toute la grandeur mondaine dont il s'étoit vu environné.

« Le roi et la reine mêlèrent au regret qu'ils eurent de sa mort le souvenir des choses passées, et il fut cause que leur deuil ne fut pas excessif. Mademoiselle en fut fâchée, car la perte d'un tel père doit toujours être sensible ; mais les procès qu'elle avoit eus contre lui, et le peu d'application qu'il avoit eue à la bien marier, diminuèrent un peu sa douleur ; et la constance qu'elle eut à souffrir ce malheur étoit moins un effet de sa vertu que de son indifférence. Madame vit sa perte, et il est à croire qu'elle la sentit beaucoup ; mais cette princesse étoit si destinée à n'être comptée pour rien, que ses larmes ne le furent point. Mesdemoiselles d'Orléans, d'Alençon et de Valois, ses autres filles, étoient si lasses d'être à Blois, et leur jeunesse leur faisoit si passionnément désirer d'aller à Paris, qu'elles se consolèrent aisément sans doute de voir finir leur exil, quoique apparemment la mort de ce prince fût le plus grand malheur qui leur pût arriver. Il le crut ainsi lui-même, car, dans ses derniers moments, jetant les yeux sur sa famille, il cita en latin, à un père de l'Oratoire qui l'assista à la mort, un passage de l'Écriture qui en représentoit la désolation. »

Voilà cependant les sources troublées où il faut aller puiser l'histoire. Mademoiselle de Montpensier s'étend longuement, dans ses *Mémoires*, sur la mort de son père ; mais sa douleur ne lui fait pas oublier l'étiquette :

« Après que mes derniers moments me donnèrent la liberté de penser à moi, je songeai qu'il étoit de mon devoir de donner part au roi de la mort de Monsieur. Ce sont de ces démarches de dignité où l'on ne doit jamais manquer. »

Et plus loin :

« Lorsque je voyois du beau temps, je ne pouvois pas demeurer dans ma chambre, qui m'étoit beaucoup plus désagréable depuis qu'elle étoit tendue de noir. Je fis faire un ameublement gris : c'est le premier qui avoit paru à une fille ; il n'y avoit que les femmes veuves qui s'en fussent servies. Ainsi l'on vit bien que je voulois porter le deuil le plus régulier et le plus général qui eût jamais été. Tous mes gens, jusqu'aux marmitons, et les valets de tout mon domestique en furent vêtus ; les caparaçons de mes chevaux avec ceux de mes sommiers, tout fut en noir. Cela parut très-beau la première fois que la cour marcha, et l'on dit que j'étois magnifique en tout ce que j'ordonnois. »

La morale de cette histoire, auroit dit un ancien, est celle-ci : « Gaston ne méritait ni pitié ni regrets. » Un philosophe se demande ce qui serait advenu de la France après le règne d'un tel roi, sans la naissance de Louis XIV. Peut-être eût-il devancé de quelques années l'heure de la Révolution française, et Louis XV eût reçu la récompense de son règne, que devait expier Louis XVI. Et l'hérédité de la couronne n'aurait pas fait l'hérédité du crime.

CHARLES JOLIET.

MME DE MONTBAZON

(1610)-1657

Parmi les femmes du xvıı⁰ siècle, beaucoup furent « pitoyables, » quelques-unes furent « effrontées : » l'histoire a sur ce point confirmé le témoignage de Bussy. Nous dirons sans détour que madame de Montbazon fut des dernières. Compatissante jusqu'au cynisme, elle fut, à la cour de Louis XIII et à celle de Louis XIV, « l'une de celles qui firent le plus de bruit, » pour parler comme madame de Motteville. Nous tairons beaucoup de ses faiblesses ; nous ne voulons en excuser aucune. Avant de raconter sa vie, ou du moins une partie de sa vie, il nous faut cependant, pour défendre sa mémoire contre un excès de sévérité, rappeler les traditions et les exemples qu'elle trouva dans sa famille.

Fille de Claude de Bretagne, baron d'Avaugour, elle était par sa mère petite-fille de ce très-complaisant marquis de La Varenne Fouquet qui, successivement marmiton, cuisinier et maître d'hôtel d'Henri IV, « gagna plus à porter les poulets du roi qu'à larder ceux de sa cuisine [1]. » Il mourut de l'effroi superstitieux dont il avait été frappé, un jour qu'une pie, par une injure grossière, lui avait rappelé l'origine de sa fortune.

Catherine Fouquet, comtesse de Vertus, sa fille, mère de madame de

---

[1] Tallemant des Réaux.

Montbazon, était belle, spirituelle, un peu folle et fort galante. Impatiente de toute entrave, elle avait autorisé l'un de ses amants à assassiner son mari : ce fut le mari qui assassina l'amant. La fin tragique de cette aventure d'amour n'assombrit point la vie de la comtesse de Vertus : à soixante-dix ans, elle apprenait à danser ; à soixante-treize ans, elle épousait un jeune homme endetté.

Tallemant l'a dit avec sa familiarité habituelle : madame de Montbazon ne fit point mentir le proverbe que bon chien chasse de race.

En 1628, Marie d'Avaugour sortait du couvent pour épouser Hercule de Rohan, duc de Montbazon, qui était père, d'un premier lit, de madame de Chevreuse et du prince de Guéméné. Elle avait seize ou dix-huit ans[1] ; il en avait soixante et un. Tout sot qu'il fût, le duc ne se dissimula point, dit-on, qu'une telle union présentait pour lui quelque danger ; mais il est permis d'affirmer qu'il ne put prévoir tous ses malheurs. Plein de respect pour les vertus de Marie de Médicis, il recommanda son exemple à sa femme ; puis, rassuré sur l'avenir, il la conduisit à la cour.

« Madame de Montbazon était l'une des plus belles personnes que l'on pût voir, dit Tallemant. Elle avait le teint fort blanc et les cheveux fort noirs. »— « Elle avait l'extrême beauté avec l'envie de plaire, dit de son côté madame de Motteville ; elle était grande, et dans toute sa personne on voyait un air libre, de la gaieté et de la hauteur.... Ses yeux commandaient expressément qu'on l'aimât. Son front était si bien taillé et si parfait qu'elle le portait toujours à découvert, et sans y donner aucun agrément par des cheveux ; et le tour de son visage assez beau pour l'obliger, afin de le laisser voir, de ne composer sa coiffure que de peu de boucles[2]. Ses lèvres n'étaient pas assez grosses, et sa bouche

[1] On place généralement sa naissance à l'année 1612 ; mais Tallemant dit qu'en 1645 elle avait plus de trente-cinq ans, madame de Motteville lui en donne plus de quarante en 1647, et Lenet la fait mourir, en 1657, à l'âge de quarante-huit ans. C'est donc sous toutes réserves, et par une sorte de transaction, que nous avons inscrit, en tête de cette notice, l'année 1610 comme date de sa naissance.

[2] « Le portrait de madame de Montbazon sert de patron aux princesses pour se bien coiffer, » écrivait F. Ogier à Balzac.

par cette raison paraissait un peu moins relevée qu'il ne convenait pour rendre sa beauté toute parfaite. Elle avait de belles dents, et sa gorge était faite comme celles que les plus habiles sculpteurs nous veulent représenter des anciennes beautés grecques et romaines. »

Telle il faut la voir, si l'on veut chercher à se rendre compte de l'admiration qu'elle excita, et non point telle que nous la montre M. Cousin, alors que, âgée de près de quarante ans, elle est devenue un colosse, — c'est l'expression de Tallemant, — et qu'elle possède tout le luxe des attraits de l'embonpoint. Il est vrai toutefois que, même en sa jeunesse, elle avait moins de grâce que de force, moins de délicatesse que de majesté ; il est encore vrai que sa parole était libre, et que son ton était leste et dégagé ; mais les défauts que l'on pouvait remarquer en elle n'assuraient que mieux son empire sur la partie la plus bruyante de la cour, et les sentiments qu'elle faisait naître se révélaient par les plus singulières extravagances. Aucune voix ne protestait quand le duc d'Hocquincourt la proclamait *la belle des belles* ; à l'étranger, elle était la merveille qu'enviaient les généraux qui rêvaient la prise de Paris ; enfin, elle était par excellence le « butin » désirable au sujet duquel le duc de Weimar se permettait une plaisanterie toute germanique qu'on nous pardonnera de ne pas répéter : la reine Anne en pouvait rire à l'aise, il ne serait plus permis d'en sourire aujourd'hui.

« Pour de l'esprit, elle n'en manquait pas, s'écrie Tallemant ; elle avait vu tant de gens ! » Il y a une flatterie dans cette exclamation, car il faut reconnaître avec madame de Motteville et concéder à M. Cousin que l'esprit de l'éblouissante rivale de madame de Longueville était loin d'être aussi beau que son corps ; mais il est impossible de voir en même temps une calomnie dans la phrase de Tallemant : l'espace et le courage nous feront défaut, déjà nous l'avons annoncé, pour produire la liste de tous les galants, seigneurs ou bourgeois, qui eussent pu donner de l'esprit à madame de Montbazon.

Parmi ses premiers adorateurs, à côté du nom de Gaston d'Orléans, l'on a cité, il faut bien le dire, celui du duc de Chevreuse, gendre de son mari. Leur liaison fut chansonnée et faillit être la cause d'un duel, à la porte des appartements du roi, entre le duc de Montmorency et le duc de Chevreuse; mais elle n'empêcha point madame de Montbazon de devenir l'amie de sa belle-fille qui, plus âgée et plus habile qu'elle, en fit souvent son instrument. La jeune duchesse fut une rivale plus dangereuse pour madame de Guéméné, son autre belle-fille, à qui elle enleva, non pas son mari, mais le comte de Soissons; il ne lui suffit pas d'avoir remporté sur elle une facile victoire : elle obtint du comte qu'il ajoutât l'outrage à l'abandon, et docilement il compromit sa maîtresse délaissée par une grossière et lâche perfidie.

Mais passons rapidement sur la jeunesse de madame de Montbazon, et arrivons à l'époque où elle veut mêler aux intrigues de la galanterie celles de la politique. L'amitié qui l'unissait aux seigneurs les plus impatients de la cour lui avait inspiré la pensée de prendre part à leurs agitations; une aventure, qu'il nous faut raconter avec quelques détails, la fit entrer de plain-pied dans ce cercle de femmes dont l'inimitié semblait plus redoutable à Mazarin que celle des hommes les plus turbulents.

Le 2 juin 1642, le duc de Longueville, qui avait longtemps aimé madame de Montbazon, épousa mademoiselle de Bourbon. Les hommages que lui avaient portés le brillant duc de Guise et l'*innocent* duc de Beaufort,—c'est ainsi qu'elle le qualifiait,—n'avaient pu consoler madame de Montbazon de ce mariage. Les visites mêmes que continuait à lui faire le duc de Longueville, malgré les promesses qu'avait exigées de lui madame la Princesse, sa belle-mère, ne calmaient pas son irritation, et le temps n'avait pu amoindrir la haine qu'elle portait à madame de Longueville. Un jour qu'elle gardait la chambre et qu'elle recevait nombreuse compagnie, une de ses demoiselles trouva deux lettres sur le parquet. On les lut. Elles étaient d'une femme qui écrivait tendrement à quelqu'un qu'elle ne haïssait pas [1]. Qui les avait écrites? A tout hasard, madame de Montbazon nomma madame de Longueville et prétendit que les lettres avaient dû tomber de la poche de Maurice de Coligny, qui venait de sortir; ses amis, et le duc de

---

[1] Madame de Motteville. Mademoiselle a inséré le texte des deux lettres dans ses Mémoires.

Beaufort le premier, répandirent aussitôt cette insinuation qui était une calomnie, et madame de Montbazon prit elle-même plaisir à la répéter les jours suivants. La maison de Condé ressentit vivement l'injure qui lui était faite. Le duc et la duchesse de Longueville désiraient, il est vrai, l'un par un sentiment de prudence intéressée, l'autre par un juste sentiment de dignité, qu'il n'y fût pas répondu; mais madame la Princesse voulut en tirer une solennelle vengeance et vint demander justice à la reine. « Voilà toute la cour partagée, dit madame de Motteville. Les femmes, qui avaient du respect pour madame la Princesse, se rangèrent de son côté, pendant que tous les hommes furent chez madame de Montbazon, et l'on compta jusqu'à quatorze princes qui la furent voir. » Mais bientôt madame de Montbazon se vit peu à peu abandonnée. Le crédit du duc de Beaufort, son cavalier servant, s'affaiblissait chaque jour auprès de la reine; le jeune duc d'Enghien, l'illustre vainqueur de Rocroy, accourait en toute hâte de Thionville qu'il venait de prendre; on annonçait qu'il était outré de colère et d'indignation et qu'il soutiendrait hautement les intérêts de sa sœur; on disait enfin que la reine avait promis sa protection à madame la Princesse. A ces nouvelles, madame de Montbazon perdit son assurance habituelle et consentit à remettre les lettres entre les mains du prince de Marcillac (La Rochefoucauld); après les avoir successivement montrées à la reine, à M. le Prince et à madame la Princesse, à madame de Sablé, à madame de Rambouillet et à quelques amies de madame de Longueville qui purent affirmer qu'elles n'étaient pas de son écriture, Marcillac les brûla, pour le plus grand soulagement du comte de Maulevrier qui les avait perdues et de madame de Fouquerolles qui en était l'auteur.

Mais il ne suffisait pas au ressentiment de madame la Princesse et du duc d'Enghien que l'innocence de madame de Longueville fût reconnue : ils exigèrent une réparation publique, et la rédaction des excuses qu'eut à prononcer la coupable devint une affaire d'État. Madame de Motteville nous a laissé un amusant récit des « momeries » dont elle fut témoin.

« La reine était dans son grand cabinet, et madame la Princesse était

avec elle, qui, tout émue et toute terrible, faisait de cette affaire un
crime de lèse-majesté. Madame de Chevreuse, engagée par mille raisons
dans la querelle de sa belle-mère, était avec le cardinal Mazarin pour
composer la harangue qu'elle devait faire. Sur chaque mot, il y avait
un pourparler d'une heure. Le cardinal, faisant l'affairé, allait d'un
côté et d'autre pour accommoder leur différend, comme si cette paix
eût été nécessaire au bonheur de la France, et au sien en particulier. Il
fut arrêté que la criminelle irait chez madame la Princesse le lendemain. »

Le 8 août 1643, madame de Montbazon, fort parée, vint à l'hôtel de
Condé, et, devant une nombreuse et brillante assemblée, elle lut, sur
un papier qui avait été fixé à son éventail, la harangue qui lui avait
été imposée. « Elle le fit de la manière du monde la plus fière et la plus
haute, faisant une mine qui semblait dire : je me moque de ce que je
dis. » Madame de Longueville n'assistait pas à cette cérémonie ; sa nièce,
à qui madame de Montbazon s'était adressée, fit une courte et sèche
réponse[1]. Cette réconciliation n'avait trompé aucun des assistants ; elle
n'était qu'une nouvelle déclaration de guerre.

Quelques jours après, la reine devait se rendre à une collation que
lui offrait madame de Chevreuse dans le jardin de Renard, aux Tuileries. Elle voulut y conduire madame la Princesse, et comme elle lui
avait permis de n'assister à aucune réunion où se trouverait son ennemie, elle eut soin de l'assurer qu'elle ne l'y rencontrerait pas :

[1] Mademoiselle a conservé les deux discours dans ses *Mémoires*. Nous les reproduisons d'après
une copie qui se trouve dans la collection Peiresc (registre XXXVIII, tome III, page 407), à Car-
pentras. *Discours de madame de Montbazon :* « Madame (elle avait omis ce premier mot, on lui
fit recommencer sa lecture), je viens ici pour vous protester que je suis très-innocente de la méchanceté dont on m'a voulu accuser, n'y ayant point de personne d'honneur qui puisse dire une
calomnie pareille. Que si j'avais fait une faute de cette nature, j'aurais subi les peines que la reine
m'aurait imposées ; je ne me serais jamais montrée devant le monde et vous en aurais demandé
pardon, vous suppliant de croire que je ne manquerai jamais au respect que je vous dois et à
l'opinion que j'ai de la vertu et des mérites de madame de Longueville. » *Réponse de madame la
Princesse :* « Madame, je reçois très-volontiers l'assurance que vous me donnez de n'avoir aucune
part à la méchanceté que l'on a publiée, déférant tout aux commandements que la reine m'en a
faits. »

madame de Montbazon, disait-on, avait dû prendre médecine ce même jour. Mais à l'entrée du jardin, on vint annoncer sa présence à la reine et à madame la Princesse : à titre de belle-mère de madame de Chevreuse, la duchesse de Montbazon se préparait à faire les honneurs de la collation. Vainement la reine fait exposer par ambassadeurs à madame de Montbazon et l'assurance qu'elle a donnée et l'embarras où elle se trouve ; vainement elle la fait prier, pour mettre fin à une situation difficile, de recourir à un évanouissement qui lui donne un prétexte pour se retirer : l'altière duchesse résiste à toute demande et à tout conseil.

Madame la Princesse dut céder, elle se retira ; la reine voulut l'accompagner, et au grand regret de « ceux qui avaient faim, » dit Mademoiselle, la collation n'eut pas lieu. Ce n'était plus seulement une personne du sang royal, c'était la reine que cette fois madame de Montbazon avait offensée. Elle reçut, le 22 août, l'ordre de quitter la cour et de se rendre à sa maison de Rochefort[1].

Cette querelle et son dénoûment avaient une gravité dont l'on se rendrait difficilement compte, si l'on oubliait quelles passions politiques, ou, pour mieux dire, quelles intrigues avaient mis en mouvement l'un et l'autre camp. Amie du duc de Beaufort et du duc de Guise, madame de Montbazon était liée avec tous les *Importants*. Sa défaite était en même temps celle de son parti ; avec elle, la maison de Vendôme et celle de Lorraine avaient été forcées de s'humilier devant la maison de

[1] Voici la réponse que fit madame de Montbazon à la lettre de cachet par laquelle le roi l'exilait, en raison du mécontentement qu'avait la reine de son peu de respect :

« Sire, je m'estimerais la plus malheureuse du monde, si dans mon intention ou par effet j'avais manqué au respect que je dois à Votre Majesté et à la reine, votre mère. Le déplaisir d'être tombée dans le malheur de sa disgrâce.... (*phrase mâchurée dans la copie*) et la seule consolation que j'y puisse trouver est le plaisir que j'aurai d'obéir ponctuellement aux commandements de Votre Majesté et aux siens, à quoi je ne manquerai non plus que j'ai fait toute ma vie. Sa Majesté en a eu la plus forte preuve sur le compliment qu'elle me commanda de faire à madame la Princesse, à quoi j'ai obéi, que je serais jamais capable de lui donner, méprisant la vie quand il sera question de faire des choses qui blessent mon honneur et mon courage, l'un et l'autre me portant à toutes ces soumissions, obéissances et respects que je dois à Vos Majestés. Vous demandant très-humblement pardon et à elle de la créance qu'elle a que je l'aie offensée, ce me sera un éternel regret, et continuera d'être, sire, etc. » (Collection Poirret, reg. LVIII, t. III, p. 407.)

Condé et de s'incliner devant le pouvoir de la reine, ou plutôt devant celui du ministre. Mazarin avait habilement mis à profit chacun de ces petits événements pour assurer son influence sur la reine et sur la cour; il avait appris à triompher de l'opposition des anciens adversaires de Richelieu, qui étaient devenus les siens. Le duc de Beaufort accepta l'exil de madame de Montbazon comme une provocation, et voulut relever son parti par une entreprise considérable. Son imprudence le perdit. Accusé d'avoir conspiré contre la vie du ministre, il fut arrêté le 2 septembre, et sa disgrâce entraîna celle de tous les *Importants*. Enfin, le 12 décembre, la querelle de madame de Montbazon et de madame de Longueville eut pour conclusion tragique le duel du duc de Guise et du comte de Coligny, bientôt suivi de la mort de Coligny [1].

Avant de quitter Paris, madame de Montbazon avait encouragé, sinon conseillé le complot qui se tramait contre la vie du cardinal. À Rochefort, elle s'associa par la pensée aux efforts et aux espérances de ses amis, et sa disgrâce même fut mise à profit par les agents du duc de Beaufort, qui donnèrent pour prétexte à leurs assemblées les intérêts de la duchesse exilée. L'insuccès du complot ne l'abattit pas, et Mazarin sut bientôt que la correspondance qu'elle entretenait avec madame de Chevreuse portait les marques de la haine la plus vive et la plus active contre lui; on la fit surveiller avec soin, elle et ses gens, mais le cardinal put se rassurer lorsqu'il vit que ses entreprises n'allaient pas au delà de la distribution d'inoffensifs pamphlets.

Elle revint, en 1645, à Paris, reparut à la cour et prit part à ses fêtes [2]. Pendant quelque temps, Mazarin continua à se faire rendre compte de ce qui se passait à l'hôtel de Montbazon, et des visites que l'on y recevait; mais la duchesse n'était pas une ennemie que l'on ne pût se concilier, et, vers la fin de 1646, la maison de Condé apprenait, avec

---

[1] Il a été composé sur toute cette affaire un roman inédit dont M. Cousin a donné l'analyse dans la *Jeunesse de madame de Longueville*.

[2] Lorsqu'on demanda aux ambassadeurs polonais, qui étaient venus à Paris à l'occasion du mariage de la princesse Marie, quelle était la plus belle dame de la cour, ils nommèrent madame de Montbazon. « Elle défaisait toutes les autres au bal, » écrit Tallemant.

surprise et jalousie, que le cardinal était allé faire une visite à madame de Montbazon[1].

L'influence qu'exerçait madame de Montbazon sur le duc de Beaufort était parfois utile aux intérêts de la cour, et, pendant les premiers troubles de la Fronde, la reine et Mazarin eurent soin de l'entretenir en favorables dispositions. Mais l'importance que lui donnait ou plutôt que semblait lui donner l'amour de Beaufort en fit bientôt l'une des héroïnes de la Fronde, — l'une des héroïnes secondaires, il est vrai. Ses alliés s'appliquaient à ne point lui laisser prendre un rôle qu'elle ne pouvait soutenir. Violente, irréfléchie, accessible aux suggestions les plus contradictoires, prête à tous les retours et à tous les caprices, elle n'avait pas les qualités d'une femme politique. Ses indiscrétions étaient redoutables dans toutes les circonstances où le secret était nécessaire, et plus d'une fois le duc de Beaufort dut être écarté des assemblées où se réunissaient les chefs de la Fronde. On savait qu'il n'osait rien cacher à son amie, et il pouvait arriver qu'un royaliste fît son profit des confidences qu'elle lui arrachait, car la conformité des sentiments politiques n'était pas une condition qu'elle imposât aux adorateurs dont elle accueillait les hommages. Sa correspondance avec le maréchal d'Albret l'exposait d'ailleurs à subir, sans qu'elle s'en doutât, les influences de la cour, et son intimité avec Vineuil pouvait en faire l'alliée, malgré elle, du prince de Condé. Il est donc facile d'expliquer la défiance qu'elle inspirait au coadjuteur de Paris, le futur cardinal de Retz. Elle-même ne put tarder à s'apercevoir de la surveillance qu'il exerçait autour d'elle; elle s'irrita de voir avec quelle facilité il modifiait à sa guise le plan de conduite que la veille elle avait dicté au duc de Beaufort; elle fut forcée de s'avouer que son autorité l'emportait sur la sienne. Un soir, découragée de l'incapacité du petit-fils d'Henri IV, effrayée des dangers auxquels leur impru-

---

[1] Nous ne pouvons passer sur l'année 1647, sans noter le succès qu'obtint madame de Montbazon au grand bal que donna le cardinal, au commencement du carême. « Elle y vint parée de perles et d'une plume incarnate sur sa tête; et quoiqu'elle eût plus de quarante ans, elle y parut encore dans un grand éclat de beauté, montrant par là que des beaux jours l'arrière-saison est toujours belle. » (Madame de Motteville.)

dence exposait les frondeurs, estimant que l'esprit politique de Gondi était le plus vraiment digne du sien, elle s'ouvrit à lui et lui proposa un traité d'alliance ; le galant coadjuteur ne voulut accepter qu'une partie du traité, et, heureusement pour le duc de Beaufort, qui était fort occupé à jouer aux échecs pendant cette étrange conversation, il repoussa du projet d'association ce qu'il pouvait avoir de politique : la duchesse ne consentit pas à transiger.

En amour, madame de Montbazon était fort intéressée ; nous le disons une fois pour toutes et nous demandons que l'on nous dispense d'en exposer les preuves. En politique, elle se rendait aussi très-volontiers aux discours dont l'éloquence s'aidait de pistoles ou d'écus. C'est ainsi qu'au mois d'août 1649 elle promettait que le duc de Beaufort ne s'opposerait pas au retour de la cour, tout en ouvrant la main pour recevoir une somme considérable. C'est ainsi que, la même année, elle acceptait deux mille pistoles des envoyés espagnols qui, désirant se la rendre favorable, annonçaient, en outre, une somme de vingt mille écus et une pension de six mille livres si elle leur assurait le concours du duc de Beaufort. Mais elle ne trouva pas toujours des créanciers aussi exacts que Mazarin et les ambassadeurs espagnols. En 1650, tandis que l'on préparait le traité qui devait unir les frondeurs aux princes, alors prisonniers au Havre, on entra en négociation auprès de madame de Montbazon en lui offrant le prince de Conti pour sa fille. La proposition ne fut pas agréée. On ne se découragea point, et on lui offrit une somme de cent mille écus[1]. Cette fois, la duchesse ne put résister et le traité fut signé avec toutes les formes désirables. Par malheur, quand les princes furent libres, elle eut l'imprudence de confier son titre à la princesse Palatine qui, avec un perfide empressement, s'était chargée de ses intérêts ; elle ne revit jamais le précieux contrat, et le prince de Condé ne répondit que par de cruelles railleries à ses réclamations : en cette aventure, ce n'était point madame de Montbazon qui jouait le plus triste rôle.

---

[1] On s'engageait, au nom des princes, à lui faire payer les quatre-vingt mille écus que lui devait la cour pour les appointements de son mari, et à lui remettre un complément de quarante mille écus.

L'assistance qu'elle avait souvent prêtée à la cour, au milieu des intrigues les plus contradictoires, ne la préserva point de l'exil quand le roi fit son entrée dans Paris définitivement pacifié (21 octobre 1652). Elle ne revint qu'en 1657. « Elle était encore belle et aussi enchantée de la vanité que si elle n'avait eu que vingt-cinq ans, dit madame de Motteville en notant son retour à Paris. Elle y trouva les mêmes charmes, ajoute-t-elle avec une finesse un peu malicieuse, car elle y revint avec les mêmes désirs de plaire; et ceux qui la virent m'assurèrent que le deuil qu'elle portait alors comme veuve, et qu'elle accompagnait de tous les agréments que l'amour-propre pouvait lui suggérer, la rendait si belle qu'en elle on pouvait dire que l'ordre de la nature était changé, puisque beaucoup d'années et de beauté se pouvaient rencontrer ensemble[1]. » Ainsi, à force de soins et d'art, madame de Montbazon avait obtenu la conservation de sa beauté beaucoup plus longtemps qu'elle ne voulait l'espérer, lorsque, dans l'orgueil de ses dix-huit ans, elle déclarait que la vieillesse commençait à trente, et demandait qu'on lui fît la grâce de la jeter à l'eau avant qu'elle atteignît l'âge redouté. Qui eût osé lui rappeler cet imprudent propos en 1640? Et qui eût pu lui refuser un sursis même aux derniers moments de sa vie?

Il ne lui avait pas encore été accordé de paraître à la cour, lorsqu'elle fut atteinte d'une maladie qui sembla n'être qu'un rhume et qui était la rougeole. En quelques jours, la maladie devint mortelle. Cette illustre mondaine[2] eut trois heures pour se préparer à la mort. Elle se confessa et reçut les sacrements avec les marques de la plus vive piété et du repentir le plus sincère, disant à sa fille, l'abbesse de Caen, « qu'elle était fâchée de n'avoir pas été toujours comme elle dans un cloître et qu'elle avait de

[1]
> Montbazon, la belle douairière,
> Dans les appâts et la lumière
> Sous de lugubres ornements
> Paraissent encore plus charmants....

écrivait Loret, le 11 novembre 1651, en annonçant qu'elle avait obtenu de la cour la permission de venir à Paris « pour mieux vaquer à ses affaires. » Il semble avoir été mal informé.

[2] « Elle tint, dans son siècle, le premier rang de la beauté et de la galanterie, » nous assure madame de Motteville. Elle mourut le 28 avril 1657, n'ayant perdu sa beauté qu'avec la vie, disent tous ses contemporains, et ayant toujours « fait son idole de soi-même. »

l'horreur de sa vie passée. » Jusqu'à ces trois dernières heures, elle avait refusé de croire qu'il y eût des degrés dans la moralité des femmes, et d'admettre qu'elles ne fussent pas toutes également vertueuses.

« Elle fut peu regrettée de la reine, dit encore madame de Motteville, car souvent elle avait abandonné ses intérêts pour suivre ses caprices. Le ministre vit sa mort avec les sentiments qu'on a pour ses ennemis. Ses anciens amants la regardèrent avec mépris; et ceux qui l'aimaient encore n'en furent pas touchés, parce que chacun, jaloux de son rival, laissa les larmes et la douleur en partage au duc de Beaufort, qui en était alors le mieux aimé. »

Ici, madame de Motteville se trompe. De M. de Beaufort ou de M. de Rancé, qui était alors le mieux aimé? Je ne sais; mais ce fut certaine- ment M. de Rancé, le futur fondateur de la Trappe, qui la regretta le plus sincèrement. Il était accouru auprès d'elle dès qu'il avait appris la maladie; et il était arrivé, non pas trop tard et pour se trouver subitement en présence du plus horrible spectacle, ainsi qu'on le racon- tait avec de romanesques et dramatiques détails, mais assez tôt pour passer dans sa chambre les derniers jours qu'elle vécut. « Déjà touché et tiraillé entre Dieu et le monde, » dit Saint-Simon qui avait été son confident, le spectacle de cette mort si prompte acheva de le déterminer à la retraite qu'il méditait depuis quelque temps.

Pour terminer et résumer cette notice, nous citerons le jugement qu'a porté sur madame de Montbazon le cardinal de Retz. Il est des bio- graphes qui croiraient trahir un devoir s'ils ne se faisaient les panégy- ristes des héros, et surtout des héroïnes dont ils écrivent l'histoire. En est-il que la vie de madame de Montbazon ne découragerait pas? Que ceux-là s'inscrivent en faux contre ce portrait, qui nous semble admi- rable de vérité : « La duchesse de Montbazon était d'une très-grande beauté. La modestie manquait à son air. Son jargon eût suppléé dans un temps calme à son esprit. Elle eut peu de foi dans la galanterie, nulle dans les affaires. Elle n'aimait rien que son plaisir, et au-dessus de son plaisir son intérêt. Je n'ai jamais vu une personne qui ait con- servé dans le vice si peu de respect pour la vertu. »

G. SERVOIS.

TURENNE

TURENNE

(1611-1675)

« *Turenne eut tout*, » dit la Fontaine, qui n'y va pas par quatre chemins quand les gens lui plaisent. Lorsqu'il s'agit de Turenne, en effet, il y a unanimité dans les jugements d'ordinaire si variés de la postérité; sa gloire attachante a reçu l'hommage des opinions les plus contraires, dans les temps les plus troublés... Comme soldat, il n'est pas rare qu'on le nomme entre César et Napoléon; c'est le seul général à qui cette gloire appartienne, et cependant Condé, Luxembourg, Catinat et Villars sont de bien illustres chefs d'armées.

La popularité elle-même n'a pas fait défaut à cette gloire; parmi les anecdotes qui nous ont transportés, enfants, et plairont encore aux jeunes générations futures, brille au premier rang celle de Turenne, passant à l'âge de huit ou neuf ans une nuit tout entière, sur un affût, dans les remparts de Sedan. L'histoire des nobles amours, non moins que celle des grands faits d'armes et des trépas sublimes, revendique aussi Turenne; tant que le sens du beau vivra en nous, la magnifique lettre de Mᵐᵉ de Sévigné sur la mort de Turenne sera relue, non sans trouble; — Saint-Simon, Fléchier, Tallemant des Réaux, Mᵐᵉ de Motteville, Bussy-Rabutin, Voltaire, Napoléon, sont encore des juges qui peuvent être utilement consultés sur le compte de Turenne...; et l'excellent émail de Petitot (1) vient enfin ajouter un précieux rayon à toutes ces lumières, dont la plus éclatante nous vient de la correspondance même de Turenne et de ses *Mémoires*.

Henri de la Tour d'Auvergne, vicomte et prince de Turenne, de la maison de Bouillon, naquit à Sedan le 16 septembre 1611. Quelques mots sur les chefs de sa maison viendront, croyons-nous, fort à propos, expliquer, et, pour ainsi dire, préparer l'avénement de notre héros sur la scène du monde, dans son rôle si intéressant.

L'histoire a conservé le nom de Robert de la Mark de Bouillon, maréchal de France, qui reprit à Charles-Quint son duché usurpé, et mourut en 1556.

Henri de la Tour d'Auvergne, père de notre Turenne, avait été premier gentilhomme de la chambre d'Henri IV, et l'un de ceux qui le saluèrent d'abord roi de France. Henri IV fit épouser à ce loyal favori Charlotte de la Mark, duchesse de Bouillon, princesse de Sedan, qui ne lui donna pas d'enfants, mais, du moins, lui légua ses possessions et les titres y attachés. Il était fervent calviniste, et possédait une grande influence à Sedan ; il y avait institué une sorte d'Athénée où les jeunes gentilshommes de France et d'Allemagne se réunissaient volontiers. Louis XIII n'accorda pas sa faveur au huguenot qu'avait aimé son père. Henri de la Tour d'Auvergne parut peu à la cour sous ce roi bizarre. Il se maria, en secondes noces, avec Élisabeth de Nassau, fille de Guillaume, prince d'Orange et fondateur de la république de Hollande. Il en eut deux fils inégalement célèbres : Frédéric-Maurice, duc de Bouillon, et Henri, vicomte de Turenne, ou mieux *Turenne*.

Le duc de Bouillon, né en 1605, était par conséquent de six ans l'aîné de Turenne. D'abord il servit en Hollande sous son oncle, le prince d'Orange, se fit remarquer à la prise de Bois-le-Duc, à la levée du siége de Maëstricht, dont il éloigna les Espagnols, et malheureusement se signala encore davantage dans un complot contre Richelieu, où il laissa ses biens et joua sa vie. Une lettre de Turenne, que nous citons plus loin, renferme de curieux détails sur cette affaire : le duc de Bouillon mourut en 1652, laissant des mémoires (qui ne furent inu-

---

(1) Le portrait de Turenne qui accompagne cette notice a été gravé d'après l'émail original de Petitot, qui fait partie de la collection de M. Double.

primés qu'en 1731, à Amsterdam), et un fils, Emmanuel de la Tour
d'Auvergne, cardinal de Bouillon, qui vécut jusqu'en 1715.

Le la Tour d'Auvergne des guerres de Vendée, né en 1743, était
issu d'une branche bâtarde.

Le plus grand et le plus illustre de toute cette famille, le maréchal
d'Auvergne, comme l'appelle Bussy-Rabutin, Turenne, comme l'appel-
lera toujours l'avenir, eut l'enfance doublement studieuse et grave d'un
fils de calviniste de ce temps-là, et d'un jeune soldat destiné, au sortir
de l'enfance, à prendre une part personnelle aux guerres qui, alors
comme aujourd'hui, paraissaient près d'éclater sur toute la surface de
l'Europe. Il est permis de croire qu'Élisabeth de Nassau ne fut pas étrangère à l'éducation de son second fils, et qu'elle réussit à conquérir au
même degré son affection et sa confiance, comme nous le verrons bientôt par les lettres datées de la jeunesse de Turenne.

C'est un lieu commun aujourd'hui de dire que Turenne naquit avec
la passion de la guerre. Au premier aspect je me sens toujours prêt
à disculper d'une pareille allégation, comme d'un blâme dangereux,
mes grands hommes favoris... mais en y réfléchissant, et en regardant
les choses du plus haut que l'on pourra, — c'est-à-dire au-dessus de la
cruauté et de l'ambition, sans négliger de faire entrer en compte les ten-
dances particulières d'une époque, l'héritage du siècle précédent et l'é-
ducation du héros obligé de combattre *pro focis*, en même temps qu'instruit à ne demander la gloire qu'aux batailles, — il faut convenir du
charme puissant qu'offre aux âmes agissantes le travail de la guerre. Le détail en est atroce, mais l'ensemble majestueux et touchant. Il s'est publié
dernièrement un livre intitulé : *la Folie de l'épée;* ce simple titre a saisi
mes yeux et occupé mon esprit. Turenne naquit avec cette folie, si un
tel mot peut s'appliquer à ce génie raisonnant. Il naquit pour la guerre,
vécut à la guerre, et mourut de la guerre. Il n'y a pas, au déclin de sa
vie, une luxueuse retraite employée à arroser des œillets ni à un repos d'aucune sorte. De quelques talents divers que la nature ait orné
son grand esprit, nous ne voyons pas autre chose en Turenne que le
type du guerrier ennobli des dons du penseur et des mérites du sage.

Le premier éclat de toute vocation, c'est l'amour instinctif de ceux
qui ont excellé dans la carrière où elle nous appelle. Dès qu'il sut un

peu lire, Turenne se passionna pour l'histoire des grands capitaines
de tous les siècles et de tous les pays; puis il se hâta d'aller leur
ressembler : il fit ses premières armes en Hollande, dès 1625, en qualité de simple soldat, et bientôt y fut jugé digne de commander un
régiment d'infanterie, sous l'autorité supérieure de ses oncles Maurice
de Nassau et le prince Henri. L'année 1627 le retrouve à Paris; c'est
de cette même année qu'est datée sa première lettre à sa mère, du moins
parmi celles qui ont été rassemblées et qui sont venues jusqu'à nous (1).

Dans cette première lettre, pleine de respect et d'affection, avec le
ton de tranquille modestie qui ne l'abandonnera jamais, mais animée
cette fois par une satisfaction de page, heureux d'avoir fait un bon
coup d'industrie, il annonce à sa mère l'achat d'un cheval de cent écus.
« Madame votre sœur, ajoute-t-il, ne l'a pas trouvé trop cher. » Ailleurs,
il raconte son admission au ballet royal, où le roi lui parut « fort gail-
lard ». Ailleurs encore, il rassure le rigorisme maternel au sujet de sa
stricte observance des pratiques huguenotes, en l'informant « qu'en
plein carême il mange de la viande dans sa chambre ». En 1630, on
dit au roi que le régiment de Turenne est le meilleur de l'armée, et le
roi « fait faire bonne chère » au capitaine de dix-neuf ans.

Déjà, à cette époque, le désintéressement qui a ennobli toute sa vie
le forçait d'être économe, tandis que par sa naissance et son rang à la
cour il était entraîné vers certains luxes. « Un jour il va à la mascarade,
et on le trouve effroyable en paysanne. »

C'est dans ces lettres, qui partent du 23 août 1627 et vont jusqu'à
1643, qu'il faut aller chercher la vérité sur Turenne, depuis son baptême de soldat jusqu'à son élévation à la dignité de maréchal de France.
Ces aimables lettres sont toutes adressées à la duchesse de Bouillon, sa
mère, à son frère le duc de Bouillon, à sa sœur Mlle de Bouillon. Les
unes sont datées des camps de Bois-le-Duc, de Vucht, de la Haye, de
Lyon, de Brain :

« Madame, écrit-il à sa mère le 12 octobre 1630, la trêve se rompt après-demain;
on part le même jour pour aller à Casal; on porte provisions de vivres pour quinze
jours; la plupart croient que la paix se fera en chemin. »

(1) Voir Michaud et Poujoulat, *Collection de Mémoires pour servir à l'Histoire de France.*

Quelques-unes portent la date de Paris, des camps de Drun et de Bergues.

« 29 avril 1632. — Le roi a témoigné une grande joie de la défaite de Tilly, et m'a beaucoup parlé; le roi me fait de grandes caresses, et quand il vient à propos, dit beaucoup de bien de moi; *je ne m'en glorifie pas guères.* »

Il est permis, croyons-nous, de retrouver autre chose que la modestie proverbiale de Turenne dans cette dernière ligne... Sa tranquille ironie et la juste méfiance où le tenait sa religion proscrite vis-à-vis les caresses de Louis XIII y sont bien reconnaissables aussi.

Parmi ces lettres, un certain nombre furent écrites à Nimègue, à Vanlo, aux camps de Maëstricht, de Rhinberg et de Metz, et même à Saint-Germain. Celle du 17 avril 1634 informe les siens qu'il a rendu visite au cardinal de Richelieu, à Ruel, et que le cardinal veut avoir soin de le marier. Déjà il avait été question pour Turenne d'un mariage en Hollande; le carrosse à deux chevaux était même acheté, lorsque M. de Lavalette détourna de cette union son jeune lieutenant. Sous le maréchal de la Force, il avait conquis, en Lorraine, le grade de colonel d'infanterie, et sous le cardinal de Lavalette, dont le nom se retrouve presque à chaque page de sa correspondance, il se vit nommer maréchal de camp.

J'achève la nomenclature des lieux d'où furent écrites ces inestimables lettres, ce sont : Manheim, Heidelberg, Landau, Weissembourg, Spire, Binghem, Mayence, Pont-à-Mousson, Toul, Saint-Mihel, Bar, Haguenau, Saverne (où Turenne fut blessé); Coblentz, Monsanjon, Coilly, Maubeuge, Liége, Neubourg, Fribourg, Colmar, Brisach, Pignerol, Caillon, Turin, Chambéry, où il se vit retenu par une longue fièvre et une grave maladie d'estomac. Louis XIII, sous les yeux duquel il fit, en 1642, la campagne du Roussillon, hésitait encore à le nommer maréchal de France.

Tout en consacrant chaque heure de sa jeunesse à servir le roi et la patrie, Turenne trouva le moyen de sauver la vie à son frère, compromis, à la suite de Cinq-Mars, dans le complot contre l'inexorable cardinal.

La lettre, datée du 3 juillet 1642, qu'il écrit à sa sœur à cette occasion, vaut à tous les titres d'être reproduite ici dans son intégrité :

« Ma chère sœur, je n'ai jamais en ma vie eu nouvelle qui m'ait touché si sensiblement que celle de savoir comme mon frère a été arrêté à Casal par ordre du Roi. Il y a mille choses à dire que l'on ne sauroit écrire, mais il n'y a rien qui soit si capable d'aigrir la cour contre mon frère, que de ne se pas bien gouverner à Sedan. Il faut, à mon avis, bien prendre garde à cela, et à ne donner nul sujet de soupçon. Pour moi, je n'aurai jamais d'autre pensée, sinon que Sedan soit conservé à mon frère et à ses enfants. Quoique j'aie assez d'ambition pour désirer avoir une fortune plus grande que celle que j'ai, je ne désirerai jamais m'agrandir par ce moyen-là. J'envoie ce gentilhomme à Sedan, pour savoir des nouvelles de madame et de vous, et de ma belle-sœur. Un voyage que Deuteville a fait de la part de mon frère à la cour a donné beaucoup de soupçon. J'étois aux eaux, dans ce temps-là. Je suis persuadé que vous croyez bien que mon affliction est aussi grande que celle de ceux qui emplissent une feuille de papier à parler.

« On me mande de la cour qu'il est certain que mon frère avoit part dans cette cabale de M. Le Grand (écuyer), et M. le cardinal m'a mandé qu'il me fera voir comme mon frère, deux mois après son accommodement, avoit déjà commencé à se mettre dans cette affaire. Monsieur a écrit à la cour, et prie qu'on lui veuille pardonner. Voyant le commencement de tout ceci, j'ai prié mon frère cent fois, quand je retourne de Sedan à Paris, qu'il prît garde à lui, et qu'il ne fît nulle chose qui pût donner soupçon. Il ne me témoigna jamais qu'il eût aucune part avec M. Le Grand. »

« Au camp devant Parpignan. »

Pour ceux qui auront lu avec grande attention cette lettre, elle n'est pas seulement un précieux document historique, un chef-d'œuvre dans l'art de peindre un homme en se bornant à dire de lui : « il fit ceci ou cela » (Monsieur a écrit à la cour, et prie qu'on lui veuille pardonner), elle ne trahit pas seulement le malaise général, l'anormalité des choses du temps, le mécontentement discret de l'homme de génie, troublé, dans sa féconde méditation, par des turbulences domestiques, et ce reproche muet du regard, si terrible pour les consciences encore impressionnables... elle est éminemment caractéristique de l'intérieur d'âme de Turenne, et de cette éloquence introuvable ailleurs que chez lui, et qu'il ne déploya pas seulement dans ses lettres, disent les chroniques galantes du temps.

Du reste, on sait ce qu'il advint au duc de Bouillon, nommé précédemment lieutenant général de l'armée d'Italie, après une série de brouilles et de réconciliations avec la cour. Arrêté sur la preuve de ses machinations contre Richelieu, il dut céder sa souveraineté de Se-

dan. C'est à la suite de cette arrestation qu'il s'engagea une correspondance extrêmement curieuse, en l'année 1642, entre Richelieu et
le prince d'Orange. Mis en liberté, le duc de Bouillon se révolta pour
reconquérir Sedan, et dut enfin faire sa soumission au roi, qui le dédommagea de la perte de son patrimoine par le don de quelques domaines.

Dans ce temps-là, Turenne en était réduit à écrire à sa sœur la mélancolique lettre qui commence ainsi :

« 7 février 1643. — Ma chère sœur, si vous pouviez faire quelques ventes de bois,
cela m'accommoderait extrêmement, car je suis obligé d'emprunter de l'argent pour
vivre et de le prendre à intérêt, qui est une chose que vous savez qui incommode fort. »

Le 27 mars 1643, il reçoit une lettre du roi, dont le sens se peut
deviner, par ce qu'il en dit le lendemain à Mlle de Bouillon :

« 28 mars. — Je dois être encore, cette campagne, lieutenant général avec M. de
la Meilleraie. Le roi prend occasion, sur la religion, à témoigner qu'il ne veut rien faire
pour moi. »

Il avait été nommé lieutenant général après la campagne de Piémont,
en 1639.

A cinquante jours de là Louis XIII meurt.

« Ma chère sœur, vous saurez par celle-ci comme le roi est mort, jeudi à trois heures
après-midi. Il est véritable que jamais personne du monde n'a fait une si belle fin
et si constante. Pour l'affliction de la cour, elle y a été très-médiocre. »

Louis XIII mort, le cardinal de Mazarin, pour réparer une longue
injustice, et aussi en vue d'attacher Turenne au parti de la cour,
songe à lui donner le bâton de maréchal, sans en exiger en retour la
moindre concession religieuse. Turenne avait trente-deux ans alors,
et il y avait longtemps qu'on trouvait qu'on ne lui rendait pas justice,
en tardant si fort à l'élever au premier grade de l'armée. Le 30 mai 1643
il écrivait à sa sœur :

« Je suis prêt à partir dans quatre ou cinq jours pour m'en aller en Italie. Je n'ai
point pu le refuser, la reine me l'ayant commandé, et assuré que je serai maréchal de
France à la fin de la campagne. »

Ici s'arrête la correspondance de Turenne, telle du moins qu'elle a été recueillie par MM. Champollion-Figeac et Aimé Champollion fils, pour servir de préface aux *Mémoires* de la collection Michaud et Poujoulat, mémoires authentiques, imprimés en 1735 à la suite de l'*Histoire de Turenne*, par Ramsay.

Nous allons maintenant suivre Turenne dans le cours de ses rapides exploits, et à l'aide de ses Mémoires, qui comprennent trois livres. Le premier traite des guerres d'Allemagne et va de 1644 à 1648.

Dès le lendemain de son retour d'Italie, et après notre défaite à Dutlingen, Turenne est envoyé à la tête de l'armée d'Allemagne. Sa première rencontre avec les Impériaux a lieu en 1644 devant Fribourg. L'ennemi a pour chef le célèbre comte de Mercy, digne à ce point de reconnaître le mérite de Turenne, qu'il s'attache à l'éloigner, de préférence à Condé, accouru pour prêter main-forte au nouveau maréchal. Tous les tacticiens venus au monde depuis lors ont admiré la brillante retraite de Turenne, retraite qui aboutit à la grande victoire de Nordlingue. C'est dans la lettre où il raconte à sa sœur cette belle bataille que nous rencontrons pour la première fois le nom de Mᵐᵉ de Longueville sous la plume de Turenne. On sait qu'il aima beaucoup cette grande dame à la manière dont il aimait. On cite encore parmi les hauts faits de Turenne, durant cette campagne d'Allemagne, son habile jonction avec Wrangel, le général suédois. Or jamais il ne tire gloire de ces traits de génie. S'il est vainqueur, il dit : « Nous avons réussi…; » moins heureux, il s'exprime ainsi : « J'ai été vaincu. » Ses mémoires à Mazarin, pendant la durée de la guerre, ne démentent pas une seule fois cette étonnante modestie. Anne d'Autriche rendait justice à tant de mérite, et montra toujours beaucoup de considération pour Turenne, ainsi que cela ressort de plusieurs paroles vraiment royales qu'elle lui adressa, et de ses lettres au maréchal concernant le duc de Bouillon, lettres écrites après la conclusion de la paix de Westphalie, qui termina la campagne d'Allemagne et où s'arrête la première partie des Mémoires de Turenne.

Le deuxième livre des Mémoires traite des *guerres civiles de France*, et embrasse un intervalle de quatre années (1649-1653).

L'historien y marche sur un terrain brûlant, et a besoin de plus d'art pour y soustraire son renom de loyauté à de rudes chocs qu'il

n'en a montré lors de ses retraites les plus vantées ; il le sent et ne
néglige rien pour que le verdict de la postérité passe au-dessus de sa
tête pour aller frapper uniquement celle de Mazarin. L'entreprise est
délicate : il s'agit de purifier du reproche de félonie un général faisant
passer sa troupe à l'ennemi pour combattre la royauté, de qui relève cette troupe. Mais la royauté alors, c'était Mazarin ; Mazarin, c'était
la perfidie même ; il avait épuisé sur la maison de Bouillon tous les
parjures de son astuce infinie. En 1649, Turenne apprend l'arrestation
des princes du sang, il apprend que la cour a quitté Paris, que Mazarin est déterminé à assiéger la grand'ville ; il entend dire que les
troupes royales vont prendre leurs quartiers tout autour de Paris avec
dessein de l'affamer.

Un fait pleinement indiscutable, c'est l'influence déterminante de
Mme de Longueville dans la défection définitive de Turenne vis-à-vis
la cour, et dans son traité avec le roi d'Espagne, le constant ennemi de la France, pour défendre la cause des princes du sang arrêtés.
Vraiment, en relisant tous ces détails, gagné ou non par la plaidoirie
de Turenne, on ne sait trop s'il faut que le patriotisme se voile la face
à ce moment de la vie de notre héros, car il croyait servir la France,
il croyait répondre à l'appel du sentiment français, délivrer des op-
primés français en faisant la guerre à Mazarin. Je vais jusqu'à négliger,
parmi les circonstances atténuantes, l'empire de Mme de Longueville,
celle dont les *beaux yeux* valaient qu'on entreprît de faire la *guerre aux
dieux*, et certes, ce n'est pas un poëte sentimental qui l'a dit. Turenne,
s'étant ouvertement prononcé contre Mazarin, se vit, comme conséquence première, destitué de son commandement, et se retira en
Hollande. Il y fut bientôt rejoint par Mme de Longueville qui, son
frère en prison, avait réussi à gagner la Normandie et ensuite la Hollande ; elle vint se loger à la citadelle de Stenai, que gardaient les trois
compagnies du régiment de Turenne. Une héroïne ne s'inquiète pas
d'un pareil voisinage : « M. de Turenne, disent les Mémoires, demeura
toujours dans une parfaite intelligence avec elle depuis le commencement jusqu'à la sortie de prison de M. le Prince. » En effet, à partir de
ce dernier événement, il s'échangea, entre Turenne et les chefs de la
Fronde, des notes un peu vives. Mais, dans le principe, l'harmonie était

parfaite. Qu'on en juge par les lettres suivantes de Condé, qui ne
devait pas toujours écrire à Turenne dans le même style :

« Monsieur, écrit Condé à Turenne après sa sortie de prison, les obligations que je
vous ai sont si grandes que je n'ai point de paroles pour vous témoigner ma reconnoissance. Je souhaite avec passion que vous me donniez lieu de m'en revancher. Vous
pouvez disposer absolument de mon service, et vous êtes l'homme du monde que
j'honore le plus, et que j'aime avec le plus de tendresse et de passion.

« LOUIS DE BOURBON. »

Fragment d'une autre lettre du même au même :

« Pour vos intérêts particuliers, ma sœur m'en a entretenu fort au long. Nous vous
envoyons quelque argent ; mandez-nous librement ce dont vous aurez besoin, et nous y
pourvoirons à l'heure même. »

Cette seconde missive, qui s'achève comme la première sur des protestations passionnées, est datée du 18 mars 1651. La dernière phase
d'une correspondance écrite entre ces deux grands hommes sera signée
Condé, et aura lieu en 1655 ; mais alors Turenne aura cessé d'être
l'homme que Louis de Bourbon honore le plus, et il ne le traitera plus
avec tendresse.

En attendant, leur alliance était dans son plein... Turenne n'était pas
un frondeur, il était la Fronde elle-même. Avec ses alliés espagnols
il l'emporte sur les troupes royales au Catelet, à la Capelle... Sa seule
consolation, en de pareilles victoires, c'est l'espoir de rendre les princes à
la liberté et de délivrer la France du joug de Mazarin. Mais les déplo-
rables alliés que les soldats du roi d'Espagne ! A Réthel, ayant pour
compétiteur Praslin, chef des troupes royales, Turenne essuie une défaite qui lui donne à songer. Outre qu'il est poursuivi de la ferme
intention de se rallier au jeune Louis XIV, qu'on vient de proclamer, il
y a du froid dans ses relations avec la Fronde. Au commencement
de 1651, Mme de Longueville pousse une insistance de mauvais goût
jusqu'à exiger que Turenne donne sa parole qu'il demeurera dans les
intérêts de M. le Prince. Turenne refuse avec beaucoup de fermeté de
contracter un pareil engagement, et bientôt, en rendant officiellement
hommage au nouveau roi, il se constitue franchement l'adversaire de

Condé, demeure opposant, et remporte sur lui un très-glorieux avantage à Gien. Cela lui valut, de la part de la cour, son amnistie ainsi que celle du duc de Bouillon, qu'on ne pouvait manquer de rencontrer dans cette affaire. Depuis lors Turenne s'attacha sans retour à la cause royaliste, et la servit avec gloire et succès, d'abord à la journée de Bléneau, qui fit dire à Anne d'Autriche : « Mon cousin, vous venez de mettre une seconde fois la couronne sur la tête de mon fils, » puis au fameux combat du faubourg Saint-Antoine, où il eût exterminé la Fronde sans le secours que les Parisiens apportèrent au prince de Condé.

C'est dans ce temps-là que Turenne, par fidélité à la religion dans laquelle il était né et qu'il devait toutefois abjurer quelques années plus tard, mais pour des motifs où l'ambition terrestre n'avait point de part, refusa d'entrer dans la famille de Mazarin en épousant sa nièce qu'on lui proposait. Il se maria avec Charlotte de Caumont-la-Force, fille du duc de la Force, et appartenant au protestantisme. Ce mariage eut lieu en 1653. Turenne n'était plus de la première jeunesse. Nous ne savons pas grand'chose sur sa femme, sinon qu'elle mourut en 1666. Peu de temps après ses noces il se remet en campagne contre les Espagnols et Condé, leur allié ; il prend Réthel, Mouzen, Sainte-Menehould, et la brillante levée du siége d'Arras sert d'entrée, pour ainsi dire, à cette campagne de Flandre qui remplit la troisième partie des Mémoires, et va de 1654 à 1659. C'est en 1655 qu'advint la rupture personnelle et profonde entre Turenne et Condé, à propos du siége de Valenciennes, où le chef des frondeurs fut très-malheureux. Condé intercepta une lettre de Turenne à Mazarin où l'affaire du siége n'était sans doute pas dépeinte sous des couleurs qui lui plaisaient, et il écrivit à l'homme qu'il aimait avec le plus de passion, quatre ans auparavant, la lettre suivante :

« Monsieur, je vous advoue que je n'ay pas eu une petite surprise, quand une lettre que vous écrivez à M. le cardinal Mazarin m'est tombée entre les mains. Je vous en envoie la copie afin que vous voyiez que je n'ay pas peu de subject de me plaindre de vous. Je ne trouverai jamais estrange, quand vous tirerez sur nous tous les avantages que vous pourrez quant ils seront véritables, mais de voir dans une lettre escrite et signée de votre main que la retraite que nous fîmes dernièrement a été si précipitée que notre dernier escadron a été obligé de passer la rivière à la nage, que nous avons

laissé le canon à Valenciennes pour ne l'avoir pu retirer... ce sont des choses si
éloignées de la vérité, qu'à moins que de cognoistre particulièrement votre escriture
je n'aurois pas cru que cette lettre-là vint de vous... J'ay cru, pour satisfaire à ce que
je doibs à mon honneur, vous devoir mander cecy et vous prier, quand vous parlerez
à une auctorité des actions où j'aurai quelque part, de les vouloir dire dans la vérité;
j'en ai toujours usé de même dans celles où vous en avez eu ; et quand vous avez servi
sous moi, et depuis que nous nous faisons la guerre, j'en userai toujours de même. »

Ne nous arrêtons pas à relever les hautes inconvenances dont cette
lettre fourmille ; faisons la part du désappointement de défaites successives, de l'orgueil irrité d'une position équivoque et malencontreuse.
Condé ne dit-il pas à Turenne, presque en propres termes : « Vous avez
menti, » et cela sur un point où, si Turenne mentit jamais, ce fut par
modestie et pour atténuer le mérite de ses succès. Il le représente comme
un agent du pouvoir, il lui dit : « quand vous avez servi sous moi. » Bref,
cette lettre est encore une curieuse pièce, parce qu'elle est la seule du
temps peut-être où un prince de la maison royale dira avec un si
humiliant dédain : « une auctorité. »

Toutefois, dans le sentiment vague des multitudes, c'est Condé qui
est intrépide, chevaleresque et prodigue ; Turenne qui est prudent,
habile, économe.

Nous ne serions pas en peine d'établir que le désintéressement de
Turenne, en matière de domaines, de titres et d'or, était extrême; qu'il
ne se souciait pas davantage de cinquante mille écus que d'être appelé
prince; qu'il se battit toujours pour une idée, tandis que l'avidité de
son éclatant rival est connue, et qu'on a affirmé qu'il ne fit la guerre au
cardinal que pour en obtenir le gouvernement de Guyenne pour lui-
même, et celui de Provence pour son frère.

On ne dit pas que Turenne ait jamais répondu à l'impertinente missive de *son cousin*. En 1656, il opéra sa belle retraite sur le Quesnoi; en
1657, il fut nommé colonel général de la cavalerie, puis il remporta sur
Condé la décisive victoire des Dunes, dont Mazarin voulut revendiquer
l'honneur, que Turenne lui disputa énergiquement.

Vers la fin de 1659 (7 novembre), le traité des Pyrénées vint pacifier
ces longues agitations. L'année suivante, le jeune Louis XIV épousa
Marie-Thérèse d'Autriche, et, à l'occasion de ce mariage, Turenne fut

nommé maréchal général des camps et armées de France. On dit même que, si sa profession d'ardent huguenotisme n'y eût mis obstacle, la dignité de grand connétable de France allait être rétablie en sa faveur. C'est à ce moment qu'il goûta pour la première fois de sa vie quelque repos. Il en profita pour rédiger ses importants Mémoires, et s'occuper un peu de diplomatie. C'est à peu près vers ce temps-là qu'il perdit sa femme, et il se convertit au catholicisme deux ans après, en 1668. L'*Exposition de la Foi*, du grand Bossuet, opéra ce miracle, où il est plus que démontré que l'ambition ni l'intérêt n'entrèrent pour rien. Cependant Turenne disposait à la cour d'une influence considérable à laquelle la mort de Mazarin ne nuisit pas. Grâce à lui, le chapeau de cardinal fut accordé à son neveu Emmanuel-Théodore de Bouillon, qui ne devait pas être un favori de Louis XIV. D'ailleurs, Turenne prit son abjuration tellement au sérieux que, vers 1674, le bruit courut qu'il voulait se faire oratorien, que le pape Clément IX tâchait de l'y décider par les promesses du cardinalat, et que Louis XIV ne réussit pas sans peine à l'emporter sur le Saint-Siége en cette occasion.

Toutefois, dans l'intervalle de sa conversion à ces beaux projets de retraite, le monde politique et l'amour ne perdirent pas leurs droits sur un cœur qui leur appartenait de naissance. C'est à cette époque qu'il faut reporter la plus grande passion amoureuse qui ait animé la vie de Turenne; elle eut pour objet Marguerite, princesse de Rohan-Chabot, dame de Coatquen. La faiblesse de Turenne pour elle alla jusqu'à lui faire trahir un secret d'État, concernant le voyage de Madame en Angleterre. Louis XIV reprocha vivement cette indiscrétion à Turenne. Mais les services du grand capitaine étaient trop indispensables au grand roi pour qu'il lui gardât longue rancune. La Hollande fut bientôt le théâtre d'une nouvelle guerre. Turenne, nommé généralissime, dut compter avec une de ces coalitions que la terreur du génie français eut de tout temps le pouvoir de faire éclore. Le plus illustre adversaire de Turenne, dans ce temps-là, fut Montecuculli, lequel était accablé d'infirmités, et dirigeait de sa litière l'action de ses armées. Turenne envahit l'Allemagne pour répondre à la ligue provoquée par l'électeur de Brandebourg, et devenu, après la téméraire victoire de Sintzeim, maître absolu du Palatinat, il y commit, sur la rive droite du Rhin, ces dévastations dont sa mémoire n'est pas encore justifiée, et qui, d'ailleurs, ne lui inspiraient pas le moindre remords, puisqu'il en voulait faire autant sur la rive gauche. L'ennemi, surexcité, exaspéré, recommence son attaque en 1674, et envahit l'Alsace. Turenne l'en chasse, puis, par une feinte d'une incomparable stratégie, l'y attire de nouveau; il triomphe brillamment à Mulhausen, à Turkeim, et met le Rhin entre les Impériaux et lui. Chacune de ces victoires était un coup d'audace et de génie dont le succès inespéré allait contre les prévisions et le commandement du roi. Puis vint l'irréparable journée de Saltzbach. Voyant venir à lui la victoire, avec un de ces coups d'œil que Napoléon seul a retrouvés depuis, il avait « le 27 juillet 1675 », attiré Montecuculli sur un terrain tel que ce glorieux rival y devait trouver une défaite, lorsque partit du fatal canon ce boulet « *chargé de toute antiquité.* »

Ici notre tâche expire. « Voilà celui qu'il faut pleurer! » dirons-nous seulement, comme disait à son fils désolé l'héroïque Saint-Hilaire, dont le coup qui tua Turenne enleva le bras. Mais, pour plus de détails, qu'on relise Fléchier, et surtout M*** de Sévigné, qui mériterait d'être immortelle rien que pour la page qu'elle écrivit sur la mort de Turenne, et sur l'effet produit dans toute la nation à la nouvelle de cette grande mort. Nous y entendons vraiment tout le monde se demander « comment est mort cet homme puissant. » Nous y voyons la France appauvrie et l'Europe atterrée, et Paris dans la stupeur depuis le retour déplorable de Saltzbach jusqu'à l'entrée des caveaux de Saint-Denis. Louvois était occupé à lire la dernière dépêche de Turenne concernant la position de l'ennemi, lorsqu'il reçut de M. de Beautru de Vaubrun les lignes suivantes, qu'il ne lut pas jusqu'au bout :

« M. de Turenne vient d'être tué d'un coup de canon, en mettant ses troupes en bataille.......... Vous voyez bien qu'il ne peut y avoir de blessure qui m'empesche de monter à cheval pour tascher d'être utile au service de Sa Majesté, tant que je vivrai... Je monte à cheval dans cet instant pour aller trouver M. de Lorge. »

C'est bien là le style du courtisan de race.... Le sermon de Fléchier est ému... La lettre de M*** de Sévigné est le poëme de la douleur d'un cœur et d'un monde. Mascaron et Lamoignon firent aussi un panégyrique de Turenne.

Cette même année vit mourir Condé et Montecuculli.

Turenne a une biographie posthume : elle commence en 1793, cent dix-huit ans après le coup de canon de Saltzbach, qui ne retentit pas avec douleur seulement dans le cœur de la France.

« Les habitants de la Souabe, est-il dit, laissèrent en friche la place où il avait péri, en conservant soigneusement l'arbre sous lequel il s'était assis un instant avant sa mort, et qui devint un objet de pèlerinage. Le cardinal de Rohan y fit élever, en 1781, un monument commémoratif, détruit en 1801, et, bientôt après, restauré par Moreau. »

Déposés à Saint-Denis, en 1675, les restes de Turenne partagèrent le sort commun en 1793, lorsque la Convention eut décrété l'extraction des plombs des sépultures royales. A cette occasion, les récits du temps constatent l'admirable conservation de Turenne et sa ressemblance avec les portraits et médaillons que nous avons de lui. De Saint-Denis, ces restes furent transportés au cabinet du Jardin des Plantes, et c'est dans l'accès d'honnête indignation éveillée par cet outrage, qu'un homme dont le nom mérite de demeurer parmi ceux des plus courageux, Dumolard, député de l'Isère, prononça dans la séance du conseil des Cinq-Cents, du 15 thermidor an IV, les paroles suivantes :

« Turenne vécut sous un roi, mais ce fut l'erreur de son siècle, et non le crime de ce héros. Ses préjugés furent ceux du temps où il vivait, ses vertus furent à lui. L'état avilissant dans lequel ses restes sont abandonnés ne saurait diminuer cet immense héritage de gloire qu'il s'est acquis. Un tel oubli n'est préjudiciable qu'au gouvernement qui s'en rend coupable......... — Quel est, en effet, le Français qui ignore que Turenne fut le plus grand des capitaines? que, recommandable par ses vertus guerrières, il le fut non moins par ses vertus privées?... — Je ne demande pas pour cet homme illustre les honneurs du Panthéon; l'Europe entière lui a décerné la palme de l'immortalité...; mais vous avez le droit d'éveiller l'attention du Directoire sur un objet d'intérêt national. C'est ce que je vous propose de faire en demandant au Directoire, par un message, les mesures qu'il a dû prendre pour faire déposer dans un lieu plus convenable et plus décent les restes du grand Turenne. »

La proposition de Dumolard (de l'Isère) fut adoptée à l'unanimité, et, le 24 germinal an VII, le Directoire décida que les restes de Turenne seraient transportés au musée des monuments français, et déposés en un sarcophage érigé dans le jardin-élysée de cet établissement.

Il existe un intéressant procès-verbal de cette translation, reproduit dans la collection des mémoires Michaud. On trouva, lors de la dévastation des tombeaux de Saint-Denis, l'inscription suivante gravée sur une plaque en cuivre :

« Ici est le corps de sérénissime prince, Henri de la Tour d'Auvergne, vicomte de Turenne, maréchal général de la cavalerie légère de France, gouverneur du haut et bas Limosin, lequel fut tué d'un coup de canon, le XXVII juillet, l'an M DC LXXV. »

Parmi les signataires du procès-verbal, nommés pour exécuter la décision réparatrice du Directoire, se trouvent les citoyens Lesieur frères, qui avaient également été présents à la translation des cendres de Molière et de la Fontaine.

Le même procès-verbal s'arrête volontiers à décrire, dans les termes les plus révérencieux, l'état des restes de Turenne, « ces formes du visage si peu altérées qu'on y pouvait reconnaître les traits que le marbre a laissés de ce grand homme… il restait encore des effets du funeste coup qui l'enleva au milieu de ses triomphes. »

Le procès-verbal dit : « ces respectables restes. »

Le monument érigé à Turenne dans le musée des monuments français était le même qu'on voyait jadis à l'abbaye de Saint-Denis. Napoléon, premier consul, digne appréciateur du génie de Turenne, fit transporter ce monument dans l'église des Invalides, temple de Mars, et ce fut l'occasion d'une imposante et touchante cérémonie. On y vit figurer le boulet qui détruisit Turenne, et l'épée que ce grand homme portait en ce lamentable jour. Ces reliques sans prix avaient été prêtées, pour cette solennité, par M. de Bouillon, petit-neveu de Turenne. On y vit les larmes des vieux soldats de la France arroser le laurier déposé sur ce cercueil auguste par le ministre de la guerre. Depuis lors, le repos s'est fait autour du sombre monument, mais l'admiration, éveillée par celui qu'il abrite, ne se reposera pas.

LOUIS DÉPRET.

DE LA ROCHEFOUCAULD

LE DUC DE LA ROCHEFOUCAULD [1]

(1613-1680)

Il faut savoir montrer l'esprit de son âge et le fruit de sa saison. Il y a un moment dans la vie où La Rochefoucauld plaît beaucoup et où il paraît plus vrai peut-être qu'il ne l'est. Les mécomptes de l'enthousiasme jettent dans le dégoût. Mme de Sévigné trouve qu'il serait joli d'avoir un cabinet tout tapissé de dessous de cartes; dans son imprudence aimable, elle n'en voit que le piquant et l'amusant. Le fait est qu'à un certain jour toutes ces belles dames de cœur, ces nobles et chevaleresques *valets* de carreau, avec lesquels on jouait si franc jeu, se retournent; on s'était endormi en croyant à Hector, à Berthe ou à Lancelot; on se réveille dans ce cabinet même dont parle Mme de Sévigné, et on n'aperçoit de tous côtés que l'envers. On cherche sous son chevet le livre de la veille : c'était Elvire et Lamartine ; on trouve en place La Rochefoucauld. Ouvrons-le donc ; il console, à force d'être chagrin comme

---

[1] Nous devons à la bienveillance de M. Sainte-Beuve l'autorisation d'imprimer ici l'excellent travail qu'il a consacré au duc de La Rochefoucauld et au livre des *Maximes*. — C'est pour nos souscripteurs et pour notre publication une égale bonne fortune : Petitot, l'inimitable artiste, voulant parfaire un de ses chefs-d'œuvre de finesse, n'eût pas hésité à emprunter la plume incisive et délicate de l'auteur des *Portraits littéraires*.

L'émail original dont notre gravure est la reproduction fait partie de la collection particulière de S. M. la reine des Pays-Bas.   *(Note de l'éditeur.)*

1

nous ; il amuse. Ces pensées, qui aux jours de la jeunesse révoltaient comme trop fausses ou ennuyaient comme trop vraies, et dans lesquelles on ne voyait que la morale des livres, nous apparaissent pour la première fois dans toute la fraîcheur de la nouveauté et le montant de la vie ; elles ont aussi leur printemps à elles ; on les découvre : *Que c'est vrai !* s'écrie-t-on. On en chérit la secrète injure, on en suce à plaisir l'amertume. Cet excès même a de quoi rassurer. S'enthousiasmer pour elles, c'est déjà en quelque façon les dépasser et commencer à s'en guérir.

M. de La Rochefoucauld lui-même, il est permis de le conjecturer, en adoucit sur la fin et en corrigea tout bas certaines conclusions trop absolues ; durant le cours de sa liaison délicate et constante avec Mme de La Fayette, on peut dire qu'il sembla souvent les abjurer, au moins en pratique ; et cette noble amie eut quelque droit de se féliciter d'avoir réformé, ou tout simplement d'avoir réjoui son cœur.

La vie de M. de La Rochefoucauld, avant sa grande liaison avec Mme de La Fayette, se divise naturellement en trois parties, dont la Fronde n'est que le milieu. Sa jeunesse et ses premiers éclats datent d'auparavant. Né en 1613, entré dans le monde dès l'âge de seize ans, il n'avait pas étudié, et ne mêlait à sa vivacité d'esprit qu'un bon sens naturel encore masqué d'une grande imagination. Avant le nouveau texte des *Mémoires*, découvert en 1817, et qui donne sur cette période première une foule de particularités retranchées par l'auteur dans la version jusqu'alors connue, on ne se pouvait douter du degré de chevalerie et de romanesque auquel se porta tout d'abord le jeune prince de Marsillac. Buckingham et ses royales aventures paraissent lui avoir fait un point de mire, comme Catilina au jeune de Retz. Ces premiers travers ont barré plus d'une vie. Tout le beau feu de La Rochefoucauld se consuma alors dans ses dévouements intimes à la reine malheureuse, à Mlle d'Hautefort, à Mme de Chevreuse elle-même : en prenant cette route du dévouement, il tournait, sans y songer, le dos à la fortune. Il indisposait le roi, il irritait le cardinal : qu'importe ? le sort de Chalais, de Montmorency, de ces illustres décapités, semblait seulement le piquer au jeu. Dans un certain moment (1637, il avait vingt-trois ou vingt-quatre ans), la reine persécutée, « abandonnée de tout le monde, nous « dit-il, et n'osant se confier qu'à Mlle d'Hautefort et à moi, me proposa

« de les enlever toutes deux et de les emmener à Bruxelles. Quelque
« difficulté et quelque péril qui me parussent dans un tel projet, je
« puis dire qu'il me donna plus de joie que je n'en avois eu de ma vie.
« J'étois dans un âge où l'on aime à faire des choses extraordinaires et
« éclatantes, et je ne trouvois pas que rien le fût davantage que d'enle-
« ver en même temps la reine au roi son mari et au cardinal de Richelieu
« qui en étoit jaloux, et d'ôter Mlle d'Hautefort au roi qui en étoit amou-
« reux. » Toutes ces fabuleuses intrigues finirent pour lui, à la suite de
Mme de Chevreuse, par huit jours de Bastille et un exil de deux ou trois
ans à Verteuil (1639-1642) : c'était en être quitte à bon compte avec
Richelieu, et cet exil un peu languissant se trouvait encore agréablement diversifié, il l'avoue, par les douceurs de la famille (1), les plaisirs
de la campagne, et les espérances surtout d'un règne prochain où la
reine payerait ses fidèles services.

Cette première partie des *Mémoires* était essentielle, ce me semble,
pour éclairer les *Maximes*, et faire bien mesurer toute la hauteur d'où
l'ambitieux chevaleresque était tombé pour creuser ensuite en moraliste ;
les *Maximes* furent la revanche du roman.

Il résulte de plus de cette première période mieux connue que
Marsillac, qui, en effet, avait trente-trois ans bien passés lors de son
engagement avec Mme de Longueville, et trente-cinq ans à son entrée
dans la Fronde, n'y arriva que déjà désappointé, irrité, et, pour tout
dire, fort perverti : et cela, sans l'excuser, explique mieux la détestable
conduite qu'il y tint. On le voit gâté tout d'abord. Il ne se cache pas
sur les motifs qui l'y jetèrent : « Je ne balançai point, dit-il, et je
« ressentis un grand plaisir de voir qu'en quelque état que la dureté de
« la reine et la haine du cardinal (Mazarin) eussent pu me réduire, il me
« restoit encore des moyens de me venger d'eux. » Mal payé de son
premier dévouement, il s'était bien promis qu'on ne l'y prendrait
plus.

La Fronde présente donc la seconde période de la vie de M. de La
Rochefoucauld ; la troisième comprend les dix ou douze années qui
suivirent, et durant lesquelles il se refit, comme il put, de ses blessures

---

(1) Il avait épousé fort jeune Mlle de Vivonne, dont je ne vois pas qu'on dise rien de plus par rapport
à lui, sinon qu'il en eut cinq fils et trois filles.

au physique, et s'en vengea, s'en amusa, s'en releva au moral dans ses *Maximes*. L'intime liaison avec Mme de La Fayette, qui les adoucit et les consola véritablement, ne vint guère qu'après.

On pourrait donner à chacune des quatre périodes de la vie de M. de La Rochefoucauld le nom d'une femme, comme Hérodote (1) donne à chacun de ses livres le nom d'une muse. Ce seraient Mmes de Chevreuse, Mme de Longueville, Mme de Sablé, Mme de La Fayette; les deux premières, héroïnes d'intrigue et de roman; la troisième, amie moraliste et causeuse; la dernière revenant, sans y viser, à l'héroïne par une tendresse tempérée de raison, repassant, mêlant les nuances, et les enchantant comme dans un dernier soleil.

Mme de Longueville fut la passion brillante : fut-elle une passion sincère? Mme de Sévigné écrivait à sa fille (7 octobre 1676) : « Quant à « M. de La Rochefoucauld, il alloit, comme un enfant, revoir Verteuil « et les lieux où il a chassé avec tant de plaisir; je ne dis pas où il a « été amoureux, car je ne crois pas que ce qui s'appelle amoureux, il « l'ait jamais été. » Lui-même, au rapport de Segrais, disait qu'il n'avait trouvé de l'amour que dans les romans. Si la *maxime* est vraie : « Il n'y a que d'une sorte d'amour, mais il y en a mille diffé- « rentes copies, » celui de M. de La Rochefoucauld et de Mme de Longue- ville pourrait bien n'être, en effet, qu'une copie des plus flatteuses. Marsillac, au moment où il s'attacha à Mme de Longueville, voulait, avant tout, se pousser à la cour et se venger de l'oubli où on l'avait laissé; il la jugea propre à son dessein. Il nous a raconté comment il traita d'elle, en quelque sorte, avec Miossens (2), qui avait les devants : « J'eus « sujet de croire que je pourrois faire un usage plus considérable que « Miossens de l'amitié et de la confiance de Mme de Longueville; je l'en « fis convenir lui-même. Il savoit l'état où j'étois à la cour; je lui dis « mes vues, mais que sa considération me retiendroit toujours, et que « je n'essaierois point à prendre des liaisons avec Mme de Longueville, « s'il ne m'en laissoit la liberté. *J'avoue même que je l'aigris exprès* « *contre elle pour l'obtenir, sans lui rien dire toutefois qui ne fût*

(1) Hérodote ou plutôt quelque ancien grammairien et critique comme nous-même.
(2) Depuis maréchal d'Albret.

« *vrai* (1). Il me la donna tout entière, mais il se repentit... » L'attrait s'en mêla sans doute ; l'imagination et le désir s'y entr'aidaient. M. de La Rochefoucauld aimait les *belles passions* et les croyait du fait d'un *honnête homme*. Quel plus bel objet pour s'y appliquer ! Mais tout cela, à l'origine du moins, n'est-ce pas du parti pris ?

Du côté de Mme de Longueville, il n'y aurait pas moins à raisonner, à distinguer. On n'a pas à craindre de subtiliser avec elle sur le sentiment, car elle était plus que tout subtile. En dévotion, nous avons par Port-Royal ses examens secrets de conscience : les raffinements de scrupules y passent toute idée. En amour, en galanterie, c'était de même, sauf les scrupules (2). Sa vie et son portrait ne sauraient être ici brusqués en passant : elle mérite une place à part, et elle l'aura. Sa destinée a de tels contrastes et de telles harmonies dans son ensemble, que ce serait une profanation d'y rien dégrader. Elle est de celles d'ailleurs dont on a beau médire, la raison y perd ses droits ; il en est de son cœur comme de sa beauté, qui, avec bien des défauts, avait un éclat, une façon de *langueur*, et un charme enfin, qui attachaient.

Ses vingt-cinq ans étaient déjà passés quand sa liaison avec M. de La Rochefoucauld commença. Jusqu'alors elle s'était assez peu mêlée de politique : Miossens avait pourtant tâché de l'initier. La Rochefoucauld s'y appliqua, et lui donna le mouvement plus que l'habileté, qu'en ce genre il n'atteignit lui-même qu'à peu près.

Le goût naturel de Mme de Longueville était celui qu'on a appelé de l'hôtel de Rambouillet : elle n'aimait rien tant que les conversations galantes et enjouées, les distinctions sur les sentiments, les délicatesses qui témoignaient de la *qualité* de l'esprit. Elle tenait sur toutes choses à faire paraître ce qu'elle en avait de plus fin, à se détacher du commun, à briller dans l'élite. Quand elle se crut une personne politique, elle n'était pas fâchée qu'on l'estimât moins sincère, s'imaginant passer pour plus habile. Les petites considérations la décidaient dans les grands moments. Il y avait chimère en elle, fausse gloire, ce que nous bapti-

(1) N'admirez-vous pas la franchise ? Durant la Fronde, le sobriquet de La Rochefoucauld était le camarade *la Franchise :* il l'a mieux justifié depuis.

(2) « Les femmes croient souvent aimer, encore qu'elles n'aiment pas : l'occupation d'une intrigue, l'émotion d'esprit que donne la galanterie, la pente naturelle au plaisir d'être aimées, et la peine de refuser, leur persuadent qu'elles ont de la passion, lorsqu'elles n'ont que de la coquetterie. » (*Maximes.*)

serions aussi *poésie* : elle fut toujours hors du positif. Sa belle-fille (1),
la duchesse de Nemours, qui, elle, n'en sortait pas, Argus peu
bienveillant, mais très-clairvoyant, nous la montre telle dans les *Mémoires* si justes, qu'on voudrait toutefois moins rigoureux. La Rochefoucauld, à sa manière, ne dit pas autre chose, et lui, si bien posé
pour le savoir, il se plaint encore de cette facilité qu'elle avait à être
gouvernée, dont il usa trop et dont il ne resta pas maître : « ..... Ses
« belles qualités étoient moins brillantes, dit-il, à cause d'une tache qui
« ne s'est jamais vue en une princesse de ce mérite, qui est que, bien
« loin de donner la loi à ceux qui avoient une particulière adoration
« pour elle, elle se transformoit si fort dans leurs sentiments qu'elle ne
« reconnoissoit plus les siens propres. » En tout temps, que ce fût M. de
La Rochefoucauld, ou M. de Nemours, ou à Port-Royal M. Singlin, qui
la gouvernât, Mme de Longueville se servit moins de son esprit que de
celui des autres.

M. de La Rochefoucauld, pour la guider dans la politique, n'y était
pas assez ferme lui-même : « Il y eut toujours du je ne sais quoi, dit
« Retz, en tout M. de La Rochefoucauld. » Et dans une page merveilleuse
où l'ancien ennemi s'efface et ne semble plus qu'un malin ami (2), il
développe ce *je ne sais quoi* par l'idée de quelque chose d'irrésolu,
d'insuffisant, d'incomplet dans l'action au milieu de tant de grandes
qualités. « Il n'a jamais été guerrier, quoiqu'il fût très-soldat. Il n'a
« jamais été par lui-même bon courtisan, quoiqu'il eût toujours bonne
« intention de l'être. Il n'a jamais été homme de parti, quoique toute sa
« vie il y ait été engagé. » Et il le renvoie à être le plus honnête homme
dans la vie privée. Sur un seul point j'oserai contredire Retz : il refuse
l'imagination à La Rochefoucauld, qui me semble l'avoir eue grande (3).
Encore une fois, il commença par pratiquer le roman, du temps de
Mme de Chevreuse ; sous la Fronde, il essaya l'histoire, la politique, et la
manqua. La vengeance et le dépit l'y poussaient plus qu'une ambition
sérieuse : de beaux restes de romans venaient à la traverse ; la vie privée

(1) Fille de M. de Longueville, d'un premier lit.

(2) La Rochefoucauld a laissé un portrait de lui par lui-même ; il y tourne ses défauts même à
louange. Retz, dans celui qu'il trace, détourne l'éloge même en malice.

(3) Même comme écrivain, quand il dit : « Le soleil ni la mort ne se peuvent regarder
fixement. »

et sa douce paresse, par où il devait finir, l'appelaient déjà. A peine embarqué dans une affaire, il se montrait impatient d'en sortir : sa pensée essentielle n'était pas là (1). Or, avec la disposition entraînée de Mme de Longueville, qu'on songe à ce qu'elle dut devenir en conduite dès l'instant que ce *je ne sais quoi* de M. de La Rochefoucauld fut son étoile, et autour de cette étoile, comme autant de lunes, ses propres caprices.

Ce serait trop entreprendre que de les suivre; et, à l'égard de M. de La Rochefoucauld, ce serait souvent trop pénible et trop humiliant (2), pour ceux qui l'admirent, que de l'accompagner. Le résultat chez lui vaut mieux que le chemin. Qu'il suffise d'indiquer que, durant la première Fronde et le siége de Paris (1649), son ascendant fut entier sur Mme de Longueville. Lorsque, après l'arrestation des princes, elle s'enfuit en Normandie, puis de là par mer en Hollande, d'où elle gagna Stenay, elle se déshabitua un peu de lui (3). A son retour en France et à la reprise d'armes, on la retrouve gouvernée encore quelque temps par les avis de M. de La Rochefoucauld, qui cette fois les donne meilleurs à mesure qu'il va être plus désintéressé. Elle lui échappe enfin tout à fait (1652), et prête l'oreille à l'aimable duc de Nemours.

M. de Nemours plaisait surtout à Mme de Longueville en ce qu'il lui sacrifiait Mme de Châtillon.

« On a bien de la peine à rompre, quand on ne s'aime plus. » On en était à ce point de difficulté : M. de Nemours le trancha, et M. de La Rochefoucauld saisit avec joie une occasion d'être libre, en faisant l'offensé : « Quand nous sommes las d'aimer, nous sommes bien aises « qu'on nous devienne infidèle pour nous dégager de notre fidélité. »

Il fut donc bien aise, mais non pas sans mélange ni sans des retours amers : « La jalousie, il l'a dit, naît avec l'amour ; mais elle ne meurt pas « toujours avec lui. » Le châtiment de ces sortes de liaisons, c'est qu'on

(1) Matha disait de M. de La Rochefoucauld, « qu'il faisoit tous les matins une brouillerie, et que tous les soirs il travailloit à un rhabillement (c'étoit son mot). »

(2) Ce mot d'*humiliant* ne semblera pas trop fort à ceux qui ont lu sur son compte les *Mémoires* de la duchesse de Nemours, le récit surtout de cette triste scène au Parlement, où il tint Retz entre deux portes, et les propos qu'il y lâcha et qu'il essuya. Oh ! que de sensibles déchirures au noble et galant pourpoint !

(3) « L'absence diminue les médiocres passions et augmente les grandes, comme le vent éteint les bougies et allume le feu. » (*Maximes*.)

souffre également de les porter et de les rompre. Il voulut se venger, et manœuvra si bien, que Mme de Châtillon reconquit M. de Nemours sur Mme de Longueville, et que, en veine de triomphe, elle fit encore perdre à celle-ci le cœur et la confiance du prince de Condé, qu'elle s'attacha également. Entre Mme de Châtillon, M. le Prince et M. de Nemours, La Rochefoucauld, qui était l'âme de cette intrigue, s'applaudissait cruellement. Vue et blessure trois fois aigrissante pour Mme de Longueville !

À peu de temps de là, M. de Nemours fut tué en duel par M. de Beaufort, et (bizarrerie du cœur!) Mme de Longueville le pleura comme si elle l'eût encore possédé. Ses idées de pénitence suivirent de près.

M. de La Rochefoucauld fut puni tout le premier de sa vilaine action ; il reçut, au combat du faubourg Saint-Antoine, cette mousquetade qui lui perça le visage et lui fit perdre les yeux pendant quelque temps. On a cité maintes fois, et avec toutes sortes de variantes, les vers tragiques qu'il tourna et parodia à ce sujet. Ils ne furent sérieux à aucun moment, puisqu'à cette époque il était déjà brouillé avec Mme de Longueville.

> Pour ce cœur inconstant qu'enfin je connois mieux,
> J'ai fait la guerre aux Rois ; j'en ai perdu les yeux !

Chacun est ainsi. Du jour où on ne répond au jeu du sort que par une moquerie de cette devise héroïque de la jeunesse :

> J'ai fait la guerre aux Rois, je l'aurois faite aux Dieux ;

de ce jour-là, plus de tragédie ni d'acte sérieux ; on est entré dans l'ironie profonde.

Ce fut, à lui, le terme de ses actives erreurs. Il a près de quarante ans : la goutte le tient déjà, et le voilà presque aveugle. Il retombe dans la vie privée et s'enfonce dans le fauteuil pour n'en plus sortir. Les amis empressés l'entourent, et Mme de Sablé est aux petits soins. L'honnête homme accompli commence, et le moraliste se déclare.

M. de La Rochefoucauld va nous paraître tout sage, du moment qu'il est tout désintéressé. Ainsi des hommes : sagesse d'un côté, et action de l'autre. Le bon sens est au comble quand on n'a plus qu'à juger ceux qui n'en ont pas.

Le *je ne sais quoi* dont Retz cherchait l'explication en M. de La Rochefoucauld se réduit à ceci, autant que j'ose le préciser : c'est que sa voca-

tion propre consistait à être observateur et écrivain. Ce fut la fin à quoi
lui servit tout le reste. Avec ses diverses qualités essayées de guerrier,
de politique, de courtisan, il n'était dans aucune tout entier; il y avait
toujours un coin essentiel de sa nature qui se dérobait et qui déplaçait
l'équilibre. Sa nature, sans qu'alors il s'en doutât, avait son *arrière-
pensée* dans toutes les entreprises : cette arrière-pensée était d'y réfléchir
quand ce serait passé. Toutes les aventures devaient finir chez lui, non
comme la Fronde par des chansons, mais par des maximes; une moquerie aussi, couverte et grave. Ce qui semblait un débris ramassé par
l'expérience après le naufrage, composa le vrai centre, enfin trouvé, de
sa vie (1).

Un léger signe, très-singulier, me paraît encore indiquer en M. de La
Rochefoucauld cette destination expresse de la nature. Pour un homme
de tant de monde, il avait (Retz nous le dit) un air de honte et de timidité dans la vie civile. Huet (dans ses *Mémoires*) nous le montre comme
tellement embarrassé en public, que, s'il avait eu à parler *d'office* devant
un cercle de six ou sept personnes, le cœur lui aurait failli. L'effroi
de la solennelle harangue l'empêcha toujours d'être de l'Académie française. Nicole était ainsi, et n'aurait pu prêcher ni soutenir une thèse.
Un des traits du moraliste est dans cette observation à la dérobée, dans
cette causerie à mi-voix. Montesquieu dit quelque part que s'il avait été
forcé de vivre en professant, il n'aurait pu. Combien l'on conçoit cela
de moralistes surtout, comme La Rochefoucauld, comme Nicole ou La
Bruyère! Les *Maximes* sont de ces choses qui ne s'enseignent pas : les
réciter devant six personnes, c'est déjà trop. On n'accorde à l'auteur
qu'il a raison, que dans le tête-à-tête. A l'homme en masse, il faut plutôt
du Jean-Jacques ou du La Mennais (2).

(1) C'est en pleine Fronde qu'il lui échappa un mot souvent cité, et qui révélait en lui le futur
auteur des *Maximes*. Pendant les conférences de Bordeaux (octobre 1650), comme il se trouvait avec
M. de Bouillon et le conseiller d'État Lenet dans le carrosse du cardinal Mazarin, celui-ci se mit à
rire en disant : « Qui auroit pu croire, il y a seulement huit jours, que nous serions tous quatre
aujourd'hui dans un même carrosse? » — « *Tout arrive en France*, » repartit le frondeur moraliste ;
et pourtant, remarque M. Bazin, il était loin encore d'avoir vu tout ce qui pouvait y arriver.

(2) M. de La Rochefoucauld n'était pas sans se rendre très-bien compte, sous d'autres noms,
de ces différences. Segrais (en ses *Mémoires-anecdotes*) raconte ceci : « M. de La Rochefoucauld
étoit l'homme du monde le plus poli, qui savoit garder toutes les bienséances, et surtout qui ne se
louoit jamais. M. de Roquelaure et M. de Miossens avoient beaucoup d'esprit, mais ils se louoient

Les *Réflexions ou Sentences et Maximes morales* parurent en 1665. Douze ans s'étaient écoulés depuis la vie aventureuse de M. de La Rochefoucauld et ce coup de feu, sa dernière disgrâce. Dans l'intervalle, il avait écrit ses *Mémoires*, qu'une indiscrétion avait divulgués (1662), et auxquels il dut opposer un de ces désaveux qui ne prouvent rien (1). Une copie des *Maximes* courut également, et s'imprimait en Hollande. Il y para en les faisant publier chez Barbin. Cette première édition, sans nom d'auteur, mais où il est assez désigné, renferme un *Avis au Lecteur* très-digne du livre, un *Discours* qui l'est beaucoup moins, qu'on a attribué à Segrais, qui me semble encore trop fort pour lui, et où l'on répond aux objections déjà courantes avec force citations d'anciens philosophes et de Pères de l'Église. Le petit avis au lecteur y répond bien mieux d'un seul mot : « Il faut prendre garde… , il n'y a rien de plus « propre à établir la vérité de ces *Réflexions* que la chaleur et la subti- « lité que l'on témoignera pour les combattre (2). »

Voltaire, qui a jugé les *Maximes* en quelques lignes légères et charmantes, y dit qu'aucun livre ne contribua davantage à former le goût de la nation : « On lut rapidement ce petit recueil ; il accoutuma à penser « et à renfermer ses pensées dans un tour vif, précis et délicat. C'était un « mérite que personne n'avait eu avant lui, en Europe, depuis la renais-

incessamment : ils avoient un grand parti. M. de La Rochefoucauld disoit en parlant d'eux, bien loin pourtant de sa pensée : « Je me repens de la loi que je me suis imposée de ne me pas louer ; j'aurois « beaucoup plus de sectateurs si je le faisois. Voyez M. de Roquelaure et M. de Miossens, qui parlent « deux heures de suite devant une vingtaine de personnes en se vantant toujours ; il n'y en a que deux « ou trois qui ne peuvent les souffrir, et les dix-sept autres les applaudissent et les regardent comme « des gens qui n'ont point leurs semblables. » Si Roquelaure et Miossens avaient mêlé à leur propre éloge celui de leurs auditeurs, ils se seraient encore mieux fait écouter. Dans un gouvernement constitutionnel, où il faut tout haut se louer quelque peu soi-même (ou en a des exemples) et louer à la fois la majorité des assistants, on voit que M. de La Rochefoucauld n'aurait pu être autre chose que ce qu'il fut de son temps, un moraliste toujours.

(1) Il falloit aller au-devant du mécontentement de M. le Prince pour certains passages où il était touché. Il y avait d'autres mécontentements plus violents de personnages secondaires, qui pourtant n'auraient pas laissé d'embarrasser : on en peut prendre idée par la furieuse colère du duc de Saint-Simon, racontée dans les *Mémoires* de son fils, tome I, p. 91.

(2) Et encore : « Le meilleur parti que le lecteur ait à prendre est de se mettre d'abord dans l'esprit qu'il n'y a aucune de ces maximes qui le regarde en particulier, et qu'il en est seul excepté, bien qu'elles paroissent générales. Après cela, je lui réponds qu'il sera le premier à y souscrire. … » Pourquoi ce malin petit *Avis* ne se trouve-t-il reproduit dans aucune des éditions ordinaires de La Rochefoucauld ? En général, les premières éditions ont une physionomie qui n'est qu'à elles, et apprennent je ne sais quoi sur le dessein de l'auteur, que les autres, augmentées et complétées, ne disent plus. Cela est vrai surtout des premières éditions de La Rochefoucauld et de La Bruyère.

« sance des lettres. » Trois cent seize pensées, formant cent cinquante pages, eurent ce résultat glorieux. En 1665, il y avait neuf ans que les *Provinciales* avaient paru ; les *Pensées* ne devaient être publiées que cinq ans plus tard, et le livre des *Caractères* qu'après vingt-deux ans. Les grands monuments de prose, les éloquents ouvrages oratoires qui consacrent le règne de Louis XIV, ne sortirent que depuis 1669, à commencer par l'Oraison funèbre de la reine d'Angleterre. On était donc, en 1665, au vrai seuil du beau siècle, au premier plan du portique, à l'avant-veille d'*Andromaque* ; l'escalier de Versailles s'inaugurait dans les fêtes : Boileau, accostant Racine, montait les degrés ; La Fontaine en vue s'oubliait encore ; Molière dominait déjà, et le *Tartufe*, achevé dans sa première forme, s'essayait sous le manteau. A ce moment décisif et d'entrain universel, M. de La Rochefoucauld, qui aimait peu les hauts discours, et qui ne croyait que causer, dit son mot ; un grand silence s'était fait ; il se trouva avoir parlé pour tout le monde, et chaque parole demeura.

C'était un misanthrope poli, insinuant, souriant, qui précédait de bien peu et préparait avec charme l'autre *Misanthrope*.

Dans l'histoire de la langue et de la littérature française, La Rochefoucauld vient en date au premier rang après Pascal, et comme en plein Pascal (1), qu'il devance même en tant que pur moraliste. Il a cette netteté et cette concision de tour que Pascal seul, dans ce siècle, a eues avant lui, que La Bruyère ressaisira, que Nicole n'avait pas su garder, et qui sera le cachet propre du XVIIIe siècle, le triomphe perpétuellement aisé de Voltaire.

Si les *Maximes* peuvent sembler, à leur naissance, n'avoir été qu'un délassement, un jeu de société, une sorte de gageure de gens d'esprit qui jouaient aux proverbes, combien elles s'en détachent par le résultat, et prennent un caractère au-dessus de la circonstance ! Saint-Évremond, Bussy, qu'on a comparés à La Rochefoucauld pour l'esprit, la bravoure et les disgrâces, sont aussi des écrivains de qualité et de société ; ils ont de l'agrément parfois, mais je ne sais quoi de corrompu ; ils sentent leur

(1) Celui-ci était mort dès 1662 ; mais la mise en ordre et la publication de ses *Pensées* furent retardées par suite des querelles jansénistes jusqu'à l'époque dite de *la paix de l'Église* (1669). Il résulte de ce retard que La Rochefoucauld ne put rien lui emprunter : tous deux restent parfaitement originaux et collatéraux.

Régence. Le moraliste, chez La Rochefoucauld, est sévère, grand, simple, concis ; il atteint au beau ; il appartient au pur Louis XIV.

On ne peut assez louer La Rochefoucauld d'une chose, c'est qu'en disant beaucoup il n'exprime pas trop. Sa manière, sa forme est toujours honorable pour l'homme, quand le fond l'est si peu.

En correction il est de l'école de Boileau, et, bien avant l'*Art poétique*, quelques-unes de ses maximes ont été refaites plus de trente fois, jusqu'à ce qu'il fût arrivé à l'expression nécessaire. Avec cela il n'y paraît aucun tourment. Ce petit volume, original dans sa primitive ordonnance qui s'est plus tard rompue, offrant ses trois cent quinze pensées si brèves, encadrées entre les considérations générales sur l'*amour-propre* au début, et les réflexions sur le *mépris de la mort* à la fin, me figure encore mieux que les éditions suivantes un tout harmonieux, où chaque détail espacé arrête le regard. Le parfait moderne du genre est là : c'est l'aphorisme aiguisé et poli. Si Racine se peut admirer après Sophocle, on peut lire La Rochefoucauld après Job, Salomon, Hippocrate et Marc-Aurèle.

Tant d'esprits profonds, solides ou délicats, en ont parlé tour à tour, que c'est presque une témérité d'y vouloir ajouter. J'indiquerai, parmi ceux dont j'ai sous la main les notices particulières, Suard, Petitot, M. Vinet, tout récemment M. Géruzez. A peine s'il y a à glaner encore.

Nul n'a mieux traité de la philosophie des *Maximes* que M. Vinet (1). Il est assez de l'avis de Vauvenargues, qui dit : « La Bruyère étoit un « grand peintre, et n'étoit pas peut-être un grand philosophe. Le duc de « La Rochefoucauld étoit philosophe et n'étoit pas peintre. » Quelqu'un a dit en ce même sens : « Chez La Bruyère, la pensée ressemble souvent « à une femme plutôt bien mise que belle : elle a moins de corps que de « tournure. » Mais, sans prétendre diminuer du tout La Bruyère, on a droit de trouver dans La Rochefoucauld un angle d'observation plus ouvert, un coup d'œil plus à fond. Je crois même qu'il eut plus de système et d'unité de principe que M. Vinet ne voudrait lui en reconnaître, et que c'est par là qu'il justifie en plein ce nom de philosophe que l'ingénieux critique lui accorde si expressément. Les *souvent, quelquefois, presque toujours, d'ordinaire*, par lesquels il modère ses conclusions fâ-

____

(1) *Essais de philosophie morale*, 1837.

cheuses, peuvent être pris pour des précautions polies. Tout en mettant le doigt sur le ressort, il faisait semblant de reculer un peu; il lui
suffisait de ne pas lâcher prise. Après tout, la philosophie morale de
La Rochefoucauld n'est pas si opposée à celle de son siècle, et il profita de la rencontre pour oser être franc. Pascal, Molière, Nicole, La
Bruyère ne flattent guère l'homme, j'imagine; les uns disent le mal et
le remède, les autres ne parlent que du mal : voilà toute la différence.
Vauvenargues, qui commença l'un des premiers la réhabilitation, le remarque très-bien : « L'homme, dit-il, est maintenant en disgrâce chez
« tous ceux qui pensent, et c'est à qui le chargera de plus de vices; mais
« peut-être est-il sur le point de se relever et de se faire restituer toutes
« ses vertus... et bien au delà (1). » Jean-Jacques s'est chargé de cet *au
delà*; il l'a poussé si loin, qu'on le pourrait croire épuisé. Mais non; on
ne s'arrête pas en si beau chemin; la veine orgueilleuse court et s'enfle
encore. L'homme est tellement réhabilité de nos jours, qu'on n'oserait
lui dire tout haut ni presque écrire ce qui passait pour des vérités au
xviiᵉ siècle. C'est un trait caractéristique de ce temps-ci. Tel rare esprit
qui, en causant, n'est pas moins ironique qu'un La Rochefoucauld (2),
le même, sitôt qu'il écrit ou parle en public, le prend sur un ton de sentiment et se met à exalter la nature humaine. On proclame à la tribune
le beau et le grand dont on fait des gaietés dans l'embrasure d'une croi-
sée, ou des sacrifices d'un trait de plume autour d'un tapis vert. Le philosophe ne pratique que l'intérêt et ne prêche que l'idée pure (3).

Les *Maximes* de La Rochefoucauld ne contredisent en rien le chris-

(1) Vauvenargues répète cette pensée en deux endroits, presque dans les mêmes termes.

(2) Benjamin Constant, par exemple.

(3) Un descendant de l'auteur des *Maximes*, le duc de La Rochefoucauld, l'ami de Condorcet qui
était son oracle, et nourri de toutes les idées et les illusions du dix-huitième siècle (voir son portrait
au tome III des Œuvres de Rœderer, et au tome I des *Mémoires* de Dampmartin), a écrit une lettre
à Adam Smith (mai 1778) sur les *Maximes* de son aïeul; cette lettre où, tout en cherchant à l'excuser
sur les circonstances où il a vécu, il lui donne tort sur l'ensemble, est d'un homme qui lui-même, à
cette date, n'avait encore vu les hommes que par le meilleur côté. Le duc de La Rochefoucauld fut
depuis victime des journées de septembre 1792, et massacré à Gisors par le peuple, derrière la voiture
de sa mère et de sa femme qui entendaient ses cris. Un philosophe de nos jours qui, s'il n'y prend
garde, conçoit plus vivement qu'il ne raisonne juste, a cru trouver dans tout ceci une réfutation suffisante des *Maximes*, et il s'est écrié : « Admirables représailles exercées par le petit-fils contre les écrits
et la conduite de son grand-père! » Je ne puis rien voir d'admirable en toute cette destinée du duc de
La Rochefoucauld, et, si elle prouvait quelque chose, c'est que son aïeul n'avait pas si tort en définitive
de juger les hommes comme il l'a fait.

tianisme, bien qu'elles s'en passent. Vauvenargues, plus généreux, lui est
bien plus contraire, là même où il n'en parle pas. L'homme de La Rochefoucauld est exactement l'homme déchu, sinon comme l'entendent
François de Sales et Fénelon, du moins comme l'estiment Pascal, Du
Guet et Saint-Cyran. Otez de la morale janséniste la *rédemption*, et vous
avez La Rochefoucauld tout pur. S'il paraît oublier dans l'homme le roi
exilé que Pascal relève, et les restes brisés du diadème, qu'est-ce donc
que cet insatiable orgueil qu'il dénonce, et qui, de ruse ou de force, se
veut l'unique souverain? Mais il se borne à en sourire; et ce n'est pas
tout d'être mortifiant, dit M. Vinet, il faut être utile. Le malheur de
La Rochefoucauld est de croire que les hommes ne se corrigent pas :
« On donne des conseils pense-t-il, mais on n'inspire pas de conduite. »
Lorsqu'il fut question d'un gouverneur pour M. le Dauphin, on songea
un moment à lui : j'ai peine à croire que M. de Montausier, moins aimable et plus doctoral, ne convenait pas mieux.

Les réflexions morales de La Rochefoucauld semblent vraies, exagé-
rées ou fausses, selon l'humeur et la situation de celui qui lit. Elles
ont droit de plaire à quiconque a eu sa Fronde et son coup de feu dans
les yeux. Le célibataire aigri les chérira. L'honnête homme heureux, le
père de famille rattaché à la vie par des liens prudents et sacrés, pour
ne pas les trouver odieuses, a besoin de ne les accepter qu'en les inter-
prétant. Qu'importe si aujourd'hui j'ai paru y croire? demain, ce soir,
la seule vue d'une famille excellente et unie les dissipera. Une mère qui
allaite, une aïeule qu'on vénère, un noble père attendri, des cœurs dévoués et droits, non alambiqués par l'analyse, les fronts hauts des
jeunes hommes, les fronts candides et rougissants des jeunes filles, ces
rappels directs à une nature franche, généreuse et saine, recomposent
une heure vivifiante, et toute subtilité de raisonnement a disparu.

Du temps de La Rochefoucauld et autour de lui, on se faisait les
mêmes objections et les mêmes réponses. Segrais, Huet, lui trouvaient
plus de sagacité que d'équité, et ce dernier même remarquait très-fine-
ment que l'auteur n'avait intenté de certaines accusations à l'homme
que pour ne pas perdre quelque expression ingénieuse et vive dont il les
avait su revêtir (1). Si peu *auteur* qu'on se pique d'être en écrivant, on

(1) *Huetiana*, page 251.

l'est toujours par un coin. Si Balzac et les *académistes* de cette école
n'ont jamais l'idée que par la phrase, La Rochefoucauld lui-même, le
strict penseur, sacrifie au mot. Ses lettres à Mme de Sablé, dans le temps
de la confection des *Maximes*, nous le montrent plein de verve, mais
de préoccupation littéraire aussi; c'était une émulation entre elle et lui,
et M. Esprit, et l'abbé de La Victoire : « Je sais qu'on dîne chez vous
« sans moi, écrivait-il, et que vous faites voir des sentences que je n'ai pas
« faites, dont on ne me veut rien dire... » Et encore, de Verteuil où il était
allé, non loin d'Angoulême : « Je ne sais si vous avez remarqué que l'envie
« de faire des sentences se gagne comme le rhume : il y a ici des dis-
« ciples de M. de Balzac qui en ont eu le vent et qui ne veulent plus faire
« autre chose. » La mode des maximes avait succédé à celle des portraits :
La Bruyère les ressaisit plus tard et les réunit toutes les deux. Les *post-
scriptum* des lettres de La Rochefoucauld sont remplis et assaisonnés de
ces sentences qu'il essaye, qu'il retouche, qu'il retire presque en les ha-
sardant, dont il va peut-être avoir regret, dit-il, dès que le courrier sera
parti : « La honte me prend de vous envoyer des ouvrages, écrit-il à quel-
« qu'un qui vient de perdre un quartier de rentes sur l'Hôtel-de-Ville ;
« tout de bon, si vous les trouvez ridicules, renvoyez-les-moi sans les
« montrer à Mme de Sablé. » Mais on ne manquait pas de les montrer, il
le savait bien. Courant ainsi d'avance, ces pensées excitaient des contradictions, des critiques. On en a une de Mme de Schomberg, cette même
Mlle d'Hautefort, objet d'un chaste amour de Louis XIII, et dont Marsillac, au temps de sa chevalerie première, avait été l'ami et le serviteur
dévoué : « Oh! qui l'auroit cru alors, pouvait-elle lui dire ; et se peut-il
« que vous vous soyez tant gâté depuis? » On leur reprochait aussi de
l'obscurité; Mme de Schomberg ne leur en trouvait pas, et se plaignait
plutôt de trop les comprendre. Mme de Sévigné écrivait à sa fille en lui
envoyant l'édition de 1672 : « Il y en a de divines; et, à ma honte, il y
« en a que je n'entends pas. » Corbinelli les commentait. Mme de Maintenon, à qui elles allaient tout d'abord, écrivait en mars 1666 à Mlle de
Lenclos, à qui elles allaient encore mieux : « Faites, je vous prie, mes
« compliments à M. de La Rochefoucauld, et dites-lui que le livre de
« Job et le livre des *Maximes* sont mes seules lectures (1). »

(1) On peut ajouter à ces hommages et témoignages, au sujet des *Maximes*, la fable de La Fontaine

Le succès, les contradictions et les éloges ne se continrent pas dans les entretiens de société et dans les correspondances; les journaux s'en mêlèrent; quand je dis *journaux*, il faut entendre le *Journal des Savants*, le seul alors fondé, et qui ne l'était que depuis quelques mois. Ceci devient piquant, et j'oserai tout révéler. En feuilletant moi-même les papiers de Mme de Sablé, j'y ai trouvé le premier projet d'article destiné au *Journal des Savants* et de la façon de cette dame spirituelle. Le voici :

C'est un traité des mouvements du cœur de l'homme qu'on peut dire avoir été comme inconnus, avant cette heure, au cœur même qui les produit. Un seigneur aussi grand en esprit qu'en naissance en est l'auteur. Mais ni son esprit ni sa grandeur n'ont pu empêcher qu'on n'en ait fait des jugements bien différents.

Les uns croient que c'est outrager les hommes que d'en faire une si terrible peinture, et que l'auteur n'en a pu prendre l'original qu'en lui-même. Ils disent qu'il est dangereux de mettre de telles pensées au jour, et qu'ayant si bien montré qu'on ne fait les bonnes actions que par de mauvais principes, la plupart du monde croira qu'il est inutile de chercher la vertu, puisqu'il est comme impossible d'en avoir si ce n'est en idée; que c'est enfin renverser la morale, de faire voir que toutes les vertus qu'elle nous enseigne ne sont que des chimères, puisqu'elles n'ont que de mauvaises fins.

Les autres, au contraire, trouvent ce traité fort utile, parce qu'il découvre aux hommes les fausses idées qu'ils ont d'eux-mêmes, et leur fait voir que, sans la religion, ils sont incapables de faire aucun bien; qu'il est toujours bon de se connoître tel qu'on est, quand même il n'y auroit que cet avantage de n'être point trompé dans la connoissance qu'on peut avoir de soi-même.

Quoi qu'il en soit, il y a tant d'esprit dans cet ouvrage et une si grande pénétration pour connoître le véritable état de l'homme, à ne regarder que sa nature, que toutes les personnes de bon sens y trouveront une infinité de choses qu'*ils* (sic) auroient peut-être ignorées toute leur vie, si cet auteur ne les avoit tirées du chaos du cœur de l'homme pour les mettre dans un jour où quasi tout le monde peut les voir et les comprendre sans peine.

En envoyant ce projet d'article à M. de La Rochefoucauld, Mme de Sablé y joignait le petit billet suivant, daté du 18 février 1665 :

Je vous envoie ce que j'ai pu tirer de ma tête pour mettre dans le *Journal des Savants*. J'y ai mis cet endroit qui vous est si sensible...., et je n'ai pas craint de le mettre,

(onzième du livre I), une ode et des moralités de Mme Deshoulières, l'ode de La Motte sur l'*amour-propre*, et la réponse en vers du marquis de Sainte-Aulaire (voir sur ce dernier débat les *Mémoires de Trévoux*, avril et juin 1709).

parce que je suis assurée que vous ne le ferez pas imprimer quand même le reste vous plairoit. Je vous assure aussi que je vous serai plus obligée, si vous en usez comme d'une chose qui seroit à vous, en le corrigeant ou en le jetant au feu, que si vous lui faisiez un honneur qu'il ne mérite pas. Nous autres grands auteurs sommes trop riches pour craindre de rien perdre de nos productions...

Notons bien tout ceci : Mme de Sablé dévote, qui, depuis des années, a pris un logement au faubourg Saint-Jacques, rue de la Bourbe, dans les bâtiments de Port-Royal de Paris ; Mme de Sablé, tout occupée, en ce temps-là même, des persécutions qu'on fait subir à ses amis les religieuses et les solitaires, n'est pas moins très-présente aux soins du monde, aux affaires du bel-esprit ; ces *Maximes*, qu'elle a connues d'avance, qu'elle a fait copier, qu'elle a prêtées sous main à une quantité de personnes et avec toutes sortes de mystères, sur lesquelles elle a ramassé pour l'auteur les divers jugements de la société, elle va les aider dans un journal devant le public, et elle en *travaille* le succès. Et, d'autre part, M. de La Rochefoucauld, qui craint sur toutes choses de faire l'auteur, qui laisse dire de lui, dans le *Discours* en tête de son livre, « qu'il n'auroit pas moins de chagrin de savoir que ses *Maximes* « sont devenues publiques, qu'il en eut lorsque les *Mémoires* qu'on lui « attribue furent imprimés ; » M. de La Rochefoucauld, qui a tant médit de l'homme, va revoir lui-même son éloge pour un journal ; il va ôter juste ce qui lui en déplaît. L'article, en effet, fut inséré dans le *Journal des Savants* du 9 mars ; et, si on le compare avec le projet (1), l'endroit que Mme de Sablé appelait *sensible* y a disparu. Plus rien de ce second paragraphe : « Les uns croient que c'est outrager les hommes, etc. » Après la fin du premier, où il est question des *jugements bien différents* qu'on a faits du livre, on saute tout de suite au troisième, en ces termes : « L'on peut dire néanmoins que ce traité est fort utile, parce qu'il « découvre, etc., etc. » Les autres petits changements ne sont que de style. M. de La Rochefoucauld laissa donc tout subsister, excepté le paragraphe moins agréable. Le premier journal littéraire qui ait paru ne paraissait encore que depuis trois mois, et déjà on y arrangeait soi-

(1) C'est ce que n'a pas fait Petitot, qui a donné, dans sa Notice sur La Rochefoucauld, le projet d'article comme étant l'article même : il n'en a pas tiré parti.

même son article. Les journaux se perfectionnant, l'abbé Prévost et
Walter Scott y écriront le leur tout au long.

La part que Mme de Sablé eut dans la composition et la publication
des *Maximes*, ce rôle d'amie moraliste et un peu littéraire qu'elle
remplit durant ces années essentielles auprès de l'auteur, donnerait ici
le droit de parler d'elle plus à fond, si ce n'était du côté de Port-Royal
qu'il nous convient surtout de l'étudier : esprit charmant, coquet, pourtant solide ; femme rare, malgré des ridicules, à qui Arnauld envoyait le
Discours manuscrit de la *Logique* en lui disant : « Ce ne sont que des
« personnes comme vous que nous voulons en avoir pour juges ; » et à
qui, presque en même temps, M. de La Rochefoucauld écrivait : « Vous
« savez que je ne crois que vous sur de certains chapitres, et surtout
« sur les replis du cœur. » Elle forme comme le vrai lien entre La Rochefoucauld et Nicole.

Je ne dirai qu'un mot de ses *Maximes* à elle, car elles sont imprimées ;
elles peuvent servir à mesurer et à réduire ce qui lui revient dans celles
de son illustre ami. Elle fut conseillère, mais pas autre chose : La
Rochefoucauld reste l'auteur tout entier de son œuvre. Dans les quatre-
vingt-une pensées que je lis sous le nom de Mme de Sablé, j'en pourrais
à peine citer une qui ait du relief et du tour. Le fond en est de morale
chrétienne ou de pure civilité et usage de monde ; mais la forme
surtout fait défaut ; elle est longue, traînante ; rien ne se termine ni ne
se grave. La simple comparaison fait mieux comprendre à quel point
(ce à quoi autrement on ne songe guère) La Rochefoucauld est un
écrivain.

Mme de La Fayette, dont il est très-peu question jusque-là dans la vie
de M. de La Rochefoucauld, y intervient d'une manière intime aussitôt
après les *Maximes* publiées, et s'applique en quelque sorte à les corriger
dans son cœur. Leurs deux existences, dès lors, ne se séparent plus. J'ai
raconté, en parlant d'elle, les douceurs graves et les afflictions tendrement consolées de ces quinze dernières années. La fortune, en même
temps que l'amitié, semblait sourire enfin à M. de La Rochefoucauld ;
il avait la gloire ; la faveur de son heureux fils le relevait à la cour et
même l'y ramenait : il y avait des moments où il ne bougeait de
Versailles, retenu par ce roi dont il avait si peu ménagé l'enfance. Les

joies, les peines de famille le trouvaient incomparable. Sa mère ne mourut qu'en 1672 : « Je l'en ai vu pleurer, écrit Mme de Sévigné, avec « une tendresse qui me le faisoit adorer. » Sa grande douleur, on le sait, fut à ce *coup de grêle* du passage du Rhin. Il y eut un de ses fils tué, et l'autre blessé. Mais le jeune duc de Longueville, qui fut des victimes, né durant la première guerre de Paris, lui était plus cher que tout. Il avait fait son entrée dans le monde vers 1666, à peu près l'année des *Maximes* : le livre chagrin et la jeune espérance, ces deux enfants de la Fronde ! Dans la lettre si connue où elle raconte l'effet de cette mort sur Mme de Longueville, Mme de Sévigné ajoute aussitôt : « Il y a un « homme dans le monde qui n'est guère moins touché ; j'ai dans la tête « que, s'ils s'étoient rencontrés tous deux dans ces premiers moments, et « qu'il n'y eût eu personne avec eux, tous les autres sentiments auroient « fait place à des cris et à des larmes que l'on auroit redoublés de bon « cœur : c'est une vision. »

Jamais mort, au dire de tous les contemporains, n'a peut-être tant fait verser de larmes et de belles larmes que celle-là. Dans sa chambre de l'hôtel Liancourt, à un dessus de porte, M. de La Rochefoucauld avait un portrait du jeune prince. Un jour, peu de temps après la fatale nouvelle, la belle duchesse de Brissac, qui venait en visite, entrant par la porte opposée à celle du portrait, recula tout d'un coup ; puis, après être demeurée un moment comme immobile, elle fit une petite révérence à la compagnie, et sortit sans dire une parole. La seule vue inopinée du portrait avait réveillé toutes ses douleurs, et, n'étant plus maîtresse d'elle-même, elle n'avait pu que se retirer (1).

Dans ses soins et ses conseils autour des gracieuses ardeurs de la princesse de Clèves et de M. de Nemours, M. de La Rochefoucauld songeait sans doute à cette fleur de jeunesse moissonnée, et il retrouvait à son tour à travers une larme quelque chose du portrait non imaginaire. Et même sans cela, le front du moraliste vieilli, qu'on voit se pencher avec amour sur ces êtres romanesques si charmants, est plus fait pour toucher que pour surprendre. Lorsqu'au fond l'esprit est droit et le cœur bon, après bien des efforts dans le goût, on revient au simple ;

(1) Voir tout le récit dans les *Mémoires* de l'abbé Arnauld, à l'année 1672.

après bien des écarts dans la morale, on revient au virginal amour, au moins pour le contempler.

C'est à M{{me}} de Sévigné encore qu'il faut demander le récit de sa dernière maladie et de ses suprêmes moments ; ses douleurs, l'affliction de tous, sa constance : il regarda *fixement* la mort (1). Il mourut le 17 mars 1680, avant ses soixante-sept ans accomplis. C'est Bossuet qui l'assista aux derniers moments, et M. de Bausset en a tiré quelque induction religieuse bien naturelle en pareil cas. M. Vinet semble moins convaincu ; on fera, dit-il, ce qu'on voudra de ces passages de M{{me}} de Sévigné, témoin de ses derniers moments :

Je crains bien pour cette fois que nous ne perdions M. de La Rochefoucauld ; sa fièvre a continué, il reçut hier Notre-Seigneur ; mais son état est une chose digne d'admiration. Il est fort bien disposé pour sa conscience, *voilà qui est fait...* Croyez-moi, ma fille, ce n'est pas inutilement qu'il a fait des réflexions toute sa vie ; il s'est approché de telle sorte de ses derniers moments, qu'ils n'ont rien de nouveau ni d'étranger pour lui.

Il est permis de conclure de ces paroles, ajoute M. Vinet, qu'il mourut, comme on l'a dit plus tard, *avec bienséance.*

Sainte-Beuve.

---

(1) Dans l'ode sérieuse qu'elle lui adresse, M{{me}} Deshoulières, lui parlant de la mort en des termes virils, avait dit :

> Oui, soyez alors plus fermes
> Que ces vulgaires humains
> Qui près de leur dernier terme
> De vaines terreurs sont pleins.
> En sage que rien n'offense,
> Livrez-vous sans résistance
> A d'inévitables traits ;
> Et d'une démarche égale
> Passez cette onde fatale
> Qu'on ne repasse jamais.

MARGUERITE DE LORRAINE

MARGUERITE DE LORRAINE

(1615-1672)

Voici une princesse qui, vivant au milieu de ce XVIIe siècle où non-seulement les femmes de sa naissance, mais les simples dames de qualité brillaient avec tant d'éclat dans les lettres ou la politique, a été d'un esprit nul et d'une insignifiance parfaite : jeune, on vanta sa beauté ; plus tard, son amour de la bonne chère. Elle a passé si obscure, que l'on chercherait en vain son histoire dans les plus volumineuses biographies : aucune n'a daigné lui faire l'aumône de quelques lignes. On la marie, cette princesse si peu bruyante, au plus incapable des princes. Mais, par une dérision de la fortune, ce mariage, qui semblait devoir confondre ces deux obscurités, fut marqué par des événements éclatants : il dut être célébré trois fois en dix ans avant d'être reconnu ; il causa la mort tragique de personnes du plus haut mérite ; enfin il fit perdre à la Lorraine, patrie de cette princesse, son indépendance, en attirant sur elle la colère d'un grand ministre et les forces d'un puissant royaume. Il est vrai que ce royaume était la France, et que ce ministre s'appelait Richelieu.

Marguerite de Lorraine naquit en 1615, à Nancy, de François II duc de Lorraine et de Christine de Salm. L'histoire, qui la connaît à peine pendant les quarante années où elle fut la belle-sœur d'un roi de France, est muette sur ses premières années. On ne commence à

parler d'elle qu'en 1629, lors du premier voyage de Gaston d'Orléans,
frère de Louis XIII, à la cour de Lorraine. Ce prince, d'une méprisable
faiblesse, était destiné aux unions les plus contradictoires. En 1626,
Louis XIII voulait lui faire épouser Marie de Bourbon-Montpensier,
le plus riche parti du royaume. Plutôt que d'accepter, il entra dans
le complot tramé par Chalais et son ancien gouverneur Ornano,
dans le but de renverser le ministre, et s'il le fallait, avec l'aide des
étrangers, d'enfermer le roi et de donner à Gaston le gouvernement,
plus tard le trône. Le complot découvert, Gaston tremblant dénonça
les projets de ses amis et promit de se conformer aux désirs de son
frère. Il semblait qu'on lui fît violence en lui donnant, avec une
épouse riche de 400,000 livres de revenu, de grosses pensions sur
le trésor et l'énorme apanage d'Orléans, de Blois et de Chartres. La
duchesse d'Orléans mourut dès 1627, en donnant le jour à une fille
qui fut l'extravagante mademoiselle de Montpensier. Gaston, excité
par deux nouveaux favoris, Puylaurens et Le Coigneux, voulut alors
épouser la princesse Marie de Mantoue. Cette fois, ce fut Louis XIII
qui se montra contraire à ce mariage : Gaston, feignant de croire sa
liberté menacée, s'enfuit en Lorraine où le duc Charles IV le reçut
avec les démonstrations du plus profond respect.

La cour de France, où Gaston laissait une mère acariâtre, un frère
soupçonneux et valétudinaire, une belle-sœur douicereusement hostile
et un ministre tyrannique, était un séjour assez morose pour un prince
de vingt-deux ans. Aussi fut-il charmé de la cour de Lorraine. Là, rien
qui ressemblât aux tristes hôtes des Tuileries. Ce n'était pas un prince
atrabilaire que le duc Charles IV. N'aimant du pouvoir que les fêtes
et la licence, il se trouva fort ennuyé, quand il fallut peu de temps
après chicaner diplomatiquement avec Richelieu. Alors il se déposséda:
laissant le duché à son frère, il partit pour l'Allemagne avec quelques bandes de coquins, vivant comme les chefs des Grandes Compagnies au xive siècle, pressurant tour à tour l'Allemagne, les Pays-Bas et
la France, les protestants et les catholiques. Cette joyeuse vie, égayée
par des férocités facétieuses, lui plaisait si fort qu'il la mena pendant
quarante ans : né prince souverain, il mourut condottière. Son frère,

Nicolas-François, tout jeune évêque de Toul et cardinal, n'avait rien qui ressemblât au cardinal de France, au cardinal-évêque de Luçon. Lorsque Charles abdiqua en sa faveur, Nicolas-François voulant épouser la princesse Claude, sa cousine germaine, s'accorde à lui même, en sa qualité d'évêque de Toul et vu l'urgence, la dispense des bans, se promet au nom du pape la dispense de consanguinité, fait bénir et consomme son mariage, le tout dans la même soirée. Leur sœur, Henriette, alors princesse de Phalzbourg, se compromit avec le favori de Gaston, Puylaurens, au point de faire mourir son époux de honte et de douleur. Apprenant ensuite que Puylaurens avait quitté sa couleur, « le bleu mourant, » pour porter « le vert galant » de mademoiselle de Chimay, elle courut après lui jusqu'à Bruxelles et voulut le faire assassiner; mais elle se consola bien vite, puisqu'elle compta jusqu'à son quatrième mari. Marguerite, on le voit, était à bonne école pour apprendre la vie d'aventures.

Cependant, bien qu'il fût déjà question de son mariage avec Gaston, ce prince, auquel Richelieu proposait, dans l'espoir de se l'attacher, le gouvernement d'Amboise, le duché de Valois en surcroît d'apanage et 50,000 écus comptant, rentra bientôt à la cour de France. Puis il en partit de nouveau quelque temps après la journée des Dupes. Ses favoris, devenus ses maîtres, ne se trouvaient pas satisfaits d'avoir reçu du ministre, l'un, Puylaurens, le titre de duc et pair avec 300,000 livres; l'autre, Le Coigneux, une charge de président qui en valait 500,000. Ils poussèrent Gaston à une rupture éclatante avec le cardinal; et le triste prince, après avoir fait mine de rébellion à Orléans, levé des soldats, ouvert des intelligences avec l'Espagne, s'enfuit honteusement jusqu'en Lorraine (mars 1631). A Nancy, Monsieur promit d'épouser Marguerite, au grand contentement du duc Charles; car Louis XIII, n'ayant pas d'enfants après quinze ans de mariage, Gaston était l'héritier présomptif de la couronne et Marguerite pouvait être appelée à monter sur le trône de France. Mais si Gaston avait refusé d'abord, en 1626, d'épouser Marie de Montpensier que lui destinait Louis XIII, aujourd'hui c'était Louis XIII qui refusait de consentir au mariage de Gaston avec Marguerite de Lorraine. Il fallait donc l'y contraindre. Pour cela, Gaston

ne craignit pas de déchaîner sur son pays la guerre civile et l'invasion
étrangère. Sa mère, Marie de Médicis, réfugiée depuis peu à Bruxelles,
fut l'ouvrière de cette trame. Il fut convenu que Gaston, levant en Lorraine une puissante armée, entrerait en France par la Champagne;
qu'appuyé des troupes espagnoles venues des Pays-Bas, il renverserait
Richelieu et arracherait son consentement à Louis XIII. En effet, avec
les 100,000 pistoles de la dot de Marguerite et 500,000 florins venus
de Bruxelles, on réunit en quelques semaines 15,000 soldats.

Richelieu ne se laissait pas surprendre. Explication est demandée à
Charles IV de ses armements et des bruits de mariage entre Monsieur
et la princesse Marguerite : Charles désavoue le projet de mariage et
répond que cette armée est levée contre les Suédois alors sur le Rhin;
il lui est alors enjoint de passer le fleuve, autrement « *le roi ira à lui
avec toutes ses troupes pour être de la noce.* » Charles IV signe enfin un
traité solennel d'alliance avec Louis XIII (6 janvier 1632) : entre autres
choses, il jure que le mariage projeté entre sa sœur et le frère du roi
n'aura jamais lieu. Or, ce mariage était secrètement célébré depuis
trois jours à Nancy, à la connaissance de Charles IV, et par les soins
de son frère le cardinal. Cependant comme Louis XIII s'irritait du
séjour prolongé de son frère dans les États de Lorraine, Gaston dut
partir presque aussitôt après son mariage : laissant à Nancy la nouvelle
duchesse d'Orléans qu'il ne pouvait encore déclarer, il s'enfuit à
Bruxelles auprès de Marie de Médicis.

Marguerite demeura à Nancy pendant que Gaston liait des intrigues
avec Wallenstein, avec le duc de Montmorency, gouverneur du Languedoc, et avec la cour d'Espagne. L'incorrigible Charles IV leva de nouvelles troupes, et Gaston vint prendre à Trèves le commandement de
6,000 cavaliers, rebut des armées espagnole, allemande et lorraine. Il ne
passa qu'un jour à Nancy avec sa femme. Cette étrange armée, qui
dévalisait jusqu'aux gens de son général, parvint enfin en Languedoc
où elle fut jointe par Montmorency. On sait les résultats de cette folle
campagne : la défaite des rebelles à Castelnaudary, Montmorency
décapité à Toulouse, enfin Gaston recevant sa grâce à la condition
d'abandonner ses amis et « *de demeurer en tel lieu que le roi aurait*

agréable. » Sa lâcheté n'eut d'égale que son imposture. Interrogé sur
son mariage, il répondit qu'il y avait bien eu des paroles données,
mais que l'exécution en avait été remise au retour de cette campagne.
A peine arrivé à Tours, lieu fixé pour sa résidence, il s'enfuit une troisième fois chez les ennemis de son frère.

Se croyant en sûreté à Bruxelles, Gaston envoya déclarer son mariage
à Louis XIII; par là, il fit perdre à son beau-frère son duché. En effet,
Louis XIII, irrité de la perfidie de Charles IV, marche sur Nancy. C'est
en vain que le duc offre sa soumission, et propose même de remettre
Marguerite entre les mains du roi. Pendant que Nancy se rendait aux
troupes françaises, la duchesse d'Orléans, habillée en homme et le visage
barbouillé de suie, sortait de la ville; elle rejoignait son époux à Namur et
fut reçue avec magnificence par l'infante Claire-Eugénie, souveraine des
Pays-Bas. On ne pouvait plus tenir le mariage secret : aussi fut-il célébré
publiquement par l'archevêque de Malines, et sa validité reconnue par
une délibération solennelle des docteurs de Louvain, « *conformément à
l'opinion de Sanchez et autres casuistes.* » A cette attaque à son autorité, Louis XIII répondit avec vigueur. Le 5 septembre 1634, le parlement de Paris déclara le mariage de Gaston et de Marguerite non-
valablement contracté, comme contraire aux lois du royaume; les ducs
Charles et Nicolas-François de Lorraine criminels de lèse-majesté pour
rapt sur la personne du duc d'Orléans, et attentat contre les lois de la
France, les condamnant à la confiscation de leurs domaines. En effet,
la Lorraine demeura à la France jusqu'en 1697. Charles IV se retira
en Allemagne, Nicolas-François en Italie.

Cependant Gaston s'ennuyait de son exil; il avait de fréquents démêlés avec la reine-mère. Effrayé de la sentence portée contre lui,
menacé même d'être déclaré déchu de ses droits au trône, il fit secrètement sa paix avec son frère, moyennant une somme de 100,000 écus
et son rétablissement dans tous ses biens, pensions et apanages; on y
ajouta même le gouvernement de l'Auvergne, et l'on promit celui du
Bourbonnais et le duché d'Aiguillon à son favori Puylaurens. La
question du mariage fut l'objet d'une convention assez ambiguë dont
la rédaction était plutôt favorable à Gaston. Mais Richelieu passa outre :

Puylaurens avait promis par écrit d'amener Monsieur, sous deux mois, à reconnaître la nullité de son union.

Gaston avait caché son traité à tout le monde, particulièrement à Marguerite. Parti de grand matin de Bruxelles, sous prétexte de chasse, il courut tout le jour à franc étrier. Arrivé le soir à La Capelle, il écrit à sa femme pour l'assurer « *qu'il lui sera partout bon et inviolable mari.* » En effet, après une entrevue de réconciliation avec le roi et le cardinal, il voit arriver une députation de théologiens, conduite par le fameux père Joseph, l'*Éminence grise* : on venait lui démontrer l'invalidité de son mariage, et le presser d'en convenir par une lettre au roi. Refus opiniâtre ; il s'en réfère au jugement de l'Église. En vain, Richelieu presse Puylaurens de tenir sa promesse. Il finit par découvrir que Gaston, avant de quitter Bruxelles, a écrit au pape Urbain VIII de ne tenir aucun compte de tout ce qu'on pourrait lui extorquer relativement à son mariage après son retour en France : le pape, consulté par Louis XIII, soutint que les effets religieux du sacrement étaient indestructibles. Alors on s'adressa au clergé de France. Le 6 juillet 1635, l'assemblée du clergé réunie à Paris déclara, contrairement à l'avis du pape, le mariage nul, les contractants n'ayant pas qualité pour recevoir le sacrement. Gaston se soumit par écrit à cette décision, mais sa soumission n'était pas sincère : il l'avait annulée d'avance par sa lettre au souverain pontife.

Jamais mariage de roman ou de comédie ne fut, on le voit, traversé par plus d'aventures. Marguerite était demeurée à Bruxelles, où Gaston lui envoyait tous les mois 15,000 livres pour les officiers de sa maison, au nombre de soixante-quinze. En janvier 1636, Louis XIII lui interdit cette dépense : la duchesse d'Orléans fut alors forcée de réformer sa maison, et de demander une pension au gouvernement espagnol. D'autres épreuves survinrent. L'armée française, victorieuse à Avein, s'était avancée jusqu'aux portes de Bruxelles ; Marguerite dut s'enfuir dans les murs d'Anvers. L'invasion repoussée, elle revint à Bruxelles, puis à Cambrai, et ne quitta les Pays-Bas qu'en 1643. L'incorrigible Gaston était encore entré dans les complots de Bouillon et de Cinq-Mars ; comme d'ordinaire, il se disculpa en déposant contre ses complices, et méprisé, plus que jamais, se retira obscurément à Blois. La mort de Richelieu (4 décembre 1642) lui rendit quelque espérance. Louis XIII estimait son frère à sa juste valeur, et la naissance si longtemps attendue de deux fils, le Dauphin et le duc d'Anjou, écartait pour jamais Gaston du trône. Le roi put alors sans danger reconnaître son mariage. Il lui permit même de faire venir Madame; mais il exigeait que leur union fût confirmée devant l'archevêque de Paris; c'était surtout une preuve d'obéissance qu'il demandait à son frère. A cette nouvelle, la fière princesse voulait s'en retourner à Bruxelles. « Lorsqu'il y va de l'honneur, » disait-elle, « on ne doit avoir de complaisance pour qui que ce soit. » Elle ne se rendit qu'avec une répugnance incroyable, et n'alla que de mauvaise grâce et tout en pleurs à la cérémonie. Il faut avouer qu'il est humiliant pour une princesse de renouveler pour la troisième fois la cérémonie de son union avec la même personne, quand elle est en droit de se croire mariée depuis plus de dix ans.

Voilà donc Marguerite de Lorraine reconnue enfin duchesse d'Orléans. Mais elle fut peut-être plus heureuse dans son exil de Bruxelles que pendant les trente dernières années de sa vie, au palais du Luxembourg et au château de Blois. Monsieur lui donnait fréquemment l'occasion d'être jalouse; il rendait ses soins à mesdemoiselles de Saint-Mesgrin et de Saujon, filles d'honneur de la duchesse. Comme elles avaient été placées près d'elle par mademoiselle de Montpensier, Marguerite, l'accusant bien à tort d'une coupable connivence, se fit une ennemie de sa terrible belle-fille. De plus, Gaston désirait passionnément un fils, et Madame ne mettait au monde que des princesses. Survint la Fronde. La pauvre Marguerite, qui était toujours dans une chaise, « une vraie cendreuse, » dit Mademoiselle de Montpensier, se trouva fort incommodée des fuites subites, des séjours inattendus dans le château délabré de Saint-Germain, des émeutes de Paris, des furieux combats de la porte Saint-Antoine, du massacre de l'Hôtel-de-Ville. La Fronde tourna mal pour les princes; au retour du roi, Gaston fut exilé à Blois. Madame le rejoignit, se traînant à Orléans pendant l'hiver, revenant à Blois ou à Chambord pendant l'été. Lorsque la cour partit en 1659 pour les Pyrénées, elle passa par Blois, où son séjour causa des désagréments infinis à la malheureuse Marguerite. Elle avait espéré marier l'aînée de ses filles à Louis XIV, et le roi allait épouser Marie-Thérèse. Gaston vantait à toute la cour la grâce à la danse et le babil intarissable de sa seconde fille; l'enfant terrible dansa fort mal et ne voulut jamais parler. On avait préparé un dîner magnifique: mais comme les officiers de bouche de Son Altesse n'étaient plus à la mode, le dîner ne fut pas trouvé bon, et leurs Majestés y firent peu d'honneur; les dames de la cour de Blois, en retard sur la mode comme les cuisiniers, furent la risée de la cour. Enfin, Louis XIV et sa mère « avaient si grande hâte de s'en aller que je n'en vis jamais une pareille, raconte mademoiselle de Montpensier, cela n'avait pas l'air obligeant. » La pauvre duchesse s'en consola, comme elle faisait de toutes choses, en priant Dieu et en mangeant « pour remédier, disait-elle, à ses vapeurs. » Veuve en 1660, elle revint au Luxembourg, non sans avoir de fréquents démêlés avec sa belle-fille, « qui la méprisait beaucoup et la picotait souvent. » Enfin, après avoir marié ses trois filles, mademoiselle d'Orléans à Cosme III, grand-duc de Toscane, mademoiselle d'Alençon au dernier duc de Guise, mademoiselle de Valois à Charles-Emmanuel, duc de Savoie, elle mourut obscurément le 2 mars 1672. L'abandon du monde et la haine de sa belle-fille ne lui manquèrent pas à sa dernière heure. Elle s'était fait porter dans le jardin; Mademoiselle de Montpensier la regarda par la fenêtre jusqu'à ce qu'elle fut bien certaine d'avoir été aperçue et s'en alla à Versailles. Le lendemain, quand elle apprit sa mort, elle supplia le roi de lui permettre de n'aller point à Saint-Denis; elle obtint facilement d'y être représentée par son carrosse. Telle est la déférence qui présida aux derniers devoirs rendus à la pauvre Marguerite de Lorraine; c'est ainsi que cette princesse à laquelle on ne témoigna pendant sa vie que des apparences d'affection, n'obtint, même après sa mort, que les apparences des honneurs auxquels elle avait droit en sa qualité de princesse issue d'une maison souveraine.

CH. PÉRIGOT.

ANNE DE GONZAGUE

(1616-1684)

Charles de Gonzague-Clèves, duc de Mantoue et de Nevers, eut, de son mariage avec Catherine de Lorraine, trois filles : l'aînée, Marie, qu'il préférait aux autres, ou plutôt que son orgueil prétendait élever seule à de hautes destinées dans le monde, fut mariée successivement à deux rois de Pologne, Ladislas-Sigismond et Jean-Casimir. La seconde, Anne, épousa le prince Édouard, comte palatin du Rhin, fils de l'électeur Frédéric, élu roi de Bohême. La troisième, Bénédicte, prit le voile et mourut jeune encore après avoir vécu au pied des autels.

C'est de la seconde de ces princesses dont je voudrais, non pas décrire le caractère — qui l'oserait après Bossuet? — mais rappeler la vie en quelques pages. Cette vie a été romanesque, agitée, mêlée aux péripéties d'une époque célèbre; elle s'est passée dans le bruit et s'est terminée dans le silence. On y retrouve cette admirable antithèse des égarements et du repentir. Bossuet, dans l'admirable oraison funèbre qui est dans toutes les mémoires, a pu tirer de ce spectacle de grands enseignements; il a retracé, avec une autorité imposante, les fautes d'une femme uniquement préoccupée, durant de longues années, des intérêts mondains et des vanités terrestres, et aussi le suprême désaveu que, dans leurs derniers jours, les âmes dévoyées se plaisent parfois à se donner à elles-

mêmes avec une douleur profonde et des élans passionnés vers les joies
impérissables. Anne de Gonzague a connu ces extrêmes : elle a passé du
désordre et de l'incrédulité à la foi la plus vive ; elle a été tour à tour
éprise de la terre et du ciel, mondaine et dédaigneuse du monde,
sceptique et fervente ; elle a mis son bonheur et son orgueil dans les
affaires du siècle, jusqu'au jour où, fatiguée de plaisirs éphémères et
sensiblement touchée de la grâce, elle se donna tout entière à Dieu.

Elle fut placée, dès sa plus tendre enfance, au monastère de Faremoustier, où l'on ne négligea rien pour lui faire goûter la vie du cloître.
Le duc de Mantoue, son père, avait résolu que ses deux dernières filles,
Anne et Bénédicte, serviraient, en quittant le monde, la fortune de leur
sœur aînée. Bénédicte se soumit, mais Anne aperçut bientôt quel était le
plan de son père, et dans son indignation elle résolut de le déjouer. Elle
avait d'ailleurs un esprit aventureux, une imagination ardente, un désir
violent d'agir et de vivre. Empressée de se soustraire à une existence
odieuse, elle s'enfuit de Faremoustier et s'en alla confier, dans le monastère d'Avenai, à sa sœur Bénédicte, sa colère, ses ennuis et ses espérances. Il sembla un moment que la vie monastique allait exercer
sur elle une étrange fascination. Les discours et les exemples de Bénédicte
touchaient cette jeune fille rebelle à la volonté de son père : peut-être
allait-elle accorder à la persuasion ce qu'elle avait refusé à la violence.
Mais sa destinée l'appelait ailleurs : les événements la jetèrent dans une
autre voie ; sa vocation imparfaite céda vite à leur action. Elle eût été
travaillée, dans la solitude du cloître, par ce mystérieux besoin de luttes
et de passions humaines que les épreuves seules peuvent éteindre dans
certaines âmes : il fallait qu'elle vît le monde, qu'elle en subît les décep-
tions et qu'elle en fût lassée, pour désirer le repos et pour être digne
d'aimer le silence.

Le duc de Mantoue mourut en 1657. Anne dut sortir d'Avenai pour
les affaires de la succession paternelle, et parut à la cour avec Marie, sa
sœur aînée : le monde l'avait saisie et ne devait la rendre à la solitude
que bien des années plus tard. En même temps elle perdit sa sœur
Bénédicte, et le dernier lien qui l'attachait à la vie claustrale se trouva
rompu par cette mort. Une vive passion devait achever de la détour-

ner de cette voie. Le jeune Henri de Guise était alors l'un des plus brillants gentilshommes de la cour : petit-fils du Balafré, sa haute origine avait fixé sur lui tous les regards, en même temps que son imagination impétueuse, ses profusions, toutes les folies aristocratiques du jour, duels fameux, amours romanesques, fantaisies, aventures et élégances de grand seigneur, avaient fait de lui l'homme à la mode et le héros de toutes les fêtes. Il fut séduit par la grâce et la beauté d'Anne de Gonzague, et elle-même, au milieu de cette cour galante qui dissimulait une dépravation réelle sous l'ingénieuse subtilité des expressions, elle-même, disciple de cet hôtel de Rambouillet où les questions de sentiment étaient discutées, étudiées, analysées sans cesse, ne sut pas résister aux paroles dorées d'un amant jeune, beau, passionné : elle lui laissa voir qu'elle l'aimait. Il lui signa une promesse de mariage, et cette aventure paraissait marcher vers un dénoûment heureux, quand le duc de Guise brusquement changea d'avis. Il ne tint pas grand compte de sa promesse écrite : quelle est — en de telles questions — la valeur d'une signature que le cœur désavoue? Triste billet dont le créancier lui-même aurait honte de réclamer l'acquittement, et dont rien au monde ne saurait contraindre le débiteur. Ainsi fut-il de celui-ci : Anne de Gonzague, extrêmement compromise et qui, sous un déguisement, avait suivi le duc de Guise à Besançon, y fut bel et bien abandonnée par cet amant volage, dont elle-même découvrit les infidélités. Sa douleur fut vive : sans parler de l'amour, il est certain que la renommée avait publié cette aventure, et quelque soin qu'on prît pour en étouffer le bruit, on ne put y parvenir.

Heureusement pour Anne de Gonzague, elle avait, comme dit madame de Motteville, « de la beauté et de grands charmes dans l'esprit. » Elle avait surtout assez d'adresse pour s'attirer encore bien de l'estime, en dépit de ses erreurs, en un temps où l'on était assez peu scrupuleux pour de telles faiblesses. Après quelques années, durant lesquelles elle eut soin d'éviter un nouveau scandale, quelle qu'ait été sa conduite cachée, elle fit un assez beau mariage. Son mari, plus âgé qu'elle de deux ans seulement, était le prince Édouard, comte palatin du Rhin, fils d'un roi sans royaume, l'électeur Frédéric, élu roi de Bohême en 1619, mais qui avait

perdu sa couronne en 1620, à la bataille de Prague. Le prince Édouard
n'avait donc aucune souveraineté et vivait à la cour de France. Anne de
Gonzague se trouva définitivement fixée à Paris, et il faut bien dire
qu'elle ne donna pas lieu à Henri de Guise de regretter son manque de
foi. Les dérèglements de la princesse palatine furent célèbres, et assurément Bossuet, dans l'oraison funèbre qu'il prononça, bien des années
plus tard, en présence d'une des filles et du gendre d'Anne de Gonzague,
fait des prodiges d'éloquence, use de toutes les ressources oratoires, de
tous les artifices de la parole et de toute l'élasticité des termes vagues,
pour parler de cette période sans violer les convenances, sans déguiser
la vérité connue de tous, sans dépasser, soit dans le blâme, soit dans
la flatterie, les limites posées par le bon goût à l'orateur sacré pro-
nonçant le panégyrique de gens qui parfois ne le méritent guère.

Au milieu de cette vie désordonnée, Anne de Gonzague devint veuve
et, Bossuet le déclare, elle fut loin d'être une de ces veuves pieuses,
ensevelies dans leur douleur et comprenant bien « le deuil éternel qui
« fait le soutien comme la gloire de leur état. » Elle demeura souve-
rainement frivole et mondaine, unissant à la morale la plus relâchée
le scepticisme religieux le plus absolu. On savait que, par un effet de
cette redoutable logique qui est déjà un châtiment, elle avait mis ses
doctrines en harmonie avec sa conduite, et refusait de reconnaître une
religion qui la condamnait. Bossuet le dit avec précision : « Le Saint-
« Esprit irrité se retire, les ténèbres s'épaississent, la foi s'éteint. »
Cependant la princesse palatine réussissait dans ses entreprises : elle avait
augmenté sa fortune par la vente heureuse du duché de Rethelois ; elle
avait marié deux de ses filles, l'une au fils du grand Condé, l'autre au
duc de Brunswick ; enfin elle s'était acquis, durant la Fronde, une rare
renommée de prudence, d'adresse, d'éloquence et même de loyauté.

Pendant ces années orageuses, en effet, elle se trouva, par ses talents
diplomatiques, apparaître au premier rang. On sent quelle devait être,
non pas dans la première Fronde, toute parlementaire, mais dans la
seconde, tout aristocratique, dans la Fronde des princes, l'influence
d'un esprit de femme à la fois brillant et subtil. C'était alors que madame
de Chevreuse, madame de Montbazon, madame de Longueville, made-

moiselle de Montpensier, déployaient sur la scène politique les ressources de leur finesse, de leur dissimulation ou de leur courage. La Palatine ne demeura pas au-dessous de ces aventureuses héroïnes. Au milieu de ces intrigues, de ces ambitions puériles, de ces tours et détours, perfidies, séductions, manéges, promesses, de toutes ces négociations où Mazarin apporte sa ruse italienne, la reine ses impatiences féminines et sa dissimulation espagnole, Gondi son génie de conspirateur artiste, Condé son orgueil de prince et de victorieux, Anne de Gonzague manie les affaires politiques avec une rare souplesse, ménageant les amours-propres ombrageux, les ambitions impatientes, les rivalités hautaines, servant d'intermédiaire avec un remarquable esprit de conciliation, amie des divers chefs de parti et méritant la confiance de tous.

Il serait trop long de raconter ici ses démarches, de rappeler ses discours, ses entretiens, ses lettres multipliées : il faudrait se jeter dans l'histoire de la Fronde, et ce sujet n'est pas le nôtre. Il suffit de dire qu'elle obtint l'estime de tous les partis en un temps où les partis se haïssaient et surtout se défiaient étrangement les uns des autres, et qu'elle manifesta une habileté, un tact que le cardinal de Retz, — un bon juge en ces matières, — ne craint pas de louer avec enthousiasme : « Je ne crois pas, dit-il, que la reine Élisabeth d'Angleterre ait eu plus « de capacité pour conduire un État. Je l'ai vue dans la faction, je l'ai vue « dans le cabinet, et je lui ai trouvé partout également de la sincérité. » Voilà un bel éloge, un peu forcé peut-être. Madame de Motteville, qui admire aussi extrêmement la Palatine, se rapproche plus de la vérité : « Cette princesse, dit-elle, semblable à beaucoup d'autres dames, ne « haïssait pas les conquêtes de ses yeux, qui étaient en effet fort beaux ; « mais outre cet avantage, elle avait ce qui valait mieux, je veux dire « de l'esprit, de l'adresse, de la capacité pour conduire une intrigue, « et une grande facilité à trouver un expédient pour parvenir à ce « qu'elle entreprenait. » C'est ainsi que parlent d'elle et le coadjuteur et la cour. Le parti parlementaire, par l'organe du conseiller Joly, confirme ce panégyrique : « Elle avait tant d'esprit et un talent si particulier pour « les affaires que personne au monde n'y réussissait mieux qu'elle. » La dextérité politique ne saurait donc être contestée à la princesse

Palatine : les témoignages des camps les plus opposés sont ici d'accord, et il est certain que, sans rien exagérer, on peut dire que nul, à cette époque, excepté Mazarin, ne connut mieux les ressources de la diplomatie.

Ce fut surtout après l'arrestation des princes que son zèle et son esprit eurent occasion de se manifester. Madame de Longueville se trouvait précisément chez Anne de Gonzague quand elle apprit que ses deux frères et son mari étaient prisonniers. Cette nouvelle la fit évanouir ; puis son désespoir fut grand. La princesse Palatine en fut touchée et lui promit de travailler en faveur des princes : elle devint dès lors, sans entrer dans un parti et surtout sans manquer à ses devoirs vis-à-vis d'une souveraine qu'elle aimait, elle devint l'une des plus actives amies des prisonniers. On s'assemblait chez elle pour délibérer sur cette importante affaire, et, pour arriver à ses fins, elle sut mettre en jeu de nombreux ressorts. Elle commença par intéresser à la destinée des princes ceux-là mêmes qui en devaient paraître les plus irréconciliables ennemis. Bien que cette œuvre fût difficile à accomplir, elle réunit, comme en un faisceau, dans une seule volonté, des personnages séparés sur d'autres points et surpris peut-être de poursuivre le même but, car aucun d'eux ne connaissait les motifs qui faisaient agir les autres. Elle avait cherché, dit madame de Motteville, « des intérêts considérables « capables de toucher chacun en particulier, » et Bossuet, outrant ici un peu la louange, ajoute : « Elle déclarait aux chefs des partis jusqu'où elle « pouvait s'engager, et on la croyait incapable ni de tromper ni d'être « trompée. » C'est beaucoup dire, car si elle aida en effet au retour des princes, aucune des promesses qu'elle avait faites—très-sincèrement, j'aime à le croire—ne se trouva réalisée. Mais, dit encore Bossuet, et cette fois avec plus d'exactitude, « son caractère particulier était de « concilier les intérêts opposés, et en s'élevant au-dessus, de trouver « le secret endroit et comme le nœud par où on les peut réunir. » Elle avait résolu de gagner le duc d'Orléans, madame de Chevreuse, Gondi et le garde des sceaux Châteauneuf : elle signa donc avec eux quatre traités particuliers ; elle promit au duc d'Orléans le mariage du jeune duc d'Enghien avec une des filles de ce prince ; à madame de Chevreuse, celui de mademoiselle de Chevreuse avec le prince de Conti ; à Gondi, le chapeau de cardinal ; à Châteauneuf, le poste de premier ministre. Tous consentirent à favoriser les desseins de la princesse, et Mazarin, qu'elle n'avait pu convaincre, se trouva entouré d'ennemis dont l'union était redoutable. Le ministre faisait allusion aux craintes qu'il ressentit alors quand il disait plus tard à don Louis de Haro : « L'homme le plus « turbulent ne nous donne pas tant de peine à contenir que nous en « procurent par leurs intrigues une duchesse de Chevreuse ou une « princesse Palatine. » Il essaya vainement, selon sa coutume, de temporiser encore. Anne de Gonzague, qui avait apprêté toutes ses batteries, voulut l'effrayer par la perspective d'un sombre avenir : « elle lui « fit dire qu'il étoit perdu s'il ne se résolvoit de mettre les princes en « liberté, l'assurant que s'il ne le fesoit promptement il verroit, dans peu « de jours, toute la cour et toutes les cabales liées contre lui, et que toute « assistance lui manqueroit. » Mazarin, obstiné dans son opinion, et ne pouvant croire qu'elle eût assez bien joué son jeu pour tenir en main les fils de tant d'intrigues, la pria de différer, demanda réflexion et se conduisit de telle sorte enfin que cette princesse vit clairement qu'il ne cherchait rien qu'à gagner du temps. Elle n'hésita donc plus à laisser agir les impatients qui s'agitaient alentour d'elle. Les affaires du cardinal s'embrouillèrent de plus en plus : les frondeurs, le Parlement, les amis des princes avaient fait rage contre lui et si mal disposé les esprits, qu'il ne se vit plus d'autre ressource qu'une prompte fuite. Il partit une nuit pour Saint-Germain, d'où il écrivit à la Palatine qu'il allait délivrer les princes. Il tint parole ; mais les choses en étaient venues à un tel point que cette concession même était inutile ; et ne se croyant plus en sûreté, il quitta le royaume, sachant bien du reste qu'il emportait la confiance de la reine, qu'il gouvernerait la France du fond de son exil, que rien de grave ne se déciderait sans son aveu, et que des temps meilleurs amèneraient infailliblement son retour.

C'est ici qu'éclata dans sa pleine lumière la duplicité des négociateurs, et qu'on vit combien il fallait faire peu de fonds sur des promesses intéressées. Aucun des mariages projetés dans les écrits signés par Anne de Gonzague ne put avoir lieu. Le duc d'Enghien n'épousa point la

fille du duc d'Orléans, Conti n'épousa point mademoiselle de Chevreuse,
Gondi n'eut point le chapeau par cette voie, et il fallut bien que Châteauneuf perdît l'espoir d'être jamais premier ministre. Les princes,
il est vrai, à leur retour, allèrent rendre visite à la Palatine ; c'était bien
le moins, après « les grandes choses qu'elle avait faites pour eux ; » mais
ils ne se préoccupèrent point de remplir les promesses qu'elle avait
risquées en leur nom et de dégager sa parole. Elle ne leur en garda
point rancune, et connaissait trop bien les cours pour s'étonner d'y
trouver peu de bonne foi. D'ailleurs, en tout ceci, elle-même n'était pas
en jeu personnellement ; elle montra seulement un assez vif chagrin
quand elle se vit refuser par le prince de Condé la surintendance des
finances, qu'elle entendait donner au marquis de la Vieuville. Le fils
de ce personnage, dit madame de Motteville (peut-être avec un peu de
malice), « était de ses intimes, » et « elle prétendait devenir riche par
« leur moyen. » Quel mot, et comme il est sanglant ! De telles espérances
n'honorent guère la mémoire de la Palatine ; quoi ! devenir riche, et
comment ? au moyen du ministère des finances. C'est dire assez par
quelle voie. Cependant madame de Motteville dit cela sans s'indigner.
A quoi bon, en effet ? On ne s'en faisait guère scrupule ; les coffres de
l'État n'étaient pas fermés alors par de très-fortes serrures, et combien
de fois des mains avides en avaient-elles dilapidé les maigres ressources !
Tout cela dura jusqu'à Fouquet, qui paya pour tous.

La princesse Palatine vécut longtemps encore au milieu de ces troubles politiques et de ces manéges de diplomatie : chez elle avaient lieu
de nombreuses conférences ; elle manœuvrait dans ce dédale et s'y
plaisait. Elle traita avec tous les négociateurs de ce temps-là, les Servien,
les de Lyonne, les Le Tellier, les Ondedei, l'abbé Fouquet : tantôt elle
agissait pour réconcilier Condé avec Anne d'Autriche, tantôt pour
réunir le duc d'Orléans et Condé, ou bien la reine et madame de Longueville. Elle échoua souvent dans ces tentatives, et pendant ce temps,
Mazarin, plus habile, conduisant, de la frontière, de puissants ressorts,
et promettant monts et merveilles, reparaissait à l'horizon. Il gagnait
l'un après l'autre ses ennemis par ses agents secrets : tantôt c'était
Châteauneuf ; tantôt c'était Gondi qu'il fit bel et bien faire cardinal ;

tantôt c'était madame de Chevreuse. Il avait affirmé à la princesse Palatine qu'il lui donnerait un jour la place de surintendante dans la maison de la jeune reine : il la lui donna en effet, mais à condition de la rendre deux mois plus tard à la comtesse de Soissons, ce qu'elle fit, bien qu'elle en eût ; puis elle s'éloigna de la cour, un peu désabusée sans doute des hommes et des choses, si tant est qu'elle ait jamais eu de grandes illusions.

Cependant les années s'écoulaient, Mazarin mourut. Le temps des intrigues de cour était fini : les personnages qui avaient été mêlés à ce mouvement de la Fronde, si menaçant dans le fond et si puéril dans la forme, si insignifiant comme fait isolé et si redoutable comme symptôme, paraissaient entourés de cette vétusté que le changement de circonstances plus que la fuite du temps impose aux hommes et aux idées. Tout cela était passé de mode. Le règne de Louis XIV était dans tout son éclat. D'ailleurs la princesse Palatine avait vieilli ; elle avait marié ses filles : elle vécut dans la retraite. Ce fut là qu'une conversion rapide, imprévue, passionnée, vint la surprendre. Il faut écouter Bossuet, qui l'expose dans l'oraison funèbre de la princesse : son éloquence triomphe à raconter les merveilles qui s'accomplissent tout à coup dans les âmes. Il nous a dit ce changement soudain avec une joie d'apôtre et une incomparable majesté : c'est bien là un sujet digne de lui, l'historien des coups de foudre. Il est hors enfin de cette vie dont il était si difficile de faire l'éloge, il n'a plus à entraver le flot de sa parole de ces précautions oratoires pénibles à son impétueux génie. Il célèbre une conquête de la grâce et avec les accents les plus touchants et avec les expressions les plus fortes : c'est l'hymne d'une conversion illustre chanté par la plus noble voix qui fut jamais.

Je suis de ceux qui admirent ces brusques révolutions des âmes, quelque puériles qu'en paraissent les causes. Peu importe par quel moyen la foi pénètre dans les esprits, pourvu qu'elle y pénètre. Qu'il y ait ou non miracle et intervention directe du ciel dans ces revirements de la conscience troublée et subjuguée, c'est là une considération secondaire : le fait grave, après tout, et digne de fixer les regards de l'historien et du philosophe, je le vois dans cette élévation mystérieuse du cœur

vers les choses éternelles. Bossuet raconte avec un art inimitable les
deux songes de la princesse Palatine ; les simples anecdotes sont drama-
tisées, poétisées, j'oserais presque dire sanctifiées en passant sur ses
lèvres. Mais en somme, qu'Anne de Gonzague ait vu ou qu'elle ait cru
voir ce mendiant mystique et ces animaux symboliques au milieu de son
sommeil, la vérité est qu'elle fut touchée, agitée, ébranlée, vaincue ; une
foi ardente, un invincible désir de prière et de pénitence ont bouleversé
cette âme rebelle : elle retrouve les élans de ses premières années ; elle
sent battre, au nom du Maître divin, ce cœur qui a trop souvent battu
pour les créatures ; son scepticisme s'évanouit ; elle n'a plus d'autre ambition que de conquérir le ciel, et des larmes saintes ont obscurci ces
yeux où il semblait que la source de telles larmes fût tarie pour toujours.
C'en est fait, une grande chose s'est accomplie, quelle qu'en ait été la
cause : une âme que l'incrédulité avait glacée devient fervente devant
Dieu. Anne de Gonzague ne craint pas de laisser voir son repentir ; elle
veut que la publicité de sa pénitence fasse oublier, s'il est possible, les
scandales de sa vie passée. Sa conscience devint délicate jusqu'au scrupule : « Plus elle était clairvoyante, dit Bossuet, plus elle était tour-
« mentée. » Elle se consacra désormais toute à la charité et à la prière ;
elle devint aussi humble qu'elle avait été superbe ; elle aima la vie cachée
autant qu'elle avait aimé la gloire mondaine ; elle fut aussi sincèrement
chrétienne qu'elle avait été incrédule. Pendant douze années cette éclatante confession de la foi ne se démentit pas un seul jour. « Tout devint
« pauvre dans sa maison et sur sa personne, dit son illustre panégyriste :
« elle voyait disparaître avec une joie sensible les restes des pompes du
« monde, et l'aumône lui apprenait à se retrancher tous les jours quelque
« chose de nouveau... Une personne si sensible et si délicate a souffert,
« douze ans entiers, et presque sans intervalle, ou les plus vives dou-
« leurs, ou des langueurs qui épuisaient le corps et l'esprit ; et cepen-
« dant, durant tout ce temps, et dans les tourments inouïs de sa
« dernière maladie, où ses maux s'augmentèrent jusqu'aux derniers
« excès, elle n'a eu à se repentir que d'avoir une seule fois sou-
« haité une mort plus douce ; encore réprima-t-elle ce faible désir
« en disant aussitôt après avec Jésus-Christ la prière du sacré mystère

« du jardin : « Mon Père, que votre volonté soit faite et non pas la
« mienne ! »

Ce spectacle est digne d'émouvoir. Ainsi la Palatine rachetait ses
erreurs passées. Elle voulut écrire elle-même l'histoire de sa conversion
et l'adressa au célèbre Rancé, abbé de la Trappe : c'est de ce récit que
Bossuet a tiré le sien. Quelques années auparavant, avec cet esprit
élégant et formé que le commerce de tant d'intelligences supérieures
avait élevé encore, elle avait écrit, comme si elle eût pressenti qu'elle ne
devait pas désespérer de son avenir spirituel, un bref mais charmant
panégyrique de l'espérance. C'est Bussy-Rabutin qui nous a conservé ce
morceau dans une de ses lettres. « Je n'ai de ma vie, dit-il avec un peu
« trop d'enthousiasme sans doute, rien vu de mieux écrit, ni plus déli-
« catement. » Il est vrai que c'est là une inspiration heureuse et un
passage capable de plaire aux esprits difficiles : « Il est permis, dit-elle,
« de mesurer son espérance à son courage ; il est beau de la soutenir
« malgré les difficultés, mais il n'est pas moins glorieux d'en souffrir la
« ruine entière avec le même cœur qui avait osé la concevoir. » Ce sont là
de nobles paroles et qui révèlent une âme vigoureuse. La fin de la princesse
Palatine (1684) fit bien voir qu'elle n'avait pas, pour le seul plaisir de
faire montre d'esprit, vanté les délices des saintes espérances. « Prête
« à rendre l'âme, dit Bossuet, on entendit qu'elle disait d'une voix
« mourante : Je m'en vais voir comment Dieu me traitera, mais j'espère
« en ses miséricordes. » Tel fut le dénoûment de cette vie dont la piété
a illuminé les dernières années ; telle fut la mort de cette princesse qui,
après avoir marqué parmi les femmes de son temps par sa beauté, par
son esprit, par ses fautes et enfin par sa pénitence, eut la rare bonne
fortune d'être louée par le plus illustre des historiens, des prêtres et des
auteurs du grand siècle.

CHARLES DE MOÜY.

NINON DE L'ENCLOS[1]

(1616-1705)

La prière du soir de Ninon de l'Enclos était un chef-d'œuvre de concision. « Tous les soirs, écrit-elle à son vieil ami Saint-Évremond, je rends grâces à Dieu de mon esprit ; » sa prière du matin n'était pas moins éloquente, « et je le remercie tous les matins de me préserver des sottises de mon cœur. »

Rien ne saurait la mieux peindre et d'un trait plus fidèle que ces deux lignes de sa correspondance authentique. N'y voyez aucune jactance ; il faut croire sur parole une femme qui ne se donnait pas la peine de mentir. Elle était ce qu'elle disait être, aussi libre de cœur que d'esprit, et si naturellement sceptique que, loin d'établir avec ostentation son scepticisme, elle le portait avec une douceur singulière et une simplicité décevante. On subissait le charme de sa grâce, on était gagné à la finesse de son sourire et à l'inaltérable harmonie de sa personne, avant de comprendre l'effronterie placide de sa pensée.

D'ailleurs rien dans ses débuts n'avait annoncé le bruyant avenir qu'elle se donna, ni sa naissance, ni sa fortune, ni même sa beauté. Bien qu'elle sortît d'une bonne famille et possédât une certaine aisance,

[1] Nᵒ 28 de la *Notice des Dessins, Peintures, Émaux et Terres cuites émaillées*, exposés au Musée Royal, dans la Galerie d'Apollon, Paris, C. Ballard, 1820.

elle ne pouvait marcher de pair avec les reines de la mode. Elle était plus agréable que belle ; il y avait même chez elle, quand rien ne l'animait, je ne sais quoi de viril qui lui faisait dire : « J'ai toujours eu la mine grave. » Examinez ses portraits ; le teint vif, les lèvres un peu saillantes et colorées, les yeux noirs et franchement ouverts, le regard direct, les sourcils noirs, accusés et séparés avec une précision énergique, le nez modelé hardiment, elle respire la beauté mâle et sans rêverie d'un adolescent qui se porte bien ; son ferme embonpoint, sa mise simple, la froideur, l'espèce d'indolence de son attitude achevaient de lui ravir la frêle et poétique délicatesse des jeunes filles, et je la conçois sans peine sous le costume de jeune seigneur qu'elle porta plus tard quand elle se mit à la poursuite de Villars ou quand elle prit les habits de Navailles.

Au premier abord on ne devinait donc jamais chez cette femme la puissance de séduction dont elle a donné tant de preuves. Mais à peine s'approchait-on, à peine un rayon d'esprit tombait-il sur cette statue de Memnon, qu'elle devenait mélodieuse. Elle se transfigurait, son visage contractait une expression, un éclat, une douceur irrésistibles. Le regard s'emplissait tour à tour d'une passion d'esprit ou d'une vivacité de tendresse que tempérait à demi le voile de ses longues paupières ; sa physionomie s'éclairait d'un feu de malice provoquante et de gaieté facile ; tout en elle, ses lèvres qui s'entr'ouvraient spirituellement, ses dents entrevues alors, blanches et bien rangées, et jusqu'à la fossette du menton, tout riait, tout vivait, tout donnait à sa belle humeur une grâce harmonieuse. Comme si l'âme, en se réveillant, se fût répandue soudain dans les moindres de ses traits, cette « mine grave, » cette figure résolue n'était plus qu'un long sourire. On lui découvrait mille avantages qu'on n'avait pas aperçus, on remarquait les contours délicats de ses épaules, l'aisance de sa taille assez grande et bien prise, la liberté souple de ses mouvements. Enfin la fraîcheur sévère de son costume révélait les élégances inconnues de son goût discret, et Ninon était belle.

Les femmes qui l'avaient connue depuis l'enfance, mais non sous cet aspect, ne soupçonnèrent même pas le rôle qu'elle devait jouer plus tard. Quand on introduisit de très-bonne heure Anne de L'Enclos dans les cercles brillants du Marais, c'était une enfant de treize ou quatorze ans qui jouait du luth à ravir, dansait bien la sarabande et montrait déjà dans ses reparties de l'esprit naturel. Mais cette débutante ne fit qu'une apparition. Sa mère étant morte, elle se jeta dans un couvent sans qu'on y prît garde.

Ce fut un an plus tard, en 1631, quand son père mourut aussi, qu'elle fit son premier pas dans le monde. Elle avait quinze ans ; elle se trouvait orpheline, libre et maîtresse d'un petit patrimoine. Aussitôt elle quitta le couvent, plaça son bien à fonds perdus et vint se présenter dans la société qu'elle avait connue chez la princesse de Guémenée, la duchesse de Rohan, la maréchale de Bassompierre. Bien accueillie, il ne tint qu'à elle de devenir une des précieuses du temps et de se marier, car le monde n'avait rien aperçu de ses premières intrigues de pensionnaire, personne ne se doutait de la précocité de ses inclinations ; on ignorait que déjà un capitaine des chevau-légers, Saint-Étienne, puis le chevalier Raré, cavalier de haute mine, avaient séduit la jeune fille et qu'elle ne s'en repentait pas.

Anne de L'Enclos prisait moins le mariage que la galanterie ; ses premières fredaines le prouvaient ; une fois émancipée elle s'enhardit tous les jours dans son opinion. Elle s'accorda, sans bruit mais sans scrupule, une liberté que la société française, dans son inconséquence, tolère plutôt chez les femmes que chez les jeunes filles. Bientôt le vide se fit autour d'elle, ses relations se réduisirent ; elle se rapprocha des amies qui n'avaient rien à ménager, de la comtesse de La Suze et de Marion Delorme. Bientôt nul secret ne la préserva ; sa liaison avec l'élégant et spirituel Coligny, marquis d'Andelot, et plus tard duc de Châtillon, donna un éclat inattendu à ses aventures ; après lui ce fut Miossens, le futur duc d'Albret, qui ajouta au bruit de ses amours un faste nouveau, ce fut le duc d'Enghien, le grand Condé qui illustra les fautes de la jeune fille.

> Le jeune duc qui gagnait des batailles,
> Qui sut couvrir de tant de funérailles

> Les champs fameux de Nordlingue et Rocroi,
> Qui sut remplir nos ennemis d'effroi,
> Las de fournir des sujets à l'histoire,
> Voulant jouir quelquefois de sa gloire,
> De fier et grand rendu civil et doux,
> Ce même duc allait souper chez vous...

Ainsi parle Saint-Évremond à la vierge folle qui n'est déjà plus Anne de L'Enclos, mais Ninon, la dangereuse Ninon, la sirène redoutable aux familles, le scandale à la mode, la reine libre de la jeunesse titrée. Elle jette au vent les préjugés, elle prodigue au libre plaisir ses jours, ses nuits et sa vie entière, dont elle se soucie peu. Ah! certes, si au milieu de cet étourdissement des plaisirs, la mort même fût venue visiter Ninon, elle l'aurait accueillie avec la même désinvolture narquoise que le Mercutio de Shakspeare reçoit son coup d'épée. Que dis-je! la mort en effet s'assit un moment au chevet de Ninon; un matin on apprit dans Paris, en 1638, que cette Aspasie de vingt-deux ans, si rieuse, était malade, condamnée par les médecins, et ne s'en relèverait pas. On accourut de toutes parts lui tendre la main; elle, toujours vivace, ne voulut pas cesser une fois de recevoir sa cour; elle écouta d'un air moqueur les jeunes attendris qui parlaient de la suivre, de mourir avec elle. « Hélas! » disait-elle en accueillant d'un sourire leurs madrigaux de condoléance, « hélas! je ne laisse au monde que des mourants! »

Or, elle ne s'en alla pas; la mort peut-être se déconcerte en présence des esprits froids qui la méprisent; cette fois elle passa outre, et bientôt il ne fut bruit en ville que de la résurrection de la pécheresse et de ses nouvelles amours avec le marquis de Farge, avec le chevalier de Méré, avec tant d'autres dont j'oublie les noms... mais un académicien moderne en a dressé le catalogue.

Désormais les années et les plaisirs reprennent leur cours sans s'interrompre, sans compter pour Ninon, qui brave le temps comme tout le reste. C'est une de ses maximes qu'on ne doit pas avoir de rides au visage et qu'il vaut mieux les placer au talon. Dix ans plus tard elle est encore belle et adorée; ses escapades se multiplient. En 1648, quand la France est bouleversée par la Fronde, Ninon, déguisée en cavalier, court les chemins et poursuit à Lyon ce personnage de tragédie qu'on appelle Villars. Elle arrive et le rejoint ; on se quitte peu de temps après, elle s'enferme dans un couvent, y charme toutes les religieuses, attire par sa contrition le cardinal archevêque, frère aîné de Richelieu, se laisse un peu convertir, puis s'échappe un beau matin et revient à Paris. A peine a-t-elle reparu sur le Cours, où elle promène ses caprices, que d'aventure elle aperçoit un des plus beaux hommes du temps, Navailles. Elle lui fait remettre une invitation immédiate de venir dans son carrosse. Navailles s'y rend de la meilleure grâce du monde et se laisse emmener. On lui donne un repas délicat, une chambre élégante, un lit de sybarite et il attend, éveillé, la fin de son rêve. Mais il a chassé le matin, il a chevauché dans l'après-midi, la nuit s'avance, la fatigue l'abat et il s'endort. Tout à coup il est tiré brusquement de son sommeil par une voix menaçante qui l'apostrophe militairement.

Il s'éveille en sursaut, se frotte les yeux et aperçoit un chapeau à plumes, un uniforme, une épée, enfin un cavalier complet et furieux qui le somme d'expliquer sa présence en ces lieux. « Monsieur ! s'écrie « Navailles, point de surprise, au nom de Dieu ! point de surprise, je « suis homme d'honneur et je vous donnerai satisfaction. » — « Soit ! » dit le cavalier, et, d'un geste charmant, il enlève son terrible chapeau à plumes, il laisse tomber sur ses épaules un flot de cheveux bruns. C'était Ninon, qui avait volé les habits de Navailles pendant son sommeil.

Elle s'amusait ainsi, tantôt l'épée à la main, tantôt armée de ce luth qui fut célèbre chez les contemporains et dont Scarron parle quelque part :

> Charmant esprit, belle Ninon,
> La maîtresse d'Agamemnon
> N'eut jamais rien de comparable
> À tout ce qui vous rend aimable...
> Était sans voix, était sans luth !

Elle tournait la tête aux jeunes nobles, aux futurs maréchaux, aux financiers, aux conseillers du parlement ; elle scandalisait à plaisir le siècle ; c'est dans l'histoire de ce temps un curieux spectacle de la voir

troubler tous les rangs d'une société qui veut être solennelle, porter
le désordre dans le Marais et dans le faubourg Saint-Germain, entraîner
les Condé, les Créqui, les Vardes, les Souvré, les Guiche, les Marsillac,
et envelopper dans ce réseau brillant d'aventures étranges trois générations successives, en dépit de son âge, en dépit des jalousies des femmes,
des colères de quelques amants quittés et même des menaces du pouvoir.

Car on menaça plusieurs fois la *moderne Léontium* dont la licence ne
connaissait plus de bornes. On décida son incarcération ; le public
apprit qu'on l'allait conduire aux Filles-Repenties, et demanda en riant
ce qu'on ferait en pareil lieu d'une femme qui n'était ni fille ni repentie.
Selon les uns, la reine mère lui envoya par un exempt l'ordre de se
retirer dans un couvent et Ninon répondit : « Puisque la reine a tant de
« bontés pour moi que de me laisser le choix du couvent où elle veut
« que je me retire, je choisis celui des grands cordeliers. » Selon d'autres
elle apaisa les rumeurs en annonçant elle-même son départ pour
Cayenne. Quoi qu'il en soit, elle resta à Paris, libre, et continua sa vie
extraordinaire qu'elle consacra jusqu'à soixante ans aux mêmes folies.

Ce don de jeunesse éternelle, qui est resté célèbre, me frappe
moins chez une femme dont l'esprit ne vieillissait pas que l'insolence
de son triomphe et la durée de son pouvoir. Elle règne, elle domine ses amants, ses amis, la société qui l'entoure, elle se trouve
plus forte qu'Anne d'Autriche et se dit plus heureuse que madame
de Maintenon. A coup sûr l'ascendant qu'elle exerce est autre chose
que le despotisme banal d'une courtisane « au front stupide et fier. »
Elle a beau répéter qu'elle obéit au caprice des sens, au fond de
son épicuréisme, il se cache une fierté qui la relève. Anne de L'Enclos
n'est pas vénale ; de bonne heure elle a arrangé son patrimoine de
manière à ne point dépendre de l'or d'autrui. Il est vrai que dans
les premières années on lui apporte des tributs ; son orgueil les accepte
à titre d'hommages, ils lui déplaisent quand elle y aperçoit des obligations, et son orgueil les repousse. Un sentiment de pudeur virile lui
dicte des résolutions qui la mettent au niveau de ses amis. Elle réserve en
tout temps la liberté de ses choix et la liberté de ses divorces. Quoi
qu'elle en dise, jamais les sens, auxquels elle prétend obéir, n'ont cette

délicatesse aristocratique; pour son compte elle n'abdique pas en leur faveur ce ferment d'esprit et d'indépendance, ce besoin de distinction et cette élégance native qui président à ses folies. C'est affaire à elle de se donner toujours sans perdre jamais la possession d'elle-même. Aux gens qui ne sont que riches ou que puissants, aux maîtres qui veulent la lier, aux hommes de plaisir qui aiment le jeu ou le vin, elle ferme sa porte.

Le pauvre Perrachon de Lyon s'y trompa; il donna à la divinité une maison magnifique et stipula qu'en échange il obtiendrait l'honneur de la voir, promettant d'ailleurs de ne jamais parler d'amour; mais Perrachon n'y put tenir et manqua à sa parole; aussitôt il dut reprendre sa maison et le chemin du pays. Un autre admirateur, Fourreau, s'y prit plus habilement et permit à Ninon, toutes les fois qu'elle voudrait obliger quelqu'un, de tirer sur lui; elle accepta et de temps en temps elle écrivait : « Fourreau payera au sieur N. la somme de... » Fourreau payait toujours, mais jamais il ne sortit du rôle de banquier, jusqu'au jour où Ninon se lassa de ces écritures.

Le grand prieur de Vendôme fut moins patient. Surpris de rencontrer de la volonté chez une Ninon, il lui envoya un jour ce quatrain bourru :

> Indigne de mes feux, indigne de mes larmes,
> Je renonce sans peine à tes faibles appas;
> Mon amour te prêtait des charmes,
> Ingrate, que tu n'avais pas!

Ninon lut le quatrain et, sur les mêmes rimes, répondit :

> Insensible à tes feux, insensible à tes larmes,
> Je te vois renoncer à mes faibles appas :
> Mais si l'amour prête des charmes,
> Pourquoi n'en empruntais-tu pas?

Un autre exemple. Chapelle, l'épicurien débraillé, aimait sa bouteille à l'égal de sa maîtresse; il voulut imposer ses goûts à Ninon. Elle, au contraire, essayait de l'arracher à ses habitudes; n'y réussissant pas,

elle cessa de le recevoir. Chapelle se vengea en accusant cette raison-
neuse, qui le croirait ? de pruderie et de platonisme :

> Il ne faut pas qu'on s'étonne
> Si toujours elle raisonne
> De la sublime vertu
> Dont Platon fut revêtu,
> Car à calculer son âge,
> Elle doit avoir vécu
> Avec ce grand personnage.

Chapelle eut beau la menacer de ses épigrammes, il ne reçut jamais sa
grâce. On connaît l'histoire, devenue proverbiale, de La Châtre, qui lui
demande avant de partir pour l'armée une promesse de fidélité, une
promesse écrite. Ninon l'accorde et le lendemain comme elle est en
train d'oublier absolument son billet, un accès de gaieté folle la saisit :
« Ah ! s'écrie-t-elle, le bon billet qu'a La Châtre ! » Le mot fait le tour
de Paris, arrive à l'armée et donne au nom de La Châtre la réputation
dont il jouit encore aujourd'hui.

Ninon de L'Enclos n'admettait d'engagement sérieux que dans l'amitié.
C'était là qu'elle plaçait la vertu, comprenait le devoir et se piquait de
constance. Il n'y a qu'une voix sur sa discrétion et la fidélité de sa parole.
« Votre parole, lui écrit Saint-Évremond, est la convention la plus sûre
« sur laquelle on puisse se reposer. » Franche et capable de solidité, elle
ne trahissait jamais l'amitié de l'homme dont elle eût cent fois trahi
l'amour. Gourville, en s'exilant de France, lui confia une somme très-
considérable : à son retour elle la lui rendit aussitôt, et il s'étonnait, quand
il racontait cette anecdote, d'être le premier à en parler. Ninon avait
gardé non-seulement le dépôt, mais encore le secret. C'est là-dessus,
je crois, que Saint-Évremond a célébré la vertu de Ninon de L'Enclos :

> L'indulgente et sage nature
> A formé l'âme de Ninon,
> De la volupté d'Épicure
> Et de la vertu de Caton.

Ninon, quand elle parlait d'elle, n'allait pas tout à fait aussi loin ;
mais elle aimait à répondre de sa « probité, » et réellement cette probité

fut avec son esprit le talisman qui l'aida à retenir autour d'elle et à
grouper en un cercle d'élite un rare cortége de beaux esprits, de savants,
de poëtes et de princes.

La société de la rue des Tournelles, où elle demeurait, fut un des cercles
illustres du grand siècle. On vit alors un curieux contraste, Ninon frois-
sait toutes les idées reçues : elle affichait la liberté des femmes en amour
et leurs devoirs dans l'amitié. Mademoiselle de L'Enclos flattait au
contraire le goût de son temps en ouvrant son salon à la politesse la
plus exquise, aux belles manières et à l'esprit de conversation. Elle y
attira bientôt les femmes elles-mêmes, qui se plurent à ces causeries de
choix ; il fut reçu que les jeunes gens allassent prendre chez elle le ton
du jour et les formes du monde. On ne jouait pas, on ne buvait point, on
écoutait. La maîtresse de la maison n'avait pas de peine à répondre à cet
empressement flatteur. Son esprit réfléchi et pénétrant s'était enrichi de
bonne heure par le spectacle de la vie et une abondante lecture qu'elle
dissimulait sous une vivacité imprévue. Sa conversation, en même temps
pleine de choses et pleine de saillies, était facile, sympathique et se prêtait
avec une souplesse extrême à la préoccupation d'autrui. Tantôt elle
s'abandonnait comme une enfant à la pente naturelle de sa gaieté, et,
disait-on, à table elle était *ivre dès la soupe*. Tantôt elle recueillait en
un mot ferme et brillant cette connaissance des caractères qu'elle devait
à une observation attentive, et Saint-Évremond lui disait : « Vous ne
« mourrez que de réflexions. »

« —Qu'est-ce que les précieuses? lui demandait un jour la reine
« Christine.—Ce sont, répondit mademoiselle de L'Enclos, les jansénistes
« de l'amour. » De la comtesse de Choiseul qui s'arrangeait singulièrement la tête, elle disait : « C'est un printemps d'hôtellerie ; » et du jeune
Sévigné qui hésitait un peu niaisement entre elle et la Champmeslé :
« C'est une citrouille fricassée dans la neige. » Quand elle avait lâché un
mot fort comme ce dernier : « Bah! disait-elle, la joie de l'esprit en
« marque la force, » et sur ce principe elle se mettait à l'aise, elle
éclatait en railleries charmantes sur les ridicules du jour, elle dessinait
à grands traits une caricature, elle ébauchait une scène de Molière ou
une comédie en abrégé ; tout cela avec tant de liberté et tant de me-

sure tout à la fois, qu'on y admirait, sans le voir, un art naturel.

« Beaucoup d'esprit et fort orné, dit Saint-Simon à propos de ces entretiens, des nouvelles anciennes et modernes, des nouvelles de galanterie, et toutefois sans ouvrir sa porte à la médisance; tout y était délicat, léger, mesuré, et formait les conversations qu'elle sut soutenir par son esprit et par tout ce qu'elle savait de faits de tout âge... Tout cela lui acquit de la réputation et une considération tout à fait singulière. »

Saint-Simon, on le voit, s'étonne de pouvoir parler de considération à propos d'une femme qui fut après tout une courtisane illustre. C'est en effet l'énigme du siècle. Comment échappe-t-elle à sa propre infamie? Par quel secret cette femme qui enlevait à madame de Sévigné son mari, son fils et son petit-fils le marquis de Grignan, devient-elle l'arbitre d'une société polie qu'elle défie si audacieusement? « Qu'elle « est dangereuse, cette Ninon! écrit madame de Sévigné. Si vous saviez « comme elle dogmatise sur la religion!... » Pourtant sa vieillesse est un triomphe; le grand Condé descend en public de sa voiture pour l'aller saluer; et dans un temps où presque tout le monde traversait la galanterie pour arriver à la dévotion, elle ramène les gens de la galanterie française à la liberté païenne.

L'énigme s'explique : d'abord par l'esprit étincelant de Ninon de L'Enclos, et par son caractère bien trempé. Le fond de ce caractère, nous venons de le voir, est une résolution virile qui éclate dans sa figure, dans l'audace de ses préférences et de ses exécutions, dans son goût évident pour les situations tranchées, dans la forme arrêtée de ses paroles, et dans l'esprit de conduite qui se remarque au milieu de ses désordres. Elle est infidèle à ses amants par fidélité à ses principes d'indépendance. Elle trouve dans l'exercice de la volonté un plaisir qui ne devient jamais un effort. Elle goûte vivement la volupté de la décision. De là un genre singulier d'empire sur soi-même et sur autrui, car on cède aisément à une personne dont la sérénité résolue séduit ou repose les uns et déconcerte les autres.

L'énigme s'explique si vous considérez son éducation et son temps. Le scepticisme de Ninon trouva des complices dans sa famille et dans la société qui l'entourait. Sa mère appartenait à la grande dévotion du temps; elle ne fut pas élevée par sa mère. Son père était un épicurien de cette école fameuse qui, tout le long du siècle, opposa au spiritualisme chrétien l'ironie bachique et galante. Ninon fut instruite par son père. D'avance il la voua au démon, c'est-à-dire la jeta dans ce milieu d'hérétiques en belle humeur qui frondaient à cœur joie Dieu et les hommes; minorité brillante, qui relie la régence d'Anne d'Autriche et la régence du duc d'Orléans, à travers la majestueuse période de Louis XIV. Et comme elle était une élève à souhait, d'un esprit vif, d'un tempérament osé, comme elle ne demandait pas mieux que de rire avec Montaigne, son auteur, des grandes maximes, que de jouir de la vie, selon Épicure, que de tenir son luth comme Sapho tenait la lyre, elle se trouva d'accord avec la phalange des esprits forts. Elle n'eut pas plus tôt manifesté ses intentions, que des amis intéressés s'empressèrent autour de l'aimable païenne. Elle devint leur idole, leur chef-d'œuvre, quelque chose comme un philosophe libertin revêtu des charmes d'une femme. Elle « dogmatisa, » elle se chargea de railler madame de Maintenon qui était « vertueuse par faiblesse d'esprit et craignait trop Dieu. » Elle prouva que, pour les femmes comme pour les hommes, l'amour et l'amitié n'ont qu'une morale et qu'une loi. Le cénacle des épicuriens l'applaudit sans relâche et lui octroya avec la licence de la femme affranchie vingt diplômes de vertu et de sagesse. « Ces femmes extraordinaires semblent avoir emprunté le mérite des hommes, et peut-être qu'elles font une sorte d'infidélité à leur sexe, de passer ainsi de leur naturelle condition aux vrais avantages de la nôtre. »

Cette déclaration est du même Saint-Évremond. Toujours lui! toujours ce voluptueux sceptique! flatteur infatigable que nous avons rencontré à chaque pas de la vie de Ninon. Suivez leur correspondance, c'est lui qui l'excite, la gourmande, la soutient; c'est sa voix qui la gronde lorsqu'une fois par hasard elle cède à un entraînement du cœur. Qu'apprend-il? Ninon s'est retirée de la scène, elle a disparu; depuis trois ans elle habite la campagne avec Villarceaux. « Revenez! lui crie le vieux philosophe de cour, vous oubliez les principes. »

> Il faut brûler d'une flamme légère,
> Vive et brillante et toujours passagère,

> Être inconstante aussi longtemps qu'on peut,
> Car un temps vient que ne l'est pas qui veut.

Saint-Évremond et Ninon sont des jumeaux d'esprit ; une sorte de fatalité rattache même de loin leurs destinées ; Ninon vit de 1616 à 1705, Saint-Évremond de 1613 à 1703. Quand elle vieillit enfin, quand cette vieillesse, si longtemps ajournée, semble la faire douter de l'excellence de ses idées épicuriennes, il la tance, il s'évertue à lui démontrer qu'elle a sagement fait de vivre de plaisir. « Je vous tiens pour la plus heureuse « créature qui fut jamais !... Jamais on n'a porté si loin le bonheur de « votre sexe ! Il y a peu de princesses dans le monde à qui vous ne « fassiez sentir la dureté de leur condition par jalousie de la vôtre ! il « n'y a point de saintes dans les couvents qui n'eussent voulu changer la « tranquillité de leur esprit contre les troubles agréables de votre âme ! »

Mais, direz-vous en lisant ces lignes, voilà des éloges qui ressemblent à des consolations. La triomphante Ninon eut-elle donc besoin d'être consolée ? Non certes, si vous voyez Ninon comme elle prétend qu'on la voie, dans son rôle de brillante hétaïre ; là elle ne faiblit pas. Elle ne trahit aucune défaillance secrète, elle ne parle jamais de ce fils qu'elle a eu et qui la méprise, elle n'avoue pas qu'au bout de ces belles sentences contre l'immortalité de l'âme et la vie future, il est triste de se trouver vieille et seule, entre les souillures du passé et le néant de l'avenir, en face du présent qui est le vide et la décrépitude. Elle ne veut pas qu'on l'interroge. Il y a dans une de ses lettres un aveu qui lui échappe, un regret amer de vivre sans idéal et sans espérance. Mais ne le relevez pas, n'insistez pas ; ce serait parler du châtiment. Mademoiselle de L'Enclos donnera satisfaction à ses maîtres et à son orgueil, elle ne parlera pas. Elle s'enveloppe dans le voile desséché de son esprit, elle cherche à qui elle transmettra le sacerdoce du pyrrhonisme. On lui amène Voltaire enfant, elle l'adopte et lui lègue des livres. L'élève de Montaigne transmet ainsi la tradition à Voltaire, et elle meurt ensuite dans sa fierté. Ne cherchez jamais le secret de ses douleurs ; il ne faut pas lire dans l'âme des Ninon.

ÉMILE CHASLES.

Mᵐᵉ DE LA SABLIÈRE

MME DE LA SUZE

(1618-1673)

Henriette de Coligny, dont le pinceau délicat de Petitot nous a transmis la gracieuse image, est du nombre de ces aimables pécheresses du xviie siècle, qui, après avoir séduit leurs contemporains, charment encore en la désarmant l'indulgente postérité.

Fille d'Anne de Polignac et du maréchal de Châtillon, petit-fils du grand amiral de Coligny, elle reçut une assez mauvaise éducation, et ses premières années ne firent nullement présager les brillants succès qui l'attendaient dans le monde. Enfant *elle paroissoit stupide et sa conversation ne disoit quasi rien ;* mais ce brouillard intellectuel ne tarda pas à se dissiper, et mademoiselle de Coligny était en pleine possession de son esprit et de sa beauté lorsqu'elle épousa, le 8 août 1643, le comte de Hadington.

Voici dans quelles circonstances eut lieu ce mariage singulier qui inaugurait si dignement l'existence décousue de la future comtesse de La Suze. Son père, le maréchal, entretenait à Châtillon un collége pour l'éducation des jeunes huguenots : on y venait de fort loin et il s'y trouvait notamment, vers 1640, un jeune orphelin écossais de la maison des Hamilton.

« Là, étant encore enfant, il vit mademoiselle de Châtillon et en devint amoureux ; quand il eut dix-huit ans, il retourna dans son pays ; il fit trouver bon à ses tuteurs qu'il recherchât cette fille. Le nom de Châtillon fait bien du bruit, et surtout en pays de huguenots ; les tuteurs écrivent au maréchal ; le maréchal y consent. Il avait alors cent mille livres d'argent comptant qu'il vouloit donner ; mais on ne le lui conseilla pas, car, en Écosse, les maris ne rendent point le mariage de leurs femmes si elles viennent à mourir sans enfants ; et puis les tuteurs dirent que leur pupille avoit assez de bien, et demandèrent seulement que le maréchal fît les frais des noces[1]. »

Le comte de Hadington avait sept ans de moins que sa femme ; mais cette disproportion d'âge était un attrait de plus pour une personne aussi légère qu'Henriette de Coligny, qui d'ailleurs, par son alliance avec un jeune homme de grande famille, avait droit au tabouret à la cour d'Angleterre. Le bonheur du comte ne dura guère ; il mourut au bout d'un an, plus amoureux que jamais, en léguant à la comtesse tout ce dont il pouvait disposer. Celle-ci se lassa bien vite du séjour de l'Écosse, et, veuve depuis six mois à peine, se hâta de regagner la France, emportant avec elle quelque argent et des pierreries. Les affaires de Charles Ier étaient alors bien compromises, et la reine sa femme était déjà à Saint-Germain avec sa petite cour, où madame de Hadington aimait à paraître « parce qu'elle y avoit le tabouret et qu'on lui faisoit force caresses. »

Le séjour de Saint-Germain convenait aussi peu que possible à une personne dépourvue de jugement et sans consistance, qui se laissait dominer par les influences du moment. La comtesse était protestante, et la reine, pleine d'un zèle indiscret pour la propagation de la foi catholique, ne manqua pas de mettre tout en œuvre pour s'assurer une conquête de cette importance ; elle avait sous la main un homme à sa dévotion et résolut de le lui faire épouser. La belle veuve avait déjà noué une intrigue avec un jeune Écossais nommé Hailbrnn, neveu du célèbre colonel : elle n'en accueillit pas moins les avances de la reine, et un beau jour elle se laissa mener à ténèbres par madame d'Arundel,

[1] Tallemant.

mère de l'époux qu'on lui destinait. La maréchale de Châtillon était informée de tout ; elle courut à l'église, donna un soufflet à sa fille, et la conduisit à la Boulaye, chez madame de La Force, « où, de peur qu'elle ne changeât de religion, elle la maria au comte de La Suze, tout borgne, tout ivrogne et tout endetté qu'il étoit ; mais c'étoit à faute d'autre ; et puis il est parent de madame de La Force. Durant qu'on parloit de l'affaire, Hailbrun lui écrit, elle fait réponse. Il va à la Boulaye pour tâcher de se battre contre La Suze ; il n'en peut venir à bout ; il écrit encore ; on ne lui fait point de réponse ; il se dépite, montre toutes les lettres de la dame, et s'en rit partout. »

« Le comte de La Suze, ajoute Tallemant, est un homme où jamais il n'y a eu ni rime ni raison. Lui et sa femme avoient plus de quatre-vingt mille livres de rente. Pour l'acquitter, on lui propose de se contenter de douze mille écus par an pour quelques années ; jamais il n'y voulut entendre. Il avoit cent personnes chez lui, cent cinquante chiens avec lesquels il n'a jamais rien pris, grand nombre de méchants chevaux. Là dedans on n'est point surpris quand on vous annonce de vous coucher sans souper, tant toutes choses y sont bien réglées. Il buvoit un temps du vin, un autre de la bière, et un autre de l'eau. On dit qu'il est assez plaisant en débauche. « Quand je n'aurai plus rien, disoit-il, j'irai avec les Allemands. » Belfort lui valoit quarante mille livres de rente ; mais, ayant pris le parti de M. le Prince, il a tout perdu. »

Madame de La Suze n'avait pas plus d'ordre que son mari. On rapporte qu'un huissier, accompagné de quelques archers, vint un jour chez elle sur les huit heures du matin pour saisir ses meubles. Avertie par sa femme de chambre, elle fit entrer l'huissier, le pria de la laisser reposer encore deux heures, se leva à dix, s'habilla pour aller dîner en ville, et, passant dans son antichambre, le remercia de sa politesse, sortit et le laissa maître de faire son exécution.

La jalousie du comte de La Suze était extrême, et trop motivée du reste ; il résolut de mener sa femme dans une de ses terres pour l'éloigner du monde qu'elle aimait et à qui elle plaisait. Effrayée de cette résolution, et voulant la faire échouer, elle abjura la religion protestante et se fit catholique : sur quoi la reine Christine disait, comme on

sait, que la comtesse avait changé de religion pour ne voir son mari ni
en ce monde ni en l'autre. Ce changement n'ayant fait qu'augmenter
la désunion, madame de La Suze tenta de faire rompre son mariage, et
fit offrir à son mari vingt-cinq mille écus, à condition qu'il donnerait les
mains à la séparation. Il les accepta et le mariage fut déclaré nul. On
dit à ce propos qu'elle avait perdu en réalité cinquante mille écus dans
cette affaire, car si elle eût attendu quelque temps encore, au lieu de
donner vingt-cinq mille écus à son mari, elle les eût reçus de lui en
obtenant le même résultat.

Délivrée d'un surveillant incommode, madame de La Suze s'abandonna sans contrainte à ses penchants désordonnés. Dès avant la rupture
de son mariage, elle avait eu plusieurs amants : le premier en date fut un
certain Laeger qui devint plus tard conseiller à Castres. C'était « un gros
tout rond et nullement honnête homme. »

« On parla ensuite d'un greffier du conseil, nommé Potel, garçon fort médiocre ;
mais il fit de la dépense pour elle, et la suivit au Maine. Je crois qu'il n'en a rien eu ;
mais le comte du Lude, qui parut après sur les rangs, en eut apparemment tout ce
qu'il voulut. »

Ici Tallemant rend compte, avec force détails cyniques, des relations
qu'elle entretint avec Rambouillet, l'auteur des madrigaux, celui-là
même que ses bonnes fortunes avaient fait surnommer Rambouillet-
Candale. C'était le beau-père de Tallemant, qui paraît avoir connu à
fond l'histoire de ses amours avec la comtesse. Parmi les nombreux rivaux
ou successeurs de Rambouillet, il faut distinguer, pour la rareté du fait,
un homme des plus estimables, ce d'Hacqueville si dévoué à madame
de Sévigné et duquel elle dit tant de bien. Ce fut à l'époque de la dis-
solution de son mariage que madame de La Suze se lia avec ce personnage ; elle était alors dans un couvent de carmélites où elle avait
consenti à s'enfermer « à condition de ne point quitter ses mouches et
de sortir deux fois la semaine.... Les dévotes voyant qu'elle ne prioit
point Dieu les matins, et qu'elle ne faisoit que se mirer, lui ôtèrent ses
miroirs. Le lendemain elle n'en trouva pas un ; on lui dit qu'elle n'en
auroit qu'après avoir prié Dieu. »

La comtesse était tout aussi libre dans ses propos que dans ses actes, et, causant un jour avec sa belle-sœur, mademoiselle de Nermanville, elle lui dit des choses si inconvenantes que celle-ci ne put s'empêcher de répliquer : « Mais, ma sœur, à vous ouïr, je pense que si vous vous trouviez seule avec un homme que vous aimassiez, vous lui permettriez toute chose. — Peut-être, disait-elle, je n'en voudrois pas répondre. »

On a peine à comprendre aujourd'hui qu'une femme livrée à de pareils débordements n'ait pas été entièrement déconsidérée ; mais au xviie siècle la corruption des mœurs était si grande et la vertu des dames si fragile, qu'on pouvait commettre bien des fautes sans encourir le mépris public, alors surtout que, cédant à l'entraînement de la passion, on résistait à celui de la cupidité. Madame de La Suze se montra toujours fort désintéressée, et cette circonstance suffirait seule à établir une ligne de démarcation bien tranchée entre elle et les indignes créatures qui trafiquaient de leur beauté, telles que la comtesse d'Olonne et les innombrables pensionnaires de Fouquet.

Au milieu de ses écarts trop connus et trop fréquemment répétés, la comtesse ne laissait pas d'être recherchée par la meilleure société. Amie intime de Ninon, dont son frère Châtillon avait été l'amant préféré, elle se rencontrait chez elle avec des femmes de distinction, parmi lesquelles on comptait la maréchale de Castelnau, la maréchale de La Ferté, la duchesse de Sully, la comtesse de Fiesque, madame de Lafayette, madame de Choisy, la marquise de Lambert, la duchesse de Bouillon-Mancini, etc. Plusieurs de ces dames jouissaient d'une excellente réputation ; mais madame de La Suze était en outre accueillie avec empressement dans une autre maison moins suspecte, chez une vieille fille restée vierge, mademoiselle de Scudéry. C'est dans le roman de *Clélie* qu'on trouve ce portrait de la comtesse que M. Cousin a vainement cherché dans le *Grand Cyrus* : tous les traits en sont frappants et il est impossible de s'y méprendre. Hésiode, endormi sur le Parnasse, voit des Muses en songe, et Calliope lui montre des poëtes qui naîtront dans la suite des temps :

« Regarde cette femme qui t'apparoît. Elle a, comme tu vois, la taille de Pallas, et sa beauté a je ne sais quoi de doux, de languissant et de passionné, qui ressemble assez à cet air charmant que les peintres donnent à Vénus. Cette illustre personne sera d'une si grande naissance, qu'elle ne verra presque que les maisons royales au-dessus de la sienne ; mais pour ne te parler que d'elle, sache qu'elle naîtra encore avec plus d'esprit que de beauté, quoiqu'elle doive, comme tu vois, posséder mille charmes. Elle aura même une bonté généreuse qui la rendra digne de toutes les louanges : sans te parler de tant d'autres admirables qualités que le Ciel lui prodiguera, apprends seulement qu'elle fera des élégies si belles, si pleines de passion, et si précisément du caractère qu'elles doivent avoir pour être parfaites, qu'elle surpassera tous ceux qui l'auront précédée, et tous ceux qui la voudront suivre. »

Mademoiselle de Scudéry, en traçant ce portrait flatteur, se faisait l'interprète du sentiment général ; car personne, de son vivant, n'a été plus loué que la comtesse de La Suze.

Charleval, l'un des plus aimables héritiers littéraires de Voiture, dans une épître, la compare à Sapho, et sa comparaison est juste en ceci que madame de La Suze eut comme elle des mœurs plus que relâchées et cultiva surtout la poésie érotique ; mais dans les élégies de la belle comtesse le génie fait souvent défaut, bien que le ton soit toujours fort vif. Quoi qu'il en soit, les quatre volumes de ses œuvres mêlées sont devenus rares, et l'on m'excusera si j'essaye de ranimer par quelques citations la mémoire d'un auteur injustement oublié.

Madame de La Suze était fort savante dans les choses du cœur : voici de quelle façon elle nous peint la situation d'une femme qui voudrait résister à l'amour et qui lui cède enfin la victoire :

> Fière et foible raison, qui par de vains combats,
> Choques les passions et ne les détruis pas,
> Ne me tourmente plus ; tes forces sont bornées,
> Et l'on ne change point l'ordre des destinées :
> Elles font à leur gré le tissu de nos jours,
> Et forment dans le ciel les nœuds de nos amours.
> Tu sais bien que mon cœur, pour se vaincre lui-même,
> T'opposa mille fois au dieu qui veut que j'aime ;
> Mais, quoi qu'on puisse dire au mépris de ses loix,
> Aimer, ou n'aimer pas, n'est pas de notre choix.

Il faut noter aussi une élégie pleine d'une ardeur tout à fait *saphique* et où l'on trouve cette significative apostrophe :

> Ah ! de grâce, Daphnis, *ne me respecte pas !*

Les vers suivants qui roulent sur un sujet analogue renferment une pensée commune, mais assez bien rendue :

> Ah ! qu'il est dangereux, quand on a bien aimé,
> De revoir les beaux yeux qui nous avoient charmé,
> Et que, dans cet état, la forte sympathie
> Rallume promptement une flamme amortie ;
> Qu'avec peu de succès notre foible raison
> Nous fait voir les rigueurs d'une ancienne prison,
> Et qu'il est doux d'entrer dans une servitude
> Dont nos cœurs avoient fait une longue habitude !

Citons encore, pour finir, un fragment descriptif fort digne d'éloges, en dépit de quelques hémistiches prosaïques :

> La nuit pâle et mourante, en ses espaces sombres,
> Alloit s'évanouir avec toutes ses ombres,
> L'Aurore, dans son char, d'un teint jaune et vermeil,
> Préparoit d'un beau jour le pompeux appareil,
> Et la riche nature, en merveilles féconde,
> Étaloit ses trésors aux yeux de tout le monde ;
> Ce bel astre du jour, d'un visage riant,
> Peint de nouveaux rayons les rives d'orient ;
> Déjà, l'or et l'azur, du haut de ces montagnes,
> Émaillent à longs traits ces fertiles campagnes.
> Là, ces chantres des airs, à l'ombre des ormeaux,
> Accordent leurs accents aux murmures des eaux ;
> Là, ces troupeaux errants bondissent dans les plaines ;
> Le zéphir amoureux nage sur les fontaines ;
> Les roses, les jasmins, naissent en mille lieux,
> Et l'univers enfin brille de tous ses feux.

S'il fallait s'en tenir aux apparences, on ne pourrait refuser à madame de La Suze un talent poétique réel. Malheureusement, la comtesse ne travaillait pas seule à ces agréables compositions, et c'est pour elle

que semble avoir été faite cette jolie épigramme écrite longtemps après
sa mort :

> Églé, belle et poète, a deux petits travers :
> Elle fait son visage et... ne fait pas ses vers.

Ses biographes, en effet, tout en nous parlant de son imagination
brillante, avouent qu'impuissante à assembler des rimes, elle avait recours à l'obligeance de ses amis, et l'on croit que Subligny et le marquis
de Montplaisir furent ses correcteurs habituels.

Madame de La Suze avait sans cesse autour d'elle un essaim de poètes,
et cela donna lieu à un bon mot du duc de La Feuillade. La comtesse
plaidait un jour au Parlement de Paris contre sa belle-sœur, madame
de Châtillon. Ces deux femmes se rencontrant tête à tête dans la salle
du palais ; La Feuillade, qui donnait la main à la duchesse, dit à madame
de La Suze, qui était accompagnée de Benserade et de quelques autres
poètes à la mode : « Madame, vous avez la rime de votre côté et nous
avons la raison.—Ce n'est donc pas, répondit-elle, sans rime ni raison
que nous plaidons. »

Moins heureuse que cette autre femme qui, suivant la piquante expression de madame de Sévigné *était salée dans sa folie*, madame de
La Suze, en vieillissant, perdit beaucoup au physique et au moral :
elle était devenue énorme et ses grâces d'autrefois s'étaient transfor-
mées en affectation ridicule. Ses excentricités, qui dans sa jeunesse
égayaient la malignité publique, touchèrent plus tard aux confins de la
folie, et dans ses derniers jours elle était en proie aux plus étranges
hallucinations. Tallemant prétend « qu'elle devint amoureuse de
Jésus-Christ. Elle se le figura comme un grand garçon, beau, de fort
bonne mine. Ninon lui disant : « Je crois qu'il est blond.—Point, ma
« chère, vous vous trompez ; je sais d'original qu'il était brun. »

Il n'y avait plus, après cela, qu'à mettre la comtesse aux Petites-
Maisons ; mais la mort vint à propos préserver la maison de Coligny de
ce dernier outrage. Madame de La Suze avait vécu cinquante-cinq
ans ; elle fut enterrée dans l'église Saint-Paul.

AMÉDÉE ROUX.

Mᵐᵉ DE LONGUEVILLE.

MME DE LONGUEVILLE

(1619-1679)

Il semble qu'il y ait pour certains personnages historiques ou romanesques une mode comme pour les usages et les parures. C'est une observation que le nom de madame de Longueville fait naître tout d'abord et justifie singulièrement. On s'occupe beaucoup plus aujourd'hui de la sœur de Condé qu'il y a cent et même vingt ans ; elle est à la mode. Ce retour de la faveur publique, elle le doit au caprice d'un éloquent philosophe épris des figures du xviie siècle, amoureux des grandes manières, du bel esprit et des belles formes métaphysiques et physiques. M. Cousin a choisi madame de Longueville pour l'objet de son culte, il s'est fait son biographe ému et passionné. Dans un langage digne des écrivains du grand siècle, dont il est le successeur à peu près légitime, il a raconté longuement et avec amour la jeunesse de madame de Longueville, sa gloire et sa pénitence, plus rapidement et comme malgré lui, ses écarts et ses faiblesses. La tâche est rude à celui qui vient après lui ; la nécessité de joindre une notice au portrait de Petitot nous a seule amené à l'accepter.

Anne-Geneviève de Bourbon naquit le 27 août 1619, dans le donjon de Vincennes où ses parents étaient retenus prisonniers depuis trois ans. Ce fut l'aîné des enfants (trois étaient venus morts au monde) de Henri

1

de Bourbon, prince de Condé, et de cette Marguerite de Montmorency qui fut « la beauté, la bonne grâce et la majesté de son siècle [1]. » Lors de son arrestation, le prince de Condé avait obtenu de la régente la grâce de faire enfermer avec lui sa femme dont il était jaloux à bon escient, car il pouvait se rappeler avec quelle difficulté il avait empêché la jeune princesse, qu'il enlevait pour la soustraire à la passion de Henri IV, d'aller retrouver le roi.

Anne-Geneviève qui tint de sa mère pour la beauté, la grâce et la majesté, hérita en partie de son humeur galante, je dis en partie et j'insiste sur la restriction, car en aucun temps elle n'arriva à pouvoir se vanter, comme la princesse de Condé, « d'avoir eu des amants de toutes conditions, des papes, des rois, des cardinaux, des princes, des ducs, des maréchaux de France et même des gentilshommes [2]. » Ce cœur prédestiné aux coupables tendresses parut d'abord peu fait pour le monde, pour les séductions et les plaisirs même innocents qu'il offre. « Les dons célestes prévinrent de si bonne heure mademoiselle de Bourbon, dit Villefore, qu'à peine sa raison fut-elle développée qu'elle se consacra totalement à de pieux exercices dont elle remplissait si bien tout son temps, qu'il ne lui restait ni loisir ni goût pour les amusements de son âge. Madame la Princesse se plaisait à visiter souvent les Carmélites du faubourg Saint-Jacques, et volontiers elle y menait sa fille qui ne demandait pas mieux. Ces religieuses éclairées ne furent pas longtemps à connaître ses vertus naissantes qui promettaient un si bel avenir. Comme elles avaient l'art de les cultiver, elles les virent croître sous leurs yeux de jour en jour; mais ce progrès, après tout, ne devait pas causer beaucoup de surprise [3]. » Dans ce milieu de repos, d'édification et de prière, la jeune fille se sentit si fort à son aise qu'elle témoigna le désir d'y passer sa vie. Renonçant aux pompes et aux grandeurs, elle souhaita d'ensevelir sous le voile ses attraits naissants, mais madame la Princesse opposa à cette sainte vocation une

[1] Lenet.
[2] Madame de Motteville.
[3] *La véritable Vie d'Anne-Geneviève de Bourbon, duchesse de Longueville.*

inflexible résistance. Elle s'efforça de combattre, par de bonnes raisons (elle devait en avoir de bien des sortes!) le dégoût que sa fille montrait pour le monde, la froideur, l'ennui, la gêne qu'elle apportait dans les compagnies. Raisonnements inutiles, efforts infructueux! Anne-Geneviève ne voulait pas plaire aux mondains; alors sa mère, faisant appel aux moyens énergiques, lui commanda de se préparer à aller au bal et cela dans trois jours! Quel fut le désespoir de la jeune princesse en entendant cette cruelle sentence! dans quelle affliction tombèrent les carmélites lorsqu'elles apprirent la fatale nouvelle! Que de larmes, de sanglots et de prières! On s'assembla, on délibéra, et il fut décidé que, puisque mademoiselle de Bourbon ne pouvait éviter le sort misérable qui l'attendait, « avant que d'aller à l'assaut, elle s'armerait, sous ses habillements, d'une petite cuirasse vulgairement appelée un cilice et qu'ensuite elle se prêterait de bonne foi à toutes les parures qu'on lui destinait[1], » Hélas! le cilice fut sans puissance; les hommages et les louanges pénétrèrent à travers cette légère armure dans un cœur qui, en vérité, était fait pour les inspirer et pour les accueillir. Madame la Princesse avait retrouvé sa fille et il ne fut plus question du cloître; la vocation était prématurée!

Ce fut l'époque heureuse et riante de notre héroïne. La grandeur de sa naissance, la beauté de son visage, le charme de son esprit la placèrent au premier rang dans les réunions des grands seigneurs, des jolies femmes et des poètes; elle fut célébrée, chantée et acclamée en tous lieux, à Chantilly, à Liancourt, au Louvre et à l'hôtel de Rambouillet. Tous les contemporains, quel que fût leur sexe, ont rendu hommage à la beauté de madame de Longueville, et nous laisserons à une femme le soin d'ajouter au portrait de Petitot ce quelque chose que la gravure ne saurait rendre. Madame de Motteville a dit d'elle : « Sa beauté consistait plus dans les couleurs de son visage (*elle avait un teint de perles*, a écrit une autre contemporaine) que dans la perfection de ses traits. Ses yeux n'étaient pas grands, mais beaux, doux et brillants, et le bleu en était admirable; il était pareil à celui des turquoises. Les poètes

---

[1] Villefore.

ne pouvaient jamais comparer qu'aux lis et aux roses le blanc et l'incarnat qu'on voyait sur son visage, et ses cheveux blonds et argentés et qui accompagnaient tant de choses merveilleuses, faisaient qu'elle ressemblait beaucoup plus à un ange tel que la faiblesse de notre nature nous les fait imaginer, que non pas à une femme[1]. » Plus tard, la petite vérole en lui ôtant la première fleur de la beauté lui en laissa tout l'éclat, et c'est un connaisseur[2] qui l'a remarqué.

Princesse du sang, belle et spirituelle, elle eut néanmoins beaucoup de peine à se marier. Le premier qui se mit sur les rangs pour aspirer à sa main fut le duc de Beaufort, mais il se retira bientôt pour complaire, dit-on, à la duchesse de Montbazon ; celui qui lui succéda et fut agréé était un de ses rivaux ou plutôt un de ses collègues, car ce dernier mot convient mieux quand il s'agit de madame de Montbazon. Henri d'Orléans, duc de Longueville, était, par sa naissance, ses dignités et ses richesses, le premier parti de France ; malheureusement tant d'éclat se trouvait singulièrement amoindri par son âge, car il avait quarante-sept ans. Vingt-quatre ans de différence, c'était beaucoup pour une jeune fille et même pour une princesse! Mademoiselle de Bourbon fit aussi cette réflexion, mais sur l'ordre de M. le Prince, qui voulait absolument établir sa fille, elle épousa M. de Longueville le 2 juin 1642.

La jeune duchesse fut entourée aussitôt d'un essaim de courtisans attirés par son esprit à la fois solide et précieux, par sa beauté ma-

---

[1] Puisque madame de Motteville a parlé des poètes, nous demandons la permission de citer deux couplets extraits du recueil Maurepas.

> L'on jugerait par la blancheur
> De Bourbon et par sa fraîcheur,
>   Landrirette,
> Qu'elle a pris naissance des lis,
>   Landriry.
>
> De perles, d'azur et de fleurs,
> Bourbon, le Ciel fit tes couleurs,
> Et mit dedans tout ce mélange
>   L'esprit d'un ange.

On le voit, les vers et la prose s'accordent tout à fait.

[2] Retz.

jestueuse, ses grâces nonchalantes et languissantes. Quelle plus adorable maîtresse les cœurs audacieux pouvaient-ils rêver! Les entreprenants ne manquaient pas; ne devaient-ils pas se sentir encouragés en songeant qu'une telle conquête n'était défendue que par un vieux mari? Soupirs à peu près perdus, espérances brisées! Pendant six ans, il n'y eut pour tant d'adorateurs que les sourires d'une coquetterie innocente. Celui qui, dans cette première époque de galanterie réservée, close à La Rochefoucauld, parut faire l'impression la plus vive fut Coligny. Les médisantes chuchotaient que le jeune comte était plus heureux qu'il ne convenait à l'adorateur d'une héroïne de l'hôtel de Rambouillet, et un jour que, dans le salon de madame de Montbazon, on trouva sur le parquet une lettre fort tendre, d'une écriture de femme et sans signature, on s'écria qu'elle venait de tomber de la poche de M. de Coligny et qu'elle devait être de madame de Longueville. Cette calomnie, due à la duchesse de Montbazon, heureuse de frapper une rivale, fit grand bruit. Madame de Longueville, forte de son innocence, était d'avis de ne point s'en préoccuper, mais madame la Princesse éclata; elle alla demander justice à la reine régente, et exigea des excuses publiques que madame de Montbazon lut avec le respect le plus impertinent du monde. Peu de temps après cette scène, Coligny fit appeler le duc de Guise qui remplissait alors les fonctions de réparateur des torts de la duchesse de Montbazon. Le duel eut lieu sur la place Royale. Coligny, grièvement blessé, languit quelques semaines et mourut. On a prétendu que madame de Longueville, cachée dans une maison voisine, avait assisté au combat de son chevalier; ce trait-là n'est pas dans le caractère de madame de Longueville, et le lui attribuer ce serait lui prêter les mœurs d'une de ces princesses de Valois à demi italiennes.

Miossens, connu plus tard sous le nom de maréchal d'Albret, essaya inutilement de toucher ce cœur qui semblait insensible, quoique Coligny l'eût sans doute troublé; après s'être opiniâtré longtemps, il se retira devant La Rochefoucauld, alors prince de Marsillac, qui, dans ses *Mémoires*, a bien voulu nous faire connaître, avec autant de franchise que de cynisme, le mobile de sa passion : « J'eus sujet de croire,

dit-il, que je pourrais faire un usage plus considérable que Miossens de
l'amitié et de la confiance de madame de Longueville ; je l'en fis convenir lui-même. Il savait l'état où j'étais à la cour, je lui dis mes vues,
mais que sa considération me retiendrait toujours et que je n'essayerais
point à prendre des liaisons avec madame de Longueville, s'il ne m'en
laissait la liberté. J'avoue même que je l'aigris exprès contre elle pour
l'obtenir, sans lui rien dire toutefois qui ne fût vrai. Il me la donna
tout entière ; mais il se repentit de me l'avoir donnée quand il vit les
suites de cette liaison. Il essaya inutilement bientôt après de la traverser
par beaucoup de bruit et d'éclat qui ne changèrent rien à mon dessein. »
Quoiqu'il fût jeune encore, La Rochefoucauld était revenu des entreprises où le cœur seul s'engage ; il n'était plus à l'amour, mais tout à
l'ambition, et afin de se venger de la reine et de Mazarin qui ne s'étaient
pas assez généreusement prêtés à satisfaire cette dernière passion, il
se jeta dans la guerre civile. Pour se rendre plus redoutable, il voulut
s'emparer de l'esprit de Condé, et comme madame de Longueville avait
le plus grand crédit sur son frère, il en vint naturellement à l'aimer.
Anne-Geneviève, séduite par les allures chevaleresques de La Rochefoucauld, par les aventures romanesques de sa jeunesse, cédant à l'obsession, à l'occasion et aussi un peu au sang maternel, donna son cœur
à l'ambitieux. Elle n'avait plus l'excuse de la première jeunesse ; elle
comptait vingt-neuf ans, et n'était séparée que de bien peu de cette
époque redoutable de la vie des femmes qu'un écrivain de nos jours,
ingénieux et délicat, a appelée *la crise*. La crise lui fut fatale, mais
la crise telle que M. Octave Feuillet l'a analysée, la crise produite par
la passion qui éclate ; gardons-nous d'appliquer à madame de Longueville cette maxime de son amant : « Les femmes croient souvent aimer
encore qu'elles n'aiment pas. L'occasion d'une intrigue, l'émotion d'esprit que donne la galanterie, la pente naturelle au plaisir d'être aimée
et la peine de refuser, leur persuadent qu'elles ont de la passion lorsqu'elles n'ont que de la coquetterie. » Mieux vaut croire, et pour elle
et pour nous, qu'elle aima véritablement. D'ailleurs M. Cousin l'assure.

Engagée avec La Rochefoucauld, madame de Longueville devint
l'instrument de ses projets ; elle se précipita avec ardeur dans cette folle

guerre de la Fronde et combattit pour élever l'homme qu'elle adorait. Condé étant resté fidèle, elle mit à la tête des révoltés, en qualité de généralissime, son autre frère, le prince de Conti qui, comme le rapporte l'archevêque d'Aix, Daniel de Cosnac, suivait tous les sentiments de sa sœur, n'agissait que par ses conseils, *ne vivait et ne respirait que pour elle*[1]. Dans ce désordre et dans cette confusion, au milieu du tumulte des armes, des vociférations de l'émeute, elle semble se trouver dans son élément naturel. Elle presse, elle conseille, elle agit, et les résolutions les plus énergiques lui sont dues. Pour donner au peuple un *gage de confiance*, elle se remet en ses mains, vient avec la jeune et belle duchesse de Bouillon s'enfermer à l'Hôtel de ville et, tenant son fils dans ses bras, se montre, à une fenêtre, à tout un peuple enthousiaste qui la salue, par ses acclamations, reine de Paris. C'est à l'Hôtel de ville enfin qu'elle accoucha de son second fils, ce comte de Saint-Paul que La Rochefoucauld aima plus tendrement que les enfants de son nom.

Lorsque la paix fut signée, en 1649, sa seule préoccupation fut d'obtenir, pour La Rochefoucauld, des brevets et des privilèges. C'est toujours La Rochefoucauld qui l'intéresse, qui la dirige et qui la pousse en avant. Après l'arrestation des princes, c'est sur ses conseils, qu'au lieu d'obéir aux ordres de la reine qui lui commandait de se rendre au Palais-Royal, elle s'enfuit pour soulever la Normandie. Repoussée de Rouen et de Dieppe, abandonnée par sa belle-fille, personne prudente et sensée, l'auteur de ces *Mémoires* si nets où madame de Longueville est suivie pas à pas, reprise sèchement et jugée sans indulgence, elle revient à son rôle d'héroïne ou plutôt d'aventurière. Tout un roman se déroule avec les péripéties les plus variées. Échappée à grand'peine au danger de se noyer, elle erre pendant quinze jours sur la côte, se cachant et se gardant; puis enfin, parvenue à gagner un bâtiment anglais dont le capitaine la reçoit comme un gentilhomme qui s'était

[1] Madame de Motteville dit du prince de Conti qu'il cherchait à plaire à sa sœur *plutôt en qualité d'honnête homme que comme frère*. Rapprochez cette expression du passage de Daniel de Cosnac et aussi de certaines chansons du temps, et vous aurez une preuve de plus de l'attrait irrésistible de madame de Longueville. Seulement la séduction était trop puissante, puisqu'elle agissait sur les cœurs qui auraient dû être à l'abri des sentiments trop vifs.

battu en duel, elle débarque en Hollande, vend ses bijoux et arrive à Stenay pour traiter avec les Espagnols et soumettre la grande âme de Turenne à cet empire auquel nul ne pouvait se soustraire.

Madame de Longueville fut une révoltée jusqu'au bout; lorsque Condé, sorti de prison et ayant mécontenté à la fois la cour et la Fronde, tint à Montrond ce dernier conseil d'où dépendait sa destinée, ce fut madame de Longueville qui le poussa à la guerre. On a dit, et je le crois sans peine, que la duchesse jeta son frère dans le parti le plus violent pour éviter d'aller rejoindre son mari qui l'attendait à Rouen. M. de Longueville était las de la guerre civile; il ne voulait plus que son nom fût mêlé aux troubles, ni que sa femme courût encore des aventures où sa réputation se compromettait de plus en plus. La belle guerrière ne tint nul compte de ses ordres; en ce moment elle pensait plus à elle-même qu'à La Rochefoucauld, car elle était sur le point de le trahir.

Condé avait chargé le duc de Nemours de conduire sa sœur dans la ville de Bordeaux, qui s'était soulevée pour sa cause. Le duc était jeune, beau, charmant et la route bien longue! Tête-à-tête périlleux pour une jeune femme qui est coquette, qui s'ennuie et qui ne serait pas fâchée de jouer un bon tour à une rivale détestée. Madame de Longueville triompha donc de la duchesse de Châtillon; mais le triomphe fut court[1], le duc revint à sa maîtresse, et La Rochefoucauld, blessé plus encore dans sa vanité que dans son amour satisfait, se vengea en s'unissant aux ennemis de madame de Longueville, et en lui enlevant l'amitié de son illustre frère.

Madame de Longueville retrouva à Bordeaux la popularité qu'elle avait conquise à Paris au début de la première Fronde. Cet éclat, terni par les violences de l'*Ormée*, dura peu; il fallut céder à la fortune de

---

[1] « Ce commerce ne dura guère, dit Bussy, car ce duc ne pouvait se contraindre à témoigner de l'amitié qu'il ne sentait pas; et l'on peut bien croire que la princesse, qui était malpropre et qui sentait mauvais (*consulter Brienne*), ne pouvait pas cacher ses mauvaises qualités à un homme qui aimait ailleurs éperdument. » Je mets ceci en note, espérant qu'on ne le lira pas. C'est une ombre au tableau, mais n'étant pas un panégyriste comme M. Cousin, je dirais volontiers un amant, je n'ai pas le droit de la cacher.

Louis XIV qui s'avançait en maître, sortir de la ville factieuse et se rendre, sur l'ordre de la cour, à Montreuil-Bellay, domaine de son mari, en Anjou. Peu de temps après, elle obtint la permission de venir à Moulins, auprès de sa tante, supérieure des Filles de Sainte-Marie, la veuve inconsolable de Montmorency. De ce séjour à Moulins date la transformation de la belle et galante princesse. Au sortir de tant de mouvement et d'agitations, dans ce calme et pieux asile, sa pensée se reporta sur les années si pures de sa jeunesse, sur le passé brillant, sur le présent triste et désenchanté. Brouillée avec la cour et avec ses frères, abandonnée par La Rochefoucauld, au déclin de la beauté, sur le seuil de l'âge mûr, elle ne vit qu'en Dieu de refuge contre les autres et contre elle-même. Mais la grâce se fit attendre, les élancements étaient suivis de chutes, les liens à rompre avaient encore tant de force! Enfin, un jour, au milieu d'une lecture, il se tira, dit-elle, « comme un rideau de devant les yeux de mon esprit : tous les charmes de la vérité, rassemblés sur un seul objet, se présentèrent devant moi. La foi qui avait demeuré comme morte et ensevelie sous mes passions se renouvela ; je me trouvai comme une personne qui, après un long sommeil où elle a songé qu'elle était grande, heureuse, honorée et estimée de tout le monde, se réveille tout d'un coup et se trouve chargée de chaînes, percée de plaies, abattue de langueur et renfermée dans une prison obscure. » A cette résolution elle resta fidèle jusqu'à la mort et expia six années d'égarement par une pénitence qui dura vingt-cinq ans et alla toujours en croissant.

Le premier acte de la duchesse, à la suite de sa conversion, fut d'implorer le pardon de son mari, qui agit en honnête homme et vint la chercher à Moulins pour la ramener à Rouen avec toutes sortes de délicatesses et de distinctions. Revenue aux aspirations de sa jeunesse, madame de Longueville se remit en active communication avec ses bonnes carmélites qu'elle n'avait jamais entièrement oubliées. A chaque instant elle écrit à mademoiselle du Vigean, la sous-prieure, pour être guidée dans sa nouvelle voie ; elle a besoin de conseils spirituels, elle réclame un aide et c'est la marquise de Sablé, retirée à Port-Royal, qui le fournit en remettant son amie entre les mains d'un des grands

directeurs de l'époque, M. Singlin. Il y eut entre le directeur et la
pénitente de fréquents entretiens où se mêla encore un peu de roman ;
déjà la persécution s'acharnait sur Port-Royal, et M. Singlin, pour
n'être pas reconnu, venait à l'hôtel de Longueville déguisé en médecin, le visage caché par une ample perruque. M. Singlin dut mettre des
limites à l'ardeur qui emportait madame de Longueville, il lui commanda de rester dans le monde où la retenaient son mari et ses
enfants, et où son salut pouvait s'accomplir aussi sûrement et en exigeant
plus de vigilance que dans le cloître.

Lorsque M. de Longueville mourut, en 1663, la duchesse, en dehors
des exercices de piété et des exigences de la pénitence, se consacra
entièrement à l'éducation de ses enfants, qui lui causèrent bien des
chagrins, le comte de Dunois, par sa mauvaise conduite et son état
d'imbécillité, et le comte de Saint-Paul lui-même, l'enfant tant aimé,
par ses désordres précoces, la fougue et l'impatience de son caractère.
Puis, à mesure qu'ils eurent moins besoin de ses soins, elle s'enfonça
de plus en plus dans l'expiation, prodiguant sa fortune pour réparer
dans les provinces ruinées par la guerre les maux qu'elle avait causés,
pleurant et s'humiliant, domptant sans trop d'effort cet orgueil qui
était la marque de sa race, recevant sans se plaindre les outrages et
les insultes, les acceptant comme le juste châtiment de ses fautes, et
pardonnant à ceux qui lui portaient les plus cruelles blessures. Ainsi
s'acheva sa vie, dans les austérités et les macérations, partagée entre
les Carmélites, où elle avait un appartement, et Port-Royal des Champs,
où elle s'était fait construire un corps de logis, mais avec plus d'attrait
pour Port-Royal ; c'était sa vocation naturelle d'incliner vers les révoltés,
ajoutons vite que ces révoltés étaient des persécutés. La protection de
madame de Longueville s'étendit sur les principaux jansénistes, qu'elle
recueillit dans ses châteaux, et son influence amena enfin cette paix
de l'Église qui, tant qu'elle vécut, donna le calme et la sécurité à la
célèbre communauté. Malgré sa tendresse pour Port-Royal, elle continua à habiter son hôtel, qu'elle ne quitta qu'après la mort du comte
de Saint-Paul (1672) tué si malheureusement à la suite du passage du
Rhin.

Cette mort fut pour madame de Longueville la dernière des douleurs humaines, mais elle en fut accablée. Madame de Sévigné a retracé, dans une page immortelle que nous transcrivons, la scène qui se passa quand on apprit à la malheureuse mère la fatale nouvelle : « Mademoiselle des Vertus était retournée depuis deux jours à Port-Royal, où elle est presque toujours ; on est allé la quérir avec M. Arnauld pour dire cette terrible nouvelle. Mademoiselle des Vertus n'avait qu'à se montrer ; ce retour précipité marquait bien quelque chose de funeste. En effet, dès qu'elle parut : Ah ! mademoiselle, comment se porte monsieur mon frère ? Sa pensée n'osa aller plus loin. — Madame, il se porte bien de sa blessure. — Il y a eu un combat ! — Et mon fils ? — On ne lui répondit rien. — Ah ! mademoiselle, mon fils, mon cher enfant, réponds-moi, est-il mort ! — Madame, je n'ai point de paroles pour vous répondre. — Ah ! mon cher fils ! est-il mort sur-le-champ ? N'a-t-il pas eu un seul moment ? Ah ! mon Dieu ! quel sacrifice ! Et là-dessus elle tomba sur son lit, et tout ce que la plus vive douleur peut faire et par des convulsions et par des évanouissements, et par un silence mortel et par des cris étouffés, et par des larmes amères et par des élans vers le ciel, et par des plaintes tendres et pitoyables, elle a tout éprouvé. Elle voit certaines gens, elle prend des bouillons, parce que Dieu le veut ; elle n'a aucun repos ; sa santé, déjà très-mauvaise, est visiblement altérée. Pour moi, je lui souhaite la mort, ne comprenant pas qu'elle puisse vivre après une telle perte. » Madame de Sévigné écrivait quelques jours après : « Il y a un homme dans le monde qui n'est guère moins touché ; j'ai dans la tête que s'ils s'étaient rencontrés tous deux dans ces premiers moments et qu'il n'y eût eu personne avec eux, tous les autres sentiments auraient fait place à des cris et à des larmes que l'on aurait redoublés de bon cœur. »

Avec le jeune duc de Longueville disparaissait le dernier témoignage des fautes passées. Le dernier lien était brisé et, de ce jour, madame de Longueville n'appartint plus au monde. Elle mourut, le 15 avril 1679, aux Carmélites, où son corps fut enterré ; on porta ses entrailles à Saint-Jacques du Haut-Pas et son cœur à Port-Royal. Un an après, dans ce même couvent des Carmélites, l'évêque d'Autun, Roquette, que Molière a eu en vue en composant le personnage de Tartufe, prononça son oraison funèbre. Madame de Sévigné (il faut toujours la citer quand on écrit sur le xvii° siècle), qui assistait à la cérémonie, dit de l'orateur : « Ce n'était point *Tartufe*, ce n'était point un *Pantalon* : c'était un prélat de conséquence, prêchant avec dignité et parcourant toute la vie de cette princesse avec une adresse incroyable ; passant tous les endroits délicats, disant ou ne disant pas tous les endroits qu'il fallait dire ou taire. Son texte était : *Fallax pulchritudo, mulier timens Deum laudabitur.* » Assurément il se présentait bien des points délicats dans la vie d'une princesse qui avait été Frondeuse, galante et pour comble janséniste. Pourtant le père Talon, jésuite, qui l'assista à la mort, répétait partout : « Janséniste tant qu'on voudra, elle est morte comme meurent les saints. »

C'est ainsi que dans cette existence tourmentée la fin se rejoignait au commencement, comme pour étouffer un milieu condamnable... Que dis-je? ce milieu n'entre-t-il pas pour quelque chose dans la séduction qu'exerce cette brillante figure sur tous les écrivains qui se sont occupés d'elle, sur ceux mêmes qui se sont extasiés à propos de la pénitente? Prestige de la beauté, charme de l'esprit, vous traversez les siècles, conquérant sans cesse des admirations posthumes! c'est vous qui rendez madame de Longueville immortelle plus encore que la grandeur de son âme ; car voilà le côté incontestable que tous doivent reconnaître, partisans ou adversaires : en dépit de ses fautes, de ses égarements, elle eut l'âme grande. Si l'on voulait absolument porter sur elle un jugement résumé, on pourrait dire et sans la flatter qu'elle fut digne d'être la sœur de Condé.

G. VATTIER.

COLBERT

(1619-1683)

Le financier Gourville, contemporain de Colbert, a écrit dans ses
Mémoires une phrase qui résume avec netteté l'ensemble du caractère
de celui-ci : « Je crois que son ambition était plus grande que le monde
« et lui-même n'en jugeaient. » Un autre trait à noter, c'est ce mot du Roi
qui disait souvent, lorsqu'une affaire importante devait être discutée
au conseil : « Voilà Colbert qui va nous répéter : « Sire, ce grand car-
« dinal de Richelieu..... » On retrouve, en effet, dans le ministre de
Louis XIV, l'esprit d'initiative en toutes choses, l'inflexibilité dans la
conduite, et la haute idée de l'autorité souveraine qui dominent chez
celui qui fut plutôt le roi de France que le faible Louis XIII. Ces mêmes
qualités, reprochées à Colbert par ceux dont il ne satisfaisait ni l'ambition
ni la cupidité, sont tellement le fond de l'homme, que dès le début de sa
carrière et dans la position inférieure qu'il occupe, il se soulève pour
ainsi dire et s'impose.

Jean-Baptiste Colbert naquit à Reims le 29 août 1619. Son grand-
père et son père avaient, dit-on, fait le commerce des vins, puis des
draps et de la soie, et tenaient boutique à l'enseigne du *Long Vêtu*.
On a beaucoup discuté sur les origines de sa famille. Les contemporains,
ceux il est vrai qui n'étaient pas de ses amis, comme l'abbé de Choisy,

Bussy-Rabutin, d'Ormesson, traitent ses prétentions nobiliaires de chimériques, et une généalogie que l'on suppose écrite au xviiie siècle, par Félix de La Salle, le bibliophile rémois, donne au ministre une extraction toute plébéienne. Quoi qu'il en soit, un grand nombre de membres de la famille acquirent, à la fin du xvie siècle et dans le xviie, des charges publiques, et se trouvèrent ainsi alliés aux Le Camus, riches financiers, à Maria, intendant des finances, aux Le Tellier, issus eux-mêmes de la bourgeoisie parisienne. Mais la branche à laquelle appartenait Colbert avait, en tout cas, dérogé ; son père, qui n'avait pas réussi dans le commerce, acheta à Paris un office de payeur de rentes, et l'on voit le futur contrôleur général, fidèle aux traditions paternelles, après avoir terminé ses études aux Jésuites, « apprendre d'abord la marchandise. » Successivement clerc chez un notaire et chez Beterne, procureur au Châtelet, puis commis chez Sabathier, trésorier des parties casuelles, il est enfin placé, en 1648, chez Michel Le Tellier, par son cousin, Colbert de Saint-Pouange, qui avait épousé la sœur de ce ministre.

Il est singulier que Colbert ait dû l'origine de sa fortune au père de celui qui devait plus tard être son implacable ennemi. Le commis subalterne de Sabathier devient, auprès du secrétaire d'État de la guerre, l'intermédiaire entre celui-ci et le cardinal Mazarin pendant la première période de la Fronde. Ces années peu connues de sa vie, et sur lesquelles les biographes n'avaient pas appuyé, sont des plus intéressantes [1] ; c'est pour ainsi dire le noviciat par lequel il s'essaya aux affaires publiques. Colbert avait alors trente et un ans. Il dépeint à merveille, dans sa correspondance, le premier ministre qu'il suit comme son ombre et sur lequel il s'exprime assez librement. Aigri par les difficultés de la situation, éloigné de Paris, et n'ayant que des communications irrégulières avec Le Tellier, Mazarin laisse souvent percer une mauvaise humeur dont Colbert supporte impatiemment les effets.

[1] Qu'on nous permette de rappeler ici qu'un décret impérial a ordonné la publication des principaux mémoires, lettres et instructions de Colbert. Ce travail, dont le premier volume, consacré à la période antérieure à son arrivée au contrôle général des finances, va paraître prochainement, est dû à M. P. Clément, membre de l'Institut, qui a bien voulu nous permettre d'y puiser une partie des renseignements dont se compose cette notice.

« Je vous puis assurer, Monseigneur, écrivait-il le 15 juin 1650, que toutes ces rebuffades me touchent si sensiblement que, n'était l'obéissance aveugle que je dois à vos commandements, je me serais retiré, ne pouvant me résoudre à souffrir, qu'avec beaucoup de peine et de répugnance, ces sortes de traitements, particulièrement d'un homme pour lequel je n'ai aucune estime. »

Ces témoignages irrécusables de l'histoire sont curieux à recueillir, et il est encore un fait de la même époque que nous devons signaler. Le futur surintendant, Fouquet, qui commençait à paraître sur la scène politique, réclama l'appui de Colbert auprès de Le Tellier.

« M. Fouquet, écrivait le premier, a une forte passion d'être de vos amis particuliers. J'ai cru qu'il était bien à propos, étant homme de naissance et de mérite, et en état même d'entrer un jour dans quelque charge considérable, de lui faire quelques avances de la même amitié de votre part... Si vous appréciez mon sentiment, je vous supplie de me le faire savoir, ne pouvant m'empêcher de vous dire, avec tout le respect que je vous dois, que je ne croirais pas pouvoir payer en meilleure monnaie une partie de tout ce que je vous dois qu'en vous acquérant une centaine d'amis de cette sorte, si j'étais assez honnête homme pour cela. »

Le Tellier, plus clairvoyant, déclina poliment les avances de Fouquet. Celui-ci fit cependant vite son chemin; Mazarin accepta le dévouement d'un homme qui sut à son tour lui rendre d'utiles services et qu'il ménagea perfidement jusqu'à sa mort.

Marié, depuis 1648, à la fille de Charon de Ménars, trésorier de l'extraordinaire des guerres, Colbert avait une aisance personnelle qui lui permit de s'attacher sans conditions à la fortune de Mazarin au commencement de l'année 1651. Sans cesser ses relations avec Le Tellier, il devint l'agent du cardinal, alors éloigné de France. Le ministre donnait peu aisément sa confiance, et Colbert ne savait pas se contenter des semblants. Son langage tranche singulièrement avec l'indécision ordinaire de Mazarin.

« Comme je travaille, lui écrivait-il, autant pour ma propre satisfaction que pour la vôtre, je la rencontre par la comparaison de l'état auquel j'ai trouvé vos affaires et de l'état dans lequel je les mettrai. Je vous ai dit nettement et véritablement que je vous ai obligation de me donner de quoi occuper mon esprit en des affaires difficiles, parce que la difficulté augmente le plaisir qu'il prend à les acheminer. »

Aussi n'hésita-t-il pas à réclamer du cardinal la conduite entière de ses affaires :

« Il faut, lui disait-il encore, une seule personne qui, outre l'intégrité, l'expérience et l'affection au service de Votre Éminence, ne soit pas du nombre de ces âmes basses qui se cacheraient volontiers dans un puits de crainte d'être soupçonnées d'être seulement connues d'elle.....; qu'elle parle haut et qu'elle ait aussi assez de jugement pour n'entretenir la reine que des affaires de conséquence. »

On le voit, par ce dernier passage, Colbert ne s'annonçait pas comme un simple intendant. C'était plutôt, sans qu'il en portât le titre, et en égard aux affaires politiques auxquelles il prit une part active, un ministre sans responsabilité à côté des secrétaires d'État. Cette position présentait bien des inconvénients; il put le sentir le jour où Le Tellier, jaloux de l'influence de son ancien protégé, lui retira sa confiance. En tout cas, fidèle à sa promesse, il ne marchanda pas son dévouement et releva, en quelques années, la fortune de Mazarin, compromise autant par les événements que par l'impéritie des précédents administrateurs. Mais il avait su prendre dès le commencement une position nette. Il refusa une gratification de 3,000 livres, en disant que, « grâce à Dieu, il avait assez « de bien pour vivre comme un homme de sa condition et peu d'envie d'en « posséder davantage. » Le cardinal ne se méprit pas, sans doute, sur le véritable motif de ce refus, et Colbert, d'ailleurs, le lui fit bientôt comprendre. Il se croyait en position de recevoir d'autres grâces qu'une misérable gratification. Mazarin ne faisait rien pour ceux qu'il croyait attachés à son service, et on ne lui arrachait de faveurs que par l'importunité; Colbert devint solliciteur, et demanda hardiment pour son propre compte, comme il l'avait fait pour Le Tellier. Son frère Nicolas fut pourvu de la coadjutorerie de l'évêché de Luçon; il recueillit pour plusieurs de ses parents des bénéfices ou des charges de cour, et obtint lui-même, à titre gratuit, celle de secrétaire des commandements de la reine à venir, au moment où l'on formait la maison de Marie-Thérèse. Cette charge, qu'il fut plus tard autorisé à vendre, lui rapporta 500,000 livres, c'est-à-dire 2,500,000 francs environ en monnaie actuelle [1].

[1] M. P. Clément, *Mém., Lett. et Inst. de Colbert*, Introduction, t. I, p. cxxix.

Colbert était demeuré jusqu'alors fidèle au souvenir de son ancien protecteur. Mais en 1657, Le Tellier lui témoigna une grande froideur. Quel qu'en fût le motif, à présent encore ignoré, Colbert crut devoir se justifier et protesta humblement de sa reconnaissance. Sans doute son langage était sincère ; il ne pouvait deviner son élévation future. Le Tellier, plus politique, avait-il pressenti l'avenir d'un homme que l'énergie de son caractère signalait comme redoutable ? Ce fut désormais pour celui-ci un ennemi dont la haine devait le suivre pas à pas dans toute sa carrière. Il s'en fit encore un autre dans la personne du surintendant. Mais à la mort du cardinal, Fouquet, fort de tous les appuis qu'il s'était ménagés dans la noblesse, dans la robe et dans la finance, se préoccupa peu d'un adversaire qu'il dédaignait sans doute. Il ne pensait qu'à succéder à Mazarin, et son ambition l'aveuglait. Colbert avait assisté, non en spectateur désintéressé, mais comme acteur dans un rôle de tous les instants, aux divers événements de la Fronde, ce crime politique commis si gaiement par des ambitieux parlementaires appuyés des intrigues de la noblesse de cour et de grandes dames galantes. Il avait vu le cardinal, toujours fécond en ressources et tirant le meilleur parti de ses tergiversations mêmes, cédant toujours mais jamais vaincu, attendre du temps la fin de luttes stériles qui épuisaient la fortune publique ; il avait vu la sublime charité de saint Vincent de Paul impuissante à soulager des misères dont le tableau excite la plus vive horreur ; à ces maux s'ajoutait la pénurie du trésor, dilapidé par le cardinal, par le surintendant et par les financiers ; son esprit inflexible et droit s'attacha au jeune prince jusqu'alors tenu en tutelle, à qui Mazarin l'avait donné ; et du jour où Louis XIV prit en main les affaires de l'État date l'influence de Colbert. Celui qui avait reçu fastueusement son maître dans son château de Vaux, qui, prévenu d'avance de sa disgrâce, répondait presque comme le duc de Guise : « On « n'oserait ! » tomba victime de son impudente présomption.

Quelque méritée que fût sa disgrâce, il y avait en lui, malgré ses fautes que les mœurs du temps expliquent sans les absoudre, une noblesse de sentiments qui se révéla tout entière dans sa chute. L'animosité déclarée de quelques-uns de ses juges et les nombreuses créatures qu'il s'était faites influencèrent l'opinion publique, toujours prête à compatir aux grandes infortunes et opposée, par un instinct irréfléchi, aux sévérités même justifiées du pouvoir. La défense fut habile et l'attaque opiniâtre. Colbert apporta dans la poursuite du surintendant une ardeur que ne justifiaient que trop les déprédations commises, mais qui fournit aux amis de celui-ci des prétextes spécieux contre ses accusateurs. Une condamnation arbitraire lui attira des sympathies dont l'homme sans doute n'était pas indigne, mais que le ministre ne méritait guère. On connaît l'inaltérable dévouement de Pellisson et l'amitié passionnée de madame de Sévigné pour Fouquet; un poëte à qui Colbert garda rancune de sa fidélité à son protecteur avait dit en s'adressant au roi :

> S'il a cru les conseils d'une aveugle puissance,
> Il est assez puni par un sort rigoureux,
> Et c'est être innocent que d'être malheureux.

Touchante requête sortie du cœur de La Fontaine! Un autre poëte, qu'un sonnet arrache à l'oubli, Hesnault, se chargea de lancer l'insulte à celui à qui l'on imputait la disgrâce de Fouquet :

> Il part plus d'un revers des mains de la Fortune;
> Sa chute quelque jour te peut être commune,
> Nul ne tombe innocent d'où l'on te voit monté.
>
> Garde-toi d'amener ton prince à son supplice,
> Et s'il avait besoin de toute sa bonté
> Ne le fais pas user de toute sa justice.

On parla au ministre de cette pièce injurieuse pour lui. « Le roi y « est-il offensé? » dit-il. On lui répondit que non. « Eh bien! je ne le « suis donc pas, » repartit Colbert.

Louis XIV s'était réservé la signature des ordonnances et l'examen de tous les actes de finance. Colbert n'était qu'un premier commis et sut merveilleusement se tenir dans son rôle. « Nous le vîmes, dit ma- « dame de Motteville, prendre le contre-pied de Fouquet, et venir tout « seul avec un sac de velours noir sous le bras, comme le moindre petit « commis de l'épargne. » En agissant ainsi, il obéissait certainement à sa nature. Le roi disait en plaisantant qu'il avait conservé à la cour l'air d'un bourgeois de Paris. Habitué toutefois, sous le cardinal Mazarin, à émettre librement ses vues et ses idées, il sut habilement profiter, sans donner d'ombrage au jeune monarque, de l'énergie qu'il révélait pour lui soumettre, sans se lasser, des plans de réformes et des projets. Il comprit, dès l'aurore du règne nouveau, cette position dans laquelle le pouvoir royal allait s'établir, cette tendance à l'unité d'action qu'il seconda de tous ses efforts. Ses ennemis et ses collègues ne demeurèrent pas longtemps à deviner le rôle qu'il allait jouer; au sortir d'une séance du conseil, dans laquelle il avait soutenu son avis avec force, appuyé par l'assentiment du roi, Le Tellier dit à l'un des membres : « Voyez « sur quel ton le prend le sieur Colbert. Il faudra désormais compter « avec lui. »

D'après un biographe anonyme dont le travail décèle une grande partialité,

« Colbert était d'une taille médiocre, plutôt maigre que gras; ses cheveux étaient noirs et en petite quantité, ce qui lui fit prendre de bonne heure la calotte; sa mine était basse, son air sombre et son regard sévère. Il parlait peu et ne répondait jamais sur-le-champ, voulant être informé auparavant par des mémoires. Il était infatigable dans le travail et d'une exactitude surprenante; la netteté de son esprit lui donnait le moyen d'expédier promptement toutes sortes d'affaires sans confondre les matières. Il comprenait avec peine, mais quand il était instruit, il parlait avec justesse [1]. »

Ce portrait est loin de ressembler, pour la première partie, aux admirables dessins gravés de Nanteuil, et à l'émail reproduit en tête de notre notice. La calotte illustrée par Chapelain a disparu, elle est remplacée par cette volumineuse perruque qui est un des traits particuliers de la physionomie des hommes du XVIIᵉ siècle. Le front est sévère; c'est bien celui que Guy Patin appelait *vir marmoreus;* mais à défaut de finesse dans les traits, une noble fermeté respire dans cette loyale figure.

Un autre contemporain le dépeint comme « un homme sans fastidie, « sans luxe, d'une médiocre dépense, qui sacrifie volontiers tous ses

[1] *Archives curieuses de l'histoire de France,* Cimber et Danjou, *Vie de J.-B. Colbert,* 2ᵉ série, t. IX, p. 1.

« plaisirs et divertissements aux intérêts de l'État et au soin des affaires [1]. »
Claude Perrault, qui l'a longtemps approché, disait qu' « il ne connaissait
« d'autre repos que celui qui consiste à changer de travail et à passer
« d'une occupation difficile à un autre qui l'était moins. » Lui-même écrivait, quelques années auparavant, à Mazarin :

« Le grand travail que vos affaires me donnent me tient lieu d'obligation, parce
que mon esprit étant actif, s'il n'avait pas de quoi s'occuper, il tournerait son activité
contre lui-même, ce qui ne pourrait se faire qu'au détriment de ma santé [2]. »

Voilà l'homme que les circonstances placèrent auprès d'un roi qui se
souvenait du règne des cardinaux-ministres. Colbert, en d'autres temps,
aurait peut-être régenté un prince faible. Il prend son appui dans cette
autorité royale qui sait garder son rôle et maintenir son prestige. Il se
contente d'éclairer son maître. Son zèle devine toutes les créations, toutes
les améliorations profitables à l'État, et sait donner à ses projets la forme
nécessaire pour qu'ils soient accueillis sans peine. Il pratique, à l'égard
du jeune souverain, une flatterie sans bassesse, une sorte de louange
digne ; c'est un ministre, non pas complaisant, mais dévoué, et qui n'hé-
site pas, dans l'occasion, à gourmander son maître.

Il faut bien le dire cependant, auprès de ce roi que les passions entraînent, et qui est habitué à trouver dans son entourage un zèle que jamais
courtisan n'a refusé, la gravité de Colbert est exposée à de singulières
aventures. L'égoïsme de Louis XIV lui impose des services auxquels songeait Molière quand il faisait dire à *la Nuit*, dans le prologue d'*Am-
phitryon* :

> Voilà sans doute un bel emploi
> Que le grand Jupiter m'apprête,
> Et l'on donne un nom fort honnête
> Au service qu'il veut de moi !

En 1663, l'amant de La Vallière écrivait à Colbert : « Rendez les lettres
« que je vous envoie, et plus particulièrement celle où il n'y a rien dessus,

[1] *Archives curieuses de l'histoire de France*, Cimber et Danjou, 2ᵉ série, t. VIII, *Portraits de la
Cour*.

[2] M. P. Clément, *Mém., Lett. et Inst. de Colbert*, t. I, Introduction, p. XLIV.

qui s'adresse à la personne que je vous ai recommandée en partant. » Ce fut Colbert qui, lorsque la pauvre favorite se réfugia une première fois chez les sœurs de Sainte-Marie de Chaillot, l'arracha à son asile en lui disant qu'il avait ordre d'employer l'autorité du roi si elle l'y obligeait. Ce fut lui encore, ce père qui recommandait à son fils « de ne point tomber « dans aucun des inconvénients de jeu extraordinaire, d'amourettes et « autres fautes qui flétrissent un homme pour toute sa vie », ce fut le même à qui le roi donna la mission de surveiller le mari de madame de Montespan et de l'éloigner de Paris.

Mais cette condescendance fâcheuse s'efface devant l'importance du rôle que joue en toutes choses Colbert. Son initiative est féconde. Contrôleur général des finances, ministre de la marine, des colonies, du commerce et des manufactures, surintendant des bâtiments royaux, il réunit des fonctions auxquelles suffit son activité incessante et un travail de seize heures par jour. Partout se révèle l'empreinte d'une intelligence qui ne sacrifie rien à l'éclat, mais qui, par un suprême bon sens, arrive dans l'ensemble de son œuvre à la grandeur.

Dans le *Mémoire pour servir à l'histoire des finances*, adressé au roi en 1664, il retrace avec orgueil le tableau de ce qu'était la France en 1661 et de ce qu'elle est devenue. Les finances rétablies, la création de la marine et la restauration du commerce, les encouragements donnés aux sciences et aux arts, les pensions accordées aux savants français et aussi, par une habile politique, aux savants étrangers, la fondation des académies de peinture, de sculpture, des inscriptions et belles-lettres, de l'école de Rome, l'établissement des Gobelins, signalent ces premières années pendant lesquelles son influence seule prévaut. Son singulier mérite, c'est d'avoir attaché son nom à tant d'institutions diverses, marquées la plupart d'un caractère durable, et que le génie des siècles suivants n'a pu que modifier.

C'est l'époque de sa vie à laquelle, ainsi que le raconte Perrault, il se mettait au travail en se frottant les mains de joie. Il sentait sa position grandir tous les jours. De nombreux parents, placés par lui dans les emplois publics, et de qui sa fermeté savait exiger un dévouement à sa personne profitable à l'État, lui rendaient des services qui ne permettent pas de l'accuser de ce népotisme dont les gouvernements modernes ont un peu abusé. Le roi aidait à sa fortune; ses traitements et les gratifications qu'il reçut furent si considérables qu'il put laisser à sa mort une fortune de dix millions. Ses filles devaient contracter les plus riches alliances : l'une épousa le duc de Chevreuse, une seconde le duc de Beauvilliers, et la troisième le duc de Mortemart. Son fils aîné, le marquis de Seignelay, qu'il surveillait avec tant de sollicitude, avait sa survivance comme ministre de la marine. Ami des beaux-arts, il se plaisait, aux rares moments de loisir que lui laissait une vie si bien remplie, à s'entretenir dans sa maison de Sceaux avec Boileau et Racine, ses confrères à l'Académie. Racine, dont il avait encouragé les débuts, lui dédiait sa tragédie de *Bérénice*.

En 1666, Colbert et Louvois sont en présence. Le jeune secrétaire d'État de la guerre, héritier des haines paternelles et jaloux d'attirer à lui la faveur d'un prince que tourmente l'ambition de la gloire militaire, contrebalance l'influence jusque-là prépondérante du contrôleur général. Les graves dissentiments qui existaient entre ces ministres éclatèrent plus d'une fois au sein du conseil, et l'histoire a recueilli la lettre si connue dans laquelle Louis XIV fit durement comprendre à Colbert qu'il avait été trop loin en sa présence. Le roi crut avoir réconcilié les deux adversaires; il ne fit en réalité que concentrer des haines que rien ne pouvait éteindre. Colbert cependant, qui, dans sa correspondance avec Pomponne, ambassadeur de France près les Hollandais, montre un si grand acharnement à l'égard de ce peuple, ne put être opposé à la guerre de 1672, et seconda sincèrement Louvois. Mais bientôt les besoins grandirent, et le Roi demanda un supplément de 60 millions pour l'extraordinaire des guerres. Le contrôleur général se récria sur le chiffre. « Songez-y, dit Louis XIV, il se présente quelqu'un « qui entreprendrait d'y suffire, si vous ne pouvez vous en charger. »

Le Sage a dit quelque part dans son *Gil Blas*, en parlant d'un ministre hors de place : « Il mourut de la maladie des ministres disgraciés. » Pour conjurer ce terrible mal, Colbert se décida à se soumettre aux volontés du roi, et proposa les créations d'impôts, les mesures vexatoires qui indisposèrent contre lui les habitants de Paris, et qui excitèrent

dans les provinces des soulèvements si durement réprimés. Toute la
haine retomba sur celui dont le dévouement au roi était en même
temps un dévouement sincère au peuple; contre celui qui réprimait
les violences des coqs de paroisse, protégeait l'agriculture en prohibant
la saisie des bestiaux, avait diminué les tailles, et s'inquiétait d'une façon
touchante « si les paysans étaient bien logés, bien vêtus, s'ils se
« réjouissaient aux jours de fêtes et aux noces. » Combien les temps
étaient changés! Les années de guerre sans trève agrandirent le rôle de
Louvois. Le ministre qui organisait si habilement la victoire, comme
on l'a dit plus tard d'un autre, frappait peut-être plus le roi que le
contrôleur général, dont le métier difficile était de procurer l'argent
qu'engloutissaient les armées. Cependant sa faveur ne déclinait pas,
et lors de la disgrâce de Pomponne, en 1679, il sut l'emporter encore sur
Louvois et faire nommer son frère de Croissy secrétaire d'État des
affaires étrangères.

« Il paraît, écrivait mademoiselle de Scudéry à Bussy-Rabutin, que c'est être le
premier ministre que d'être ministre des finances, de la marine et des bâtiments. Je
ne sais comment l'entendent M. le chancelier et M. de Louvois; mais M. Colbert
monte fort par ce dernier établissement. »

Colbert dut en effet le croire lui-même, et il pensa certainement
avoir fondé la grandeur de sa maison. Quelques années plus tard
cependant, Seignelay mourait dans la force de l'âge, suivi bientôt de
Louvois qui dut, à son tour, éprouver ce que valait la reconnaissance
du roi. Barbezieux lui-même ne demeura pas longtemps ministre de
la guerre; le rôle de ces deux familles si puissantes était fini. Toutefois le
génie de Colbert eut encore un retour; ce fut Desmarets, un neveu repoussé par le ministre, qui sauva la monarchie de Louis XIV à son déclin.

On connaît l'anecdote relative aux grilles du palais de Versailles. Le
roi alla jusqu'à dire à Colbert : « Il y a là de la friponnerie. » — « Sire, »
répondit celui-ci, « je me flatte au moins que ce mot ne s'étend pas
« jusqu'à moi. » — « Non, dit le roi, mais il fallait avoir plus d'atten-
« tion, » et il ajouta : « Si vous voulez savoir ce que c'est que l'éco-
« nomie, allez en Flandre, vous verrez combien les fortifications des
« places ont peu coûté. »

Cette dure parole d'un souverain qui avait gaspillé pour son jeu et pour ses maîtresses des sommes immenses, terrassa le ministre. On dit que ses dernières paroles en parlant de Louis XIV furent celles-ci : « Si j'avais fait pour Dieu ce que j'ai fait pour cet homme-là, je serais « sauvé deux fois, et je ne sais ce que je vais devenir. » Le roi lui envoya un gentilhomme porteur d'une lettre ; il refusa de la lire, en disant : « Je ne veux plus entendre parler de lui ; qu'au moins à présent, il « me laisse tranquille. »

Bussy-Rabutin, de qui on ne pourrait dire, en lui appliquant la maxime de La Rochefoucauld, que chez lui l'esprit ne fut jamais la dupe du cœur, a fait à Colbert cette singulière oraison funèbre :

« Le 6 septembre 1683, Jean-Baptiste Colbert, contrôleur général des finances, ou plutôt le maître absolu, mourut âgé de 63 ans. Il ne fut que huit jours malade d'une colique néphrétique. On lui trouva sept pierres dans le rein, qui ne surprirent pas tant que de ne lui en point trouver dans le cœur. »

Une autre oraison funèbre plus digne du ministre fut prononcée dans le sein de l'Académie par son collègue Tallemant. Quant au peuple de Paris, sa haine était si grande contre lui qu'on n'osa faire les funérailles que de nuit, et le convoi fut escorté par les archers du guet. « Il était haï, dit madame de Maintenon, parce qu'il était froid et dur. « On l'a loué après sa mort, mais le plus grand éloge qu'il a reçu a été de « ses successeurs. » — « MM. Le Tellier et Louvois, » écrivait plus tard Saint-Simon, « qui savaient ce que leur avait conté un habile contrôleur « général, leur ennemi, mirent tout leur crédit à faire donner cette place « à Le Pelletier. » Le nouveau contrôleur général, plus préoccupé de son salut que des affaires de l'État, ne garda pas longtemps ces fonctions dont la responsabilité l'effrayait, et qui n'étaient qu'une faible partie des attributions auxquelles suffisait le génie de son prédécesseur. Un matin que le premier maréchal de Villeroy l'attendait, on lui dit qu'il était allé courre le lièvre. « Parbleu, répondit-il, nous avons vu M. Colbert qui n'en courait pas tant, mais qui en prenait davantage. »

ALFRED LEMOINE.

CHRISTINE DE SUÈDE

(1622-1689)

Il est des personnalités historiques qu'on peut juger avec impartialité, mais qu'on ne saurait examiner froidement. Plus extraordinaire que grande, Christine de Suède apparaît plutôt comme une figure singulière qui passionne, que comme une grande reine. Malgré la supériorité réelle de son génie, l'étendue et la variété de ses connaissances, la hauteur et l'indépendance de ses idées politiques, son règne, éclatant et de peu de durée, témoigne à la fois et de l'ambition de ses vues et de la faiblesse qui la surprit dans leur exécution.

A chaque pas de son histoire, dans tous les événements de sa vie, on trouve un cachet de singularité qui n'avait rien d'affecté en elle, et qu'elle apportait dans les grandes et dans les petites choses. Le hasard lui-même semblait s'en mêler.

Les astrologues avaient lu dans les astres la naissance d'un fils. Après la délivrance de la reine, on courut porter à son père la bonne nouvelle, trop tôt démentie.

« Je naquis coiffée depuis la tête jusqu'aux genoux, dit-elle dans ses Mémoires, n'ayant que le visage, les bras et les jambes de libres. J'étais toute velue. J'avais la voix grosse et forte. Tout cela fit croire aux femmes occupées à me recevoir que j'étais un garçon. « Cette fille sera habile, dit le roi en souriant, car elle nous a tous trompés. »

Les astrologues cependant ne s'étaient trompés qu'à moitié : si jamais femme fut virile par le caractère et l'éducation, ce fut assurément Christine.

« Gustave parut toujours satisfait ; sa fille lui ressemblait et il disait qu'elle vaudrait bien un garçon ; mais la reine fut inconsolable de n'avoir pas eu un fils. Elle trouva sa fille laide, ayant un teint basané, des traits mâles et durs. Elle rebuta cette enfant. Christine, dans la suite, ne rendit que trop à sa mère l'*indifférence* qu'elle lui avait témoignée. On tenta mille inventions pour me faire périr, dit-elle encore, ou du moins pour m'estropier. »

Si Christine fut singulière (le mot moderne *excentrique* rendrait mieux notre pensée), Éléonore était d'une bizarrerie étrange ; l'éducation première de sa fille ne fut pas des meilleures, et on peut dire avec elle que ceux qui corrompent la jeunesse des princes ressemblent à ceux qui empoisonnent les sources.

Dès l'âge le plus tendre, Gustave l'emmenait avec lui dans ses voyages. L'ayant conduite à la forteresse de Calmar, lorsqu'elle n'avait encore que deux ans, le commandant de la place hésitait à faire tirer le canon, craignant que le bruit n'effrayât l'enfant, d'une santé délicate. Le roi réfléchit un instant : « *Tirez*, dit-il, *c'est la fille d'un soldat, il faut qu'elle s'accoutume à ce bruit.* » Christine grandit ainsi, partageant sa vie entre l'étude, les affaires et les exercices du corps, portant des vêtements d'homme, maniant toutes les armes, allant à la chasse et regrettant de n'avoir pas assisté à des batailles, comme son père le lui avait promis pour lui donner contentement, et ce qu'il aurait fait, si sa mort héroïque et prématurée dans les plaines de Lutzen n'avait coupé court à l'exécution de ses projets. Christine avait alors six ans.

Chanut, ambassadeur de France auprès d'elle, et qui avait son amitié et sa confiance, trace ainsi son portrait :

« Christine était d'une taille au-dessous de la médiocre ; elle avait le front large, le nez aquilin, les yeux grands et vifs, le regard fort doux, une voix forte, un caractère mâle dans la figure, et une physionomie qui changeait suivant les différentes affections de son âme... Elle avait une très-haute idée de la vertu, et elle en raisonnait à la manière des stoïciens. »

Ce portrait est trop peu flatté pour ne pas être d'une rigoureuse exactitude, et on peut l'accepter comme tel. Toutefois, un dessin, même imparfait, donne une idée plus nette et plus saisissante que toutes les descriptions écrites. A juger de Christine par l'émail de Petitot, d'un travail exquis, on lui trouve une beauté médiocre, sans caractère et sans grandeur. On y cherche en vain ce nez aquilin, ces yeux grands, doux et vifs, cette mobilité expressive, et cette apparence virile, unanimement constatée, qui était le côté saillant de sa physionomie. Un portrait gravé, placé en tête des *Mémoires d'Archenholz*, s'accorde assez avec la description de Chanut. Les traits sont fortement accusés, l'œil est largement ouvert, la bouche charnue, le menton énergique; le nez aquilin, busqué, forme une arête saillante au milieu. Christine n'est pas jolie, mais ici je la reconnais mieux.

« A en juger par le caractère de cette reine, dit d'Alembert qui ne l'épargne guère, il ne paraît pas qu'elle ait été fort portée au libertinage, ni même à l'amour. Une vanité mal entendue était sa seule passion. »

Christine refusa constamment de se marier : « *Il peut naître de moi* « *un Néron aussi bien qu'un Auguste.* » Telle est la raison qu'elle alléguait. Il est supposable qu'elle en avait d'autres, ne serait-ce que celle de sa liberté qu'elle songeait depuis longtemps à conquérir au prix de sa couronne. Tout d'ailleurs, dans sa nature, était incompatible avec un joug quelconque, si léger qu'il fût, et la raison d'une femme, même d'une reine, est souvent bien loin de la raison d'État.

Tour à tour familière et dédaigneuse, souvent imposante, aimant le faste et le bruit, son *tempérament ardent et impétueux*, son humeur *versatile* (Mémoires), l'indépendance de son caractère, se pliaient mal à la routine des affaires et encore moins à l'étiquette d'une cour. « J'ai encore deux défauts dont il faut que je me corrige, écrivait-elle « plus tard, je ris trop fort et je marche trop vite. » — « Elle ne se « peigne qu'une fois par semaine, disait le P. Manerschild, et je lui « ai vu une chemise tachée d'encre. » Ces traits sont caractéristiques.

« Quelque temps avant l'abdication de Richard Cromwell, dit Voltaire, la France vit un autre exemple bien plus mémorable du mépris d'une couronne. Christine, reine de

Suède, vint à Paris. On admira en elle une jeune reine qui, à vingt-sept ans, avait renoncé à la souveraineté dont elle était digne, pour vivre libre et tranquille. Il est honteux aux écrivains protestants d'avoir osé dire, sans la moindre preuve, qu'elle ne quitta sa couronne que parce qu'elle ne pouvait plus la garder. Elle avait formé ce dessein dès l'âge de vingt ans, et l'avait laissé mûrir sept années. Cette résolution, si supérieure aux idées vulgaires et si longtemps méditée, devait fermer la bouche à ceux qui lui reprochaient de la légèreté et une abdication involontaire. L'un de ces deux reproches détruisait l'autre, mais il faut toujours que ce qui est grand soit attaqué par les petits esprits. Pour connaître le génie unique de cette reine, on n'a qu'à lire ses lettres. Elle écrivait à Chanut : *«J'ai possédé sans faste, je quitte avec facilité. Après cela, ne craignez pas pour moi ; mon bien n'est pas au pouvoir de la fortune.»*

« Telle était l'âme de cette personne si singulière, tel était son style dans notre langue qu'elle avait parlée si rarement. Elle savait huit langues. Elle avait été disciple et amie de Descartes, qui mourut à Stockholm dans son palais, après n'avoir pu obtenir une pension en France, où ses ouvrages furent même proscrits pour les seules bonnes choses qui y fussent. Elle avait attiré en Suède tous ceux qui pouvaient l'éclairer (Grotius, Saumaise, etc.). Le chagrin de n'en trouver aucun parmi ses sujets l'avait dégoûtée de régner sur un peuple qui n'était que soldat. Elle crut qu'il valait mieux vivre avec les hommes qui pensent, que de commander à des hommes sans lettres ou sans génie. »

Ce n'est pas ici le lieu de discuter la valeur des paroles de Christine et l'opinion de Voltaire. On peut quitter un trône, on peut aussi s'en repentir. Charles-Quint à Saint-Just n'a-t-il jamais regretté l'empire? Christine à Rome, au sein de ces arts qu'elle aimait tant, jouissant de cette tranquille indépendance pour laquelle elle avait tout sacrifié, n'essaya-t-elle pas de remonter deux fois sur le trône dont elle était librement descendue? Ne demanda-t-elle pas celui de Pologne? On perd difficilement l'habitude de régner, et, dans sa solitude, elle a dû chercher à se mêler aux événements, et vouloir influer sur la politique européenne. Elle faisait, il est vrai, des collections, mais Charles-Quint, las d'accorder des horloges, intriguait sourdement pour l'élection d'un prieur.

« Elle avait cultivé tous les arts dans un climat où ils étaient alors inconnus, continue Voltaire. Son dessein était d'aller se retirer au milieu d'eux en Italie. Elle ne vint en France que pour y passer, parce que ces arts ne commençaient qu'à y naître. Son goût la fixait à Rome. Dans cette vue, elle avait quitté la religion luthérienne pour la catholique ; indifférente pour l'une comme pour l'autre, elle ne fit point scrupule de se conformer en apparence au sentiment du peuple chez qui elle voulut passer sa vie. »

Christine quitta Stockholm le jour même de son abdication, refusant encore d'épouser son cousin Charles-Gustave, qu'elle avait désigné pour son successeur, et ne voulant plus voir la ville dont elle avait été la souveraine. Elle congédia toutes les femmes de sa suite, prit un costume de cavalier et choisit cette devise : « *Fata viam invenient.* » Arrivée sur le bord d'un ruisseau, limite du Danemark et de la Suède, elle descendit de voiture et franchit ce nouveau Rubicon en s'écriant : « *Enfin, je suis libre et hors des frontières de la Suède, où j'espère bien ne jamais rentrer.* »

Elle y revint deux fois. Là encore n'apparaît pas cette ferme résolution si longtemps mûrie dont parle Voltaire.

Elle abjura solennellement le luthéranisme à Inspruck, au grand désespoir des protestants et à la grande jubilation des catholiques, comme si ce changement de religion, remarque d'Alembert, donnait plus de force aux principes sur lesquels repose l'Église romaine. « *Quand on se fait catholique*, ajoute-t-il malicieusement, *on est obligé de l'être deux fois plus qu'un autre.* »

Lisant un jour une citation de la *Conversion de la Reine de Suède*, elle souligna le titre et écrivit en marge :

« Celui qui en a écrit n'en savait rien, et celle qui en savait quelque chose n'en a rien écrit. »

Ce qu'on sait et ce qui peut être affirmé, c'est que sa conversion ne changea guère ses principes. Christine, élève de Descartes, dont les ouvrages commençaient la révolution philosophique et préparaient l'œuvre du XVIIIᵉ siècle, était un des chefs de cette noble phalange d'esprits libres-penseurs, ennemis des préjugés, et qui mettaient en pratique le droit d'examen. Elle répondait aux jésuites qui lui promettaient une place à côté de sainte Brigitte de Suède : « *J'aime bien mieux qu'on me mette parmi les sages.* » Alors, pourquoi se faisait-elle catholique ?

A Bruxelles, où elle séjourna quelque temps, on lui fit une réception royale, et elle écrivait à la comtesse Ebba Sparre :

« ..... Mes occupations sont de bien manger et de bien dormir, étudier un peu, causer, rire, voir les comédies françaises et italiennes et passer le temps agréablement. Enfin, je n'entends plus de sermons, je méprise tous les orateurs. Après ce que dit Salomon, tout le reste n'est que sottise, car chacun doit vivre content, en mangeant, buvant et chantant. Adieu, belle, et souvenez-vous de votre

« CHRISTINE. »

« Elle plut à la cour de France, dit encore Voltaire, quoiqu'il ne se trouvât pas une femme dont le génie pût atteindre au sien... La plupart des femmes et des courtisans n'observèrent autre chose dans cette reine philosophe, sinon qu'elle n'était pas coiffée à la française et qu'elle dansait mal. Les sages ne condamnèrent dans elle que le meurtre de Monaldeschi, son écuyer, qu'elle fit assassiner à Fontainebleau. De quelque faute qu'il fût coupable envers elle, ayant renoncé à la royauté, elle devait demander justice et non se la faire. Ce n'était pas une reine qui punissait un sujet, c'était une femme qui terminait une galanterie par un meurtre... Ceux qui ont justifié cette action méritent de servir de pareils maîtres. »

Ici, Voltaire partage la sévérité avec laquelle d'Alembert, moins enthousiaste que lui, a jugé Christine. Le dernier trait frappait Leibnitz, qui avait fait l'apologie du crime de Christine.

« ..... A tout prendre, elle me parut un joli garçon, dit Mademoiselle de Montpensier à l'occasion de son séjour à Compiègne. Après le ballet, nous allâmes à la comédie ; là elle nous surprit : pour louer les endroits qui lui plaisaient, elle jurait Dieu, se couchait dans sa chaise, jetait les jambes d'un côté et d'autres, et faisait des postures peu décentes. »

Christine fut très-étonnée de l'empressement que les dames de la cour mettaient à la baiser, et elle demanda si c'était parce qu'elle ressemblait à un homme. La célèbre Ninon de Lenclos, qu'elle voulut voir en passant à Senlis, fut la seule des dames françaises à qui elle donna des marques d'estime.

Enfin, Christine se rendit à Rome, où elle s'occupa presque entièrement de ses études favorites. Elle s'entretenait de philosophie, de sciences, d'arts, de littérature, et rassemblait des collections précieuses de manuscrits, de livres, de tableaux, de médailles et d'antiquités.

Christine avait un esprit vif, naturel et séduisant, qui lui mérite autant d'honneur que ses vastes connaissances. Nous en citerons deux traits :

En apprenant que son amie, Madame de la Suze, séparée de son mari, venait d'abjurer comme elle le protestantisme : « *C'est*, dit-elle, *pour ne plus revoir son mari, ni dans ce monde, ni dans l'autre.* »

Une autre fois, qu'elle admirait la statue de la Vérité du cavalier Bernini, le cardinal qui l'accompagnait lui exprima sa surprise de voir une reine aimer la Vérité. « *C'est que toutes les vérités ne sont pas de marbre*, » répondit Christine.

Dans son testament, elle désira que son tombeau ne portât que cette simple inscription :

CHRISTINA VIXIT LXIII ANNOS.

Son vœu ne fut pas rempli, mais l'inflexible d'Alembert ne lui pardonne pas :

« La modestie et le faste des inscriptions sont également l'ouvrage de la vanité : la modestie convient mieux à la vanité qui a fait de grandes choses, le faste à la vanité qui n'en a fait que de petites. »

Cette épigramme du mathématicien est logique et brutale comme une formule d'algèbre.

Christine a laissé plusieurs écrits. Le plus curieux est l'HISTOIRE DE SA VIE, *faite par elle-même et* DÉDIÉE A DIEU. Malheureusement, on n'en a que le commencement, et le manuscrit s'arrête bien avant son abdication. Il est permis de douter que le reste soit parvenu à son adresse.

Le deuxième est intitulé : OUVRAGE DE LOISIR DE CHRISTINE DE SUÈDE. C'est un recueil assez volumineux de maximes, de pensées et de réflexions, la plupart assez banales, et qui sont loin de donner la mesure de son génie. Ses maximes religieuses, surtout, sont remplies de contradictions qui prouvent le peu de solidité de sa foi et la sincérité douteuse de sa conversion.

Nous en détachons les suivantes :

« Les sciences ne sont que les titres pompeux de l'ignorance humaine.

« Un maître et une femme, c'est un bien ou un mal dont peu de monde peut se passer.

« L'art de se venger est peu connu.

« Prétendre la reconnaissance des bienfaits, c'est presque mériter l'ingratitude. »

Ses *Réflexions sur la vie et les ouvrages d'Alexandre* offrent peu d'intérêt.

Quant à sa pastorale en italien : *Endymione,* elle n'en avait fait que le plan et quelques strophes.

Reine à dix-huit ans, adorée de son peuple, guidée par l'expérience du chancelier Oxenstiern, elle promettait, dans sa maturité précoce, de continuer l'œuvre de Gustave-Adolphe et d'assurer la grandeur de la Suède, mais elle n'accomplit pas cette grande tâche digne d'elle, et son histoire ne dément pas le jugement porté par d'Alembert : « *Si* « *Christine s'est fait catholique pour vivre à Rome avec des statues,* « *elle ne mérite pas d'en avoir une.* »

Charles Joliet.

Mme DE MONTPENSIER

MLLE DE MONTPENSIER

(1627-1693)

« Je suis grande, ni grasse ni maigre, d'une taille fort belle et fort
aisée. J'ai bonne mine; la gorge assez bien faite; les bras et les mains
pas beaux, mais la peau belle. J'ai la jambe droite et le pied bien fait;
mes cheveux sont blonds et d'un beau cendré; mon visage est long, le
tour en est beau; le nez grand et aquilin; la bouche ni grande ni
petite, mais façonnée d'une manière fort agréable; les lèvres ver-
meilles; les dents point belles, mais pas horribles aussi; mes yeux sont
bleus, ni grands ni petits, mais brillants, doux et fiers comme ma mine.
J'ai l'air haut sans l'avoir glorieux. Je suis civile et familière, mais d'une
manière à m'attirer le respect plutôt qu'à m'en faire manquer. J'ai une
fort grande négligence pour mon habillement, mais cela ne va pas
jusqu'à la malpropreté; je la hais fort. Je suis propre, et, négligée ou
ajustée, tout ce que je mets est de bon air. Par-dessus tous les autres,
j'aime les gens de guerre et à les ouïr parler de leur métier. Je me sens
fort brave, j'ai beaucoup de courage et d'ambition. J'aime les violons
plus que toute autre musique; j'ai aimé à danser et je danse fort bien;
je hais à jouer aux cartes et j'aime les jeux d'exercice. Je sais travailler à toutes sortes d'ouvrages, et ce m'est un divertissement aussi bien
que d'aller à la chasse et de monter à cheval. Je ne suis point dévote,

je voudrais bien l'être. » Ainsi se peint elle-même la princesse que
vous voyez là, lecteurs, Anne-Marie-Louise d'Orléans, duchesse de
Montpensier, celle que l'histoire nomme la grande Mademoiselle. Et
pour se mieux faire connaître, après vous avoir dit vingt fois qu'elle
aime la gloire, elle ajoutera : « Les Bourbons sont gens fort appliqués
aux bagatelles et peu solides; peut-être moi-même aussi bien que les
autres, qui en suis de père et de mère. » Cela dit, vous tenez le caractère que cette figure doit vous révéler : un esprit faux au service d'un
cœur noble et généreux; une âme honnête, mais frivole, trop souvent
guindée à l'héroïsme; une précieuse de l'hôtel Rambouillet que Nicolas
Poilly eut raison de peindre en Pallas, le casque fièrement posé sur
sa blonde chevelure; une amazone qui frise l'aventurière et qui pourtant reste princesse; enfin quelqu'un dont on voudrait bien rire et qu'on
ne peut s'empêcher d'aimer. Son portrait annonce tout cela, si je ne
me trompe, et ses *Mémoires*, dont M. Chéruel a publié récemment la
première édition exacte, le disent encore mieux.

Mademoiselle naquit en 1627, la même année que Bossuet et madame
de Sévigné. Sa mère, la toute charmante Marie de Bourbon, mourut
cinq jours après lui avoir donné naissance. Son père, Gaston d'Orléans,
le triste frère du triste Louis XIII, tout absorbé par les embarras d'une
alliance clandestine, n'était pas homme à diriger l'éducation de l'orpheline. La pauvre Mademoiselle, livrée à ses heureux instincts de
nature, grandit comme elle put sous l'aile d'Anne d'Autriche. Une petite-
fille de France pourvue de cinq cent mille livres de rente n'est nulle
part embarrassée de sa personne, et mademoiselle de Montpensier
moins qu'aucune autre. Avant qu'elle eût douze ans, une interminable
série de recherches matrimoniales avait commencé pour elle. C'était
le comte de Soissons, marquant ses vues par de significatifs envois de
nonpareille et de dragées; c'était le cardinal-infant, le plus maussade
et le plus disgracié des princes, mais qu'importe cette misère, les qualités de la personne? c'étaient le duc d'Amalfi, le roi d'Espagne, l'archiduc, le prince de Galles, l'empereur..... J'en passe à coup sûr, mais les
Mémoires de Mademoiselle n'ont garde d'en passer aucun. A cette nomenclature très-complète, ils ajoutent ce que le défaut d'espace m'inter-

dit de reproduire ici, je veux dire une comédie des plus divertissantes à l'appui de chaque projet d'hyménée. S'agit-il du prince de Galles, un miracle se fait : non pas qu'il renonce « à la pièce de bœuf et à l'épaule de mouton sur lesquelles il tombe comme s'il n'avait pas eu autre chose, » mais qu'il comprenne, sans savoir un mot de français, tout ce que dit la chère princesse. Est-il question de l'empereur? autre miracle : Mademoiselle, « qui n'était pas fille à longues prières ni à méditations, » devient dévote. Plus de mouches, plus de poudre, plus de rubans; cheveux longs et malpropres; trois mouchoirs de cou l'un sur l'autre; lecture constante de sainte Thérèse; que dirai-je? envie, « pendant huit jours, » d'entrer aux Carmélites. L'empereur profita de cette huitaine pour se marier.... et Mademoiselle reprit ses mouches, en remerciant Dieu de n'avoir pas donné une femme comme elle à un homme comme lui. Pour ne pas déchoir, une quasi-impératrice ne pouvait guère être que reine de France. Mademoiselle y visait et s'assurait d'y réussir : le Mazarin et la régente se jetèrent à la traverse. Aussi la Fronde les en punit.

On se tromperait fort en faisant à cette Frondeuse l'honneur d'un libéralisme d'idées auquel elle était vraiment fort étrangère. « Il faut, dit-elle quelque part, que les intentions des grands soient comme les mystères de la foi, il n'appartient pas aux hommes d'y pénétrer; on les doit révérer et croire qu'ils ne sont jamais que pour le bien et le salut de la patrie. » Mais, bien entendu, cela n'empêche pas la guerre civile d'être chose fort amusante. Entendre un beau matin les roulements du tambour, voir courir dans les rues des soldats de barricades qui portent tout gauchement le sabre et le mousquet, coucher sur la dure, dans une grande chambre, à Saint-Germain, et trouver, en s'éveillant, cette chambre toute remplie de gens à grands collets de buffle, ce sont plaisirs que l'on n'a pas à volonté dans tous les temps; il faut les prendre quand on les rencontre. Ce plaisir-là, d'ailleurs, cette saveur de l'imprévu, de l'aventureux, du grotesque, ne détermina qu'au début la conduite de Mademoiselle. Quand la seconde Fronde éclata, quand la lutte de parlement à royauté fut devenue querelle de princes à ministre, Mademoiselle sentit que l'honneur de sa maison était en jeu.

Gaston, après s'être engagé envers M. le Prince, autant que s'engagent les gens qui ne savent pas distinguer ce qu'ils veulent de ce qu'ils voudraient, se serait borné à siffler, selon son usage, ou à disserter spirituellement sans agir. Sa fille lui arracha l'autorisation d'aller elle-même disputer Orléans aux troupes du roi Louis XIV; sa fille, en voyant écraser au faubourg Saint-Antoine les malheureux engagés avec elle dans la rébellion, assura leur retraite en tirant le canon de la Bastille, dût ce canon tuer le mari qu'elle rêvait encore; sa fille, quand elle apprit les scènes honteuses du 4 juillet 1652, fit hardiment ce qu'aucun n'osait faire : elle vola au secours des victimes de l'hôtel de ville, sans songer aux dangers qu'elle y courait.

C'est dans les *Mémoires* mêmes de la princesse qu'il faut lire la curieuse épopée que je viens de rendre bien aride en l'abrégeant. Le récit est bref, saccadé, aussi naturel que possible; style ou orthographe, la narratrice écrit à la diable et ne s'en soucie guère; si l'émotion vous gagne en quelques rares endroits, c'est que le drame des événements est bien réel, car nulle part les artifices du langage n'ont eu moins de place qu'en ce tableau. Et ce tableau est saisissant néanmoins, et l'on y sent à chaque trait la touche princière et française, et l'on défie les plus habiles de trouver jamais ce ton leste, cette allure désinvolte, ce sourire à la fois altier et bon enfant qui sauve les situations les plus critiques. Qu'elle tienne conseil de guerre avec ses *maréchales de camp*, sans permettre à la gent virile de lui apporter des avis tout faits; qu'on la fourre dans Orléans par le trou d'une vieille porte et qu'elle arrive toute couverte de boue, portée sur un mauvais fauteuil, riant à plein cœur; qu'en allant arrêter les massacres, elle s'arrête à regarder madame Le Riche, la vendeuse de rubans, causant en chemise avec son compère, le bedeau de Saint-Jacques, lequel est en caleçon; c'est toujours la petite-fille de Henri IV, et c'est l'enfant de Paris, que vous entendez, que vous voyez; et vous vous demandez à tout instant si c'est la futilité incorrigible, ou je ne sais quel héroïsme natif, qui parle et qui agit ainsi.

Héroïques ou frivoles, Mademoiselle expia ses incartades par un exil de quatre ans en sa seigneurie de Saint-Fargeau. La rupture avec Gaston, qui la chasse de chez lui et ne permet point qu'elle aille loger ailleurs, les péripéties quelquefois émouvantes et très-souvent comiques du voyage vers la terre d'exil, l'arrivée au vieux château qui n'a ni porte ni fenêtre et qui est hanté par les revenants, puis les tentatives pour embellir cette masure, pour la peupler, pour y mettre la gaieté, l'animation et la vie, ce sont autant de scènes auxquelles les façons de parler de Mademoiselle donnent un attrait de plus. Pendant qu'on plante un mail, qu'on bâtit un théâtre, les négociations matrimoniales vont leur train et, comme toujours, les prétendants abondent, l'électeur de Bavière, le duc de Savoie, le neveu du duc de Lorraine, le duc de Neubourg. La réception de l'envoyé de M. de Neubourg, honnête jésuite qui tire victorieusement de sa poche deux portraits du bon seigneur, lorgne Mademoiselle tant qu'il peut et lui « conte goguette » pendant une heure, est une des plus amusantes comédies qui se puissent rencontrer nulle part. Par malheur, la comédie ne vaut pas la danse dans l'opinion de certains juges, et tous les divertissements de Saint-Fargeau n'empêchaient pas notre princesse de regretter de toute son âme cette pompeuse cour de Versailles où le roi Louis XIV donnait de si gracieux ballets, de si brillants carrousels, de si piquantes mascarades. Les mascarades de 1657 l'emportèrent sur les visées politiques de 1652, et l'exilée se sentit un vif désir de rentrer en grâce.

Prendre l'épée (ou la plume) et courir sus au gouvernement, c'est presque toujours chose aisée, au moins en France ; le difficile est de proposer la paix après la guerre, d'aboutir aux réconciliations profitables, aux traités lucratifs. Mademoiselle y fit de son mieux. D'abord elle pria M. le Prince de cesser avec elle une correspondance compromettante, puis elle écrivit à Mazarin ; puis, en lui écrivant, elle lui donna de l'Éminence, puisque les têtes couronnées lui en donnaient bien ; et l'accord fut fait. En 1657, Mademoiselle était au camp royal près de Sedan ; elle avait à la portière de son carrosse je ne sais quel Mazarin bonasse et complaisant qui croyait tout ce qu'on voulait, et donnait à la princesse une petite chienne de Boulogne, en témoignage de bonne amitié ; elle s'excusait auprès du roi d'avoir été méchante, et promettait d'être bien sage à l'avenir ; enfin elle allait avoir son rang, tenir sa cour particulière, trôner à l'aise en son Luxembourg et contracter sans doute une alliance souveraine.... Illusions! Les tempêtes du cœur allaient succéder aux tempêtes de la politique. La plus glorieuse des filles de France devait éteindre dans les misères d'une vile prose sa longue et romanesque carrière.

L'histoire, justement sévère pour la Fronde, ne traitera point trop durement, je l'espère, la Frondeuse mademoiselle de Montpensier. Sur un point délicat de l'existence privée, la biographie ne saurait, par malheur, montrer la même indulgence. Le critérium suprême pour l'appréciation de certaines femmes, et l'irrésistible argument, c'est l'homme qu'elles ont aimé. Certes, je pardonnerais bien des choses à la grande Mademoiselle, même ses rapports acariâtres avec sa belle-mère, même ses superbes dédains pour ses sœurs du second lit; je ne saurais lui pardonner M. de Lauzun. Je le connais, nous le connaissons tous M. de Lauzun : c'est ce personnage à physionomie hautaine et futée qui nous coudoyait hier, bas ou arrogant, selon les positions et les intérêts, adroit à cacher un égoisme impitoyable, une révoltante brutalité sous les formes d'une libéralité théâtrale, brave autant qu'il le faut pour être insolent avec impunité, intelligent jusqu'aux limites où la personnalité aveugle l'esprit, méchant avec délices quand il n'y a rien à ménager. Ajoutez à cela le ton tranchant, le verbe aigrement sarcastique ou servilement obséquieux, la sensualité insatiable et puissante, d'innombrables succès auprès des femmes, et de prodigieuses aventures. Dès la première rencontre, à une mascarade de la cour, en 1659, le matamore fit impression sur la précieuse. Elle le remarque pour son exquise élégance aux fêtes du mariage de Louis XIV; elle l'admire pour son incomparable bravoure pendant la guerre de Dévolution. Quand elle le voit chez la reine, elle note qu'il a plus d'esprit que tout le monde, et trouve un charme particulier à causer avec lui. Le charme opéra si bien qu'un beau jour la princesse de quarante-trois ans fut réduite à s'avouer qu'elle aimait passionnément ce cadet de Gascogne qui avait alors trente-huit ans. Si déterminée qu'elle fût d'habitude, cette découverte l'accabla. « Je résolus, dit-elle, de ne plus parler à M. de Lauzun qu'avec une tierce personne, et je voulais m'éloigner des occasions de le voir afin de me l'ôter de la tête. J'avais commencé à tenir cette conduite; je ne lui tenais plus que des discours indifférents. Je m'aperçus que je ne savais ce que je lui disais, que je n'arrangeais pas trois mots qui eussent une suite de bon sens; et plus je cherchais à le fuir, plus j'avais envie de le voir. » A bout de forces, la pauvre fille se jeta au pied de l'autel, un jour que le Saint-Sacrement était exposé, et elle pria Dieu ardemment de l'éclairer sur le parti qu'elle devait prendre. L'inspiration n'est pas difficile à prévoir : « Dieu me fit la grâce de me déterminer à ne pas travailler davantage à chasser de mon esprit ce qui s'y était établi si fortement, et à épouser M. de Lauzun. »

Deux choses étaient nécessaires maintenant : d'abord que M. de Lauzun voulût bien comprendre qu'on l'aimait, et qu'il daignât épouser les vingt-deux millions de Mademoiselle; ensuite que le roi Louis XIV consentît à ce mariage, le plus étrange assurément qui se fût jamais conclu. C'est dans les *Mémoires* de la pauvre princesse qu'il faut lire le récit de son double martyre à cet égard. Je ne crois pas que jamais pudeur de femme, délicatesses d'un cœur pur et très-sincèrement épris, aient été mises à pareille épreuve. Enfin, quand Mademoiselle lui a écrit : « C'est vous! » le lui a dit, le lui a répété, le lui a commenté; quand elle a bien fait entendre qu'elle lui donnerait tous ses biens, M. de Lauzun pose ses dernières conditions, par exemple, celle de continuer à loger au Louvre et d'aller voir sa femme dans le jour, quand il pourrait, et il consent. Et le roi? Le roi, quoi qu'on ait pu dire, fut alors, comme presque toujours, acte de prince équitable et sensé. Il engagea sa cousine à réfléchir et à se taire; il ne défendit pas d'abord le mariage qu'elle voulait absolument, il ne le conseilla pas non plus, il se résigna à la laisser faire, pensant que ce serait un mariage tel que les plus simples convenances le commandaient, public, mais simple et sans pompe. Quand il fut question, grâce à l'aveugle vanité de Lauzun, d'une union célébrée au Louvre et à la face de la France, d'une alliance « de couronne à couronne, » quand l'émotion qui avait gagné tous les membres de la maison royale fut sur le point de se communiquer à toutes les familles souveraines de l'Europe, Louis XIV tint grand compte, avec raison, des intérêts politiques que cette fantaisie de princesse mettait en jeu, et il rétracta, comme roi, l'autorisation qu'il avait donnée comme chef de famille. Les contemporains ne tarissent pas sur les manifestations risibles et touchantes de la douleur de Mademoiselle, recevant les compliments de toute la cour comme une veuve désolée, et s'écriant hors d'elle-même, en montrant la place vide dans son lit : « Il serait là ! il serait là ! »

Ceci avait lieu le 18 décembre 1670. Le 25 novembre 1671, M. de Lauzun était arrêté, conduit à la Bastille et de là à Pignerol, où il devait subir une captivité de dix ans. Que s'était-il passé dans l'intervalle ? Grand sujet de controverse entre les érudits ! L'explication la plus vraisemblable, à mon sens, c'est que, nonobstant la défense du roi, le mariage entre Lauzun et Mademoiselle s'était conclu. Vingt témoignages, trop longs à discuter ici, nous mettent sur la voie de cette désobéissance que le caractère de l'un et de l'autre personnage ne devait pas laisser longtemps secrète. Je n'en citerai qu'un seul. Un historien du dernier siècle, Anquetil, rapporte qu'au château d'Eu, en 1744, on montrait encore l'appartement qu'avait occupé M. de Lauzun, audessus de celui de la princesse, avec un escalier dérobé qui donnait dans son alcôve. A la même époque, Anquetil a vu au Tréport une grande fille de la taille de Mademoiselle, et ressemblant beaucoup à ses portraits. Elle paraissait avoir entre soixante-dix et soixante-quinze ans. On la disait, dans le pays, fille de la princesse. Elle semblait le croire, et recevait une pension de quinze cents francs exactement payée, sans qu'elle sût de quelle part. Elle habitait une jolie maison dont elle ne payait point de loyer, quoiqu'elle n'eût aucun acte de propriété. Tout cela, et l'âge même de la demoiselle du Tréport, qui reportait sa naissance vers 1671, me semblerait décisif pour le mariage clandestin qui aurait déterminé l'arrestation de M. de Lauzun.

Dix années d'angoisses et de poignants regrets se passèrent pour la pauvre Mademoiselle, dix années employées à implorer, à marchander le retour du cher captif. « Songez à ce que vous pourriez faire pour plaire au roi, pour vous accorder ce qui vous tient tant au cœur, » lui disait chaque jour madame de Montespan ; et pour lui rendre la

découverte plus facile, elle avait soin de lui amener, de lui envoyer
souvent ce charmant petit duc du Maine auquel le comté d'Eu, le duché
d'Aumale et la principauté de Dombes auraient fait un apanage si
convenable. Se dépouiller pour la délivrance de l'homme qu'elle aimait
d'un si fol amour, notre princesse n'y aurait pas hésité un instant. Le
difficile était de dépouiller cet homme lui-même, déjà pourvu d'une
partie de ce qu'on demandait, et fort âpre à garder ce qu'il avait acquis.
La négociation, longtemps entravée par les résistances de M. de Lauzun,
se conclut enfin. M. de Lauzun, sorti de Pignerol, mais borné d'abord
au séjour de la Touraine et de l'Anjou, eut permission de venir à Paris
et de revoir la bienfaitrice qui lui assurait encore quarante mille livres
de rente. « Je ne le connaissais pas, s'écrie à quelque temps de là la
désolée princesse, et ma seule consolation est que le roi, qui est plus
éclairé que moi, ne le connaissait pas non plus. » Tardive clairvoyance !
M. de Lauzun s'était fait connaître en la battant ; il est vrai qu'elle-même
l'avait « égratigné. » Ce lui fut un soulagement de le voir partir pour
l'Angleterre en 1685 ; et quand « ce petit homme dont l'étoile était tout
extraordinaire eut trouvé le chemin de Versailles en passant par Londres, » il s'en fallut bien que Mademoiselle se réjouît de la faveur
nouvelle dont il devint l'objet. Le témoignage de madame de La Fayette
est explicite : « Sa Majesté envoya M. de Seignelay à Mademoiselle
pour lui dire qu'après les services que M. de Lauzun venait de lui
rendre, il ne pouvait s'empêcher en aucune façon de le voir. Mademoiselle s'emporta et dit : « C'est donc là la reconnaissance de ce que
j'ai fait pour les enfants du roi ! » Enfin elle fut dans une rage si épou-
vantable qu'elle ne la put cacher à personne. Un des amis de M. de
Lauzun fut chargé de lui présenter une lettre de sa part ; elle la prit et la
jeta dans le feu en sa présence ; mais cet ami la retira et représenta
à Mademoiselle que du moins elle la devait lire ; mais Mademoiselle alla
s'enfermer, et revint un moment après dans la chambre dire qu'elle
l'avait brûlée sans la lire. »

Ainsi se termina, dans les plus vulgaires préoccupations, cette existence si poétiquement commencée. Ce fut aux dernières années seulement, et sous l'empire de plus en plus marqué des pensées religieuses,

que le calme se fit dans cette âme misérablement tourmentée. Mademoiselle, qui n'avait cessé de danser qu'en 1674, s'éloigna peu à peu de la
cour quand elle s'y sentit devenir un objet de pitié, sinon de moquerie. Ses visites devenaient si rares que le marquis de Dangeau les enregistre à titre d'événements dans son fade journal : « La grande
Mademoiselle arriva à Versailles ; il y avait quelques mois qu'on ne
l'avait vue à la cour.... Le roi, après son dîner, s'alla promener à
Trianon, et mena dans sa calèche la grande Mademoiselle et madame de
Guise, pour leur faire voir le bâtiment qu'il y fait faire.... Mademoiselle vint à Marly avec le roi, et eut l'appartement qu'on donne à Madame
quand elle y vient ; cela lui a fait un sensible plaisir. » Dernier trait de
caractère, et dernière marque de distinction qui se détache sur le fond
d'indifférence générale que Mademoiselle trouvait alors autour d'elle. A
la suite d'une grave maladie que la pauvre délaissée venait de faire,
madame de Sévigné écrivait à sa fille : « Vous avez été plus en peine de
cette princesse que toute sa noble famille, et son malheur est tel qu'il
faut que ce soit moi qui vous en remercie. » Notez, cependant, que
cette abandonnée avait encore plus de deux cent mille livres de rente
à distribuer. Aussi l'émotion fut vive quand on la sut atteinte de la
maladie à laquelle elle devait succomber, après une douloureuse agonie de trois jours. Les amis de M. de Lauzun se mirent en campagne
tout des premiers pour obtenir qu'il pût voir la mourante, et sans doute
aussi pour qu'il pût lui faire déclarer valable le testament de 1670 par
lequel elle lui avait fait don de tous ses biens. Mademoiselle ne voulut ni
le recevoir, ni entendre parler de lui. « Il n'est chose au monde que
je ne donnasse, disait-elle, pour ne l'avoir jamais connu ! » Un second
testament, daté de 1685, instituait Monsieur légataire universel, en mettant à sa charge bon nombre de legs pieux et des dons assez considérables à tous les domestiques de la princesse, « de peur qu'ils ne
mourussent de faim, » disait-elle dans un dernier bon mouvement.
Monseigneur recevait en héritage la maison de Choisy, sans doute pour
le remercier des trois dessins à la plume ou au crayon rouge qu'il avait
donnés à la princesse, et qui figuraient encore, en 1836, sur l'indicateur de la galerie du château d'Eu, nᵒˢ 21, 22 et 35, avec ces mots de

la main et de l'orthographe de Mademoiselle : « *Faict par Monsieur le Dosin*, 1677. »

La grande Mademoiselle expira le 5 avril 1693, en son palais du Luxembourg, âgée de soixante-six ans. La bizarrerie des accidents la poursuivit jusqu'au delà de cette vie : à ses obsèques, ses entrailles mal embaumées fermentèrent, et l'urne qui les contenait éclata avec un fracas effroyable. Les assistants s'enfuirent épouvantés.

Est-ce à la singularité de son existence, au tour essentiellement français de son caractère, à la grandeur d'une époque où aucun personnage ne passe inaperçu, qu'il faut attribuer l'espèce de popularité moitié aimable, moitié badine, qui s'attache au nom de Mademoiselle? A tout cela sans doute, mais aussi à une autre cause plus décisive, et qui conservera sa valeur, je l'espère, tant que le progrès des mœurs commerciales ne nous aura pas tout à fait abrutis. Mademoiselle ne tient pas seulement sa place au catalogue assez étendu des excentricités princières; elle figure dans un bon rang sur la liste des écrivains français. Les *Mémoires* d'après lesquels je viens d'écrire cette notice, deux œuvres d'imagination aujourd'hui assez rares : la *Relation de l'île imaginaire* et l'*Histoire de la princesse de Paphlagonie*, enfin les *Portraits* tracés par Mademoiselle, ne sont certainement pas sans mérite. Je sais bien que les préciosités de l'hôtel Rambouillet et les mièvreries de mademoiselle de Scudéry ont laissé là une trop large trace; je sais que notre princesse écrivain eut un tendre pour l'abbé Cotin, « son ancien, » jusqu'au jour où Cotin tomba sous le coup des *Femmes savantes*; je soupçonne qu'elle a bien pu opposer à Molière le directeur, auteur et acteur, de son propre théâtre, Dorimon; mais je sais aussi que les portes du Luxembourg étaient ouvertes par elle à tous les beaux esprits « qui y trouvaient leur place comme chez Mécænas; » je sais qu'elle suscita, par ses encouragements ou par ses exemples, La Rochefoucauld et La Bruyère, et que c'est un beau titre que d'avoir valu à la France les *Maximes* et les *Caractères*. Joignez-y, en sous ordre, Segrais et ses *Nouvelles françaises ou Divertissements de la princesse Aurélie*, et puisse tout cela servir de circonstance atténuante à ce vilain délit, M. de Lauzun !

Léopold Monty.

MME DE SÉVIGNÉ

(1627-1696)

Voici ce qui arrive : On vous met sous les yeux un portrait de madame de Sévigné, le plus ravissant portrait que vous ayez jamais pu voir. La voilà bien telle qu'une délicieuse lecture vous l'a fait imaginer, non point idéale à la façon des types admirés d'aujourd'hui, mais, ce qui vaut mieux, vivante. Ces bras, ces mains, cette gorge « mal taillés, » dit un contemporain, cette taille un peu forte dans sa vigoureuse souplesse, ce nez et ce menton en quelque sorte équarris par le bas, ces paupières bigarrées, ces yeux de couleur différente, tout cela rappelle la *rustauderie* que Marie de Rabutin appliquait à ses plus loyales affections, et l'on dirait qu'une goutte de séve populaire s'est infiltrée dans les veines de la grande dame, qu'elle y a porté la vie, qu'elle donne aux yeux cet éclat, au teint cette animation, à la bouche cette fermeté spirituelle, à toute la physionomie ce rayonnement qui illumine sans éblouir, cet attrait qui séduit irrésistiblement. Il séduit si bien qu'on ne se résigne pas à admirer ce portrait sans y mettre son mot, tout indigne, et l'on se hâte de prendre les notes qui doivent y aider. C'est à une phrase des premières lettres, à quelques lignes seulement que ces notes vous renvoient ; mais bon ! les quelques lignes ont provoqué d'une façon si aimable le sourire de l'esprit, la phrase est si gracieuse, si accorte, si avenante, qu'on passe à celle qui vient après, et

à la suivante encore, et à toutes celles qui s'y enchaînent, jusqu'à la
dernière lettre du dernier volume; et alors on ne remarque même pas
qu'on n'a rien mis sur le papier qui attendait; on ne se reproche nullement d'avoir relu ce qui avait été lu déjà dix et vingt fois; on se sent
tout contristé d'avoir fini, voilà tout, et il semble, en déposant le livre,
qu'on se sépare d'un ami et qu'il va désormais vous manquer quelque
chose dans la vie.

A quoi peut donc tenir cet invincible charme? Ceux qui l'ont subi
l'expliquent diversement. Puissance du style, disent les uns; empire souverain d'une langue incomparable que la moindre femmelette de ce
temps-là parlait mieux que nos plus grands maîtres. Pur intérêt historique, prétendent les autres, curiosité vivement éveillée par l'évocation
d'un demi-siècle immortel, d'un monde à jamais évanoui, d'un régime
et d'une civilisation que nous ne reverrons plus. Eh! oui, le style y
est, et l'histoire, à coup sûr, y est aussi; mais vraiment lisez-vous au
point de vue d'une étude exclusivement littéraire les douze volumes que
M. de Sacy est en train de nous donner tels que nous ne les avons jamais
eus? Et ce qui vous pousse à trouver que ces délicieux volumes se
succèdent trop lentement, est-ce un ardent désir de savoir ce qu'il
adviendra de *Quanto* et de son ami? Ou du moins, si ce style vous
attire et si *Quanto* vous intéresse, n'est-ce pas parce que cette plume est
vivante, et *Quanto* vivante aussi sous cette plume? Toute la puissance
du charme est là, ne vous y trompez point: avoir la vie et la répandre
à pleines mains autour de soi; se montrer ce que l'on est, qualités et
faiblesses, et ne se draper jamais, être une personne enfin, non pas
un automate sachant écrire, voilà le secret des œuvres qui captivent et
qui durent. Le moi est odieux sans doute, le moi boursouflé, vantard,
brutal, cupide, égoïste, que l'on rencontre à chaque pas dans le monde;
mais faites grâce au moi littéraire sans lequel il n'y a plus que livres
ennuyeux. Ce n'est pas une doctrine que je cherche en lisant Pascal,
ce sont les palpitations d'un cœur malade, les tressaillements
douloureux d'une âme tourmentée. Et ce que j'aime aussi par-dessus
tout dans la correspondance enchanteresse, c'est son auteur, son
auteur vivant, l'honnête et intelligente figure que vous voyez là,

Ne croyez pas pourtant que cette femme dont la vie vous inspire un
si puissant intérêt ait eu une carrière toute chargée de dramatiques événements, qu'elle ait rempli un rôle sur le théâtre ou dans les coulisses
de la politique ; qu'elle ait exercé sur la société de son temps, par son
salon ou par ses écrits, une influence marquée et facilement appréciable.
Rien de plus uni que son existence, et je dirais de plus bourgeois s'il
ne s'agissait d'une marquise. Orpheline de père et de mère dès l'enfance, mariée à dix-huit ans, veuve à vingt-cinq, occupée dès lors à
refaire une fortune compromise, à établir ses enfants, à adorer sa fille,
à se lamenter sur son éloignement, née en 1627, morte en 1696, et
c'est tout. De fréquents voyages aux Rochers et à Grignan, la Loire
mollement descendue en lisant Virgile ou Tacite dans toute la majesté
du latin, le Rhône affronté jusqu'en ses violences du Pont-Saint-Esprit
pour aller revoir la chère absente, beaucoup de sermons en Bourdaloue,
une représentation d'*Esther* à Saint-Cyr, et puis les nouvelles du jour
reçues parfois dans leur primeur, sensément et spirituellement com-
mentées, depuis le procès de Fouquet jusqu'à la disgrâce de M. de
Pomponne, depuis la mort de Turenne jusqu'à la mort de Vatel, enfin
la femme de chambre, Hélène, Hébert, le valet, la chienne Marphise ;
tel est le programme de cette correspondance de cinquante ans. N'y
cherchez même pas ce qu'on s'attend à trouver, fût-ce dans les replis
d'un post-scriptum, quand il s'agit d'une très-jolie femme, maîtresse
d'elle-même à vingt-cinq ans et appréciée selon ses mérites : je veux
dire un secret du cœur. C'est aux plus minutieuses recherches de
l'érudition qu'il faut demander le nom de ceux qui aspirèrent à lui
plaire, et dont quelques-uns passèrent, mais seulement dans les bas-
fonds du commérage, pour ne pas lui avoir déplu. Les lettres ne vous
livrent que la mère passionnée et la très-honnête femme. Quelle autre
qu'une honnête femme et sûre d'elle-même à tous égards aurait montré,
pendant le procès du surintendant, cette chaleur d'intérêt, cette générosité de sympathie pour un ami malheureux ? Il n'y a que les
consciences pures pour avoir de ces accents-là ; l'habileté n'y attein-
drait pas.

Et avec cette simplicité de canevas, et sans ce puissant ressort de la passion, ces Lettres divines s'emparent de vous et vous entraînent, si vous avez du goût, mieux que les meilleurs romans ne sauraient le faire. Grand problème pour les rhéteurs que d'expliquer cet entraînement! Un seul mot dit tout, cependant : le naturel; mais le naturel d'un esprit admirablement doué et uni à l'imagination la plus heureuse; ce don départi aux organisations favorisées de discerner en toutes choses et en toutes personnes le côté caractéristique, à la fois original et juste, très-souvent comique, toujours vrai, et de le peindre, une fois vu, d'un coloris si vigoureux que le trait reste à jamais ineffaçable. Je veux bien, avec un juge éminent, qu'il y ait, dans un génie ainsi conformé, une tendance à regarder le monde par ses faces divertissantes et familières; mais hâtons-nous d'ajouter qu'il y a, sous cette vie du pinceau que nous appelons gaieté parce que nous sommes devenus gens fort graves, tout autant de sérieux que dans l'observation guindée, et plus de vérité, à mon sens. Il vous arrive de rencontrer sur votre route la petite-fille d'un galérien, de trouver cette fille assez insensible à l'infamie de son grand-père, et de vous voir imploré par elle pour le seul allégement de la peine matérielle. Sur quoi, premièrement, vous constatez en plaintes éloquentes l'insensibilité morale des gens du peuple; secondement, vous mettez le gouvernement en demeure d'élever cette moralité-là; et troisièmement, vous n'avez garde de vous compromettre en intercédant pour un vaurien. Et il m'arrive à moi de trouver votre récit fort édifiant, mais de bâiller de toute mon âme en le lisant, et de n'en rien retenir du tout. Ah! que j'aime bien mieux la riante aquarelle que madame de Sévigné jette à ce propos sur le papier, et les remarques qu'elle m'induit à faire tout doucement si je suis en veine de réflexions. « Il y avait parmi nos bohèmes une jeune fille qui danse très-bien, et qui me fit extrêmement souvenir de votre danse; je la pris en amitié; elle me pria d'écrire en Provence pour son grand-père, *qui est à Marseille*. Et où est-il votre grand-père? *Il est à Marseille*, d'un ton doux, comme si elle disait, *il est à Vincennes*. C'était un capitaine bohème d'un mérite singulier; de sorte que je lui promis d'écrire, et je me suis avisée tout d'un coup d'écrire à Vivonne : voilà ma lettre; si vous n'êtes pas en état que je puisse rire avec lui, vous la brûlerez; si vous la trouvez mauvaise, vous la brûlerez encore; si vous êtes assez bien avec ce *gros crevé*, et que la lettre vous en épargne une autre, vous la ferez cacheter, et vous la lui ferez tenir. Je n'ai pu refuser cette prière au ton de la petite fille et au mennet le mieux dansé que j'aie vu depuis ceux de mademoiselle de Sévigné. » Le tableau, pour n'être ni larmoyant ni de philosophique prétention, en est-il moins moral? N'y a-t-il rien qui vous touche, malgré le sourire qu'on voit sur vos lèvres, dans ce ton doux de la suppliante, dans ce maternel souvenir de la protectrice, jusque dans ce lointain rapprochement du mennet et des galères? Disons-nous plus et mieux dans les formes de notre pompeuse sentimentalité?

La gravité, « ce mystère du corps inventé pour cacher les défauts de l'esprit, » est aussi, et au même titre, un mystère du style trop souvent manifeste dans les produits de la littérature depuis un siècle. Pratiquer beaucoup madame de Sévigné, c'est apprendre à être simple et se dégoûter du solennel. Toute Rabutin qu'elle fût, et marquise par alliance, elle n'avait rien, en effet, de cette guinderie prétentieuse qu'il nous arrive de prendre pour respect des convenances et de la dignité. Les guindés de son temps, et même les orduriers, comme Bussy-Rabutin, trouvaient déjà qu'elle avait le caractère trop badin pour une femme de qualité. Il n'est donc pas surprenant qu'à certains passages de ses lettres la pruderie moderne se soit tout à fait effarouchée. Nous sommes gens si pudibonds! La question serait de savoir, pourtant, si c'est le franc rire et le verbe un peu leste, ou bien la rougeur embarrassée, qui accuse le plus de pudeur sincère et de véritable honnêteté. *Omnia munda mundis*, a dit l'Apôtre; je le crois, et il me semble même qu'il y a des scrupules mélancoliques dont les voluptueux et les corrompus sont seuls capables. Oserai-je dire que, s'il me fallait une preuve nouvelle de la constante vertu de madame de Sévigné, vertu toute simple, sans étalage et sans fracas, c'est justement dans ces joyeusetés petillantes, dans ces vives gaillardises que je la prendrais? Défiez-vous des langueurs éthérées, des mystiques élans, des silences farouches, jamais de cette jovialité gauloise, qui garantit le calme du cœur et la pureté de la conscience.

Mais ce cœur, madame de Sévigné l'avait-elle, ont dit les casuistes

des biographies féminines, et la vertu n'est-elle vraiment pas bien facile
à qui ne subit aucune sorte d'entraînement? Et l'on allègue l'indifférence de Marie de Rabutin pour la mémoire de ce père qu'elle n'avait
pas connu, deux plaisanteries irrévérencieuses placées là où nous met-
trions d'honnêtes sanglots traduits en points d'exclamation. On cite ces
phrases abominables : « Ah ! vraiment, vous voilà bien plaisante avec
votre amour maternel ; quelle folie ! Est-ce qu'on aime cela? Il est blond,
c'est ce qui vous charme, vous aimez les blondins ; » ou bien : « J'aime
votre fille à cause de vous ; mes entrailles n'ont pas encore pris le train
des tendresses d'une grand'mère. » On note qu'elle n'a fait ni jéré-
miade ni philippique, qu'elle a même conservé toute sa plaisante
humeur quand on pendait, non loin des Rochers, ces pauvres paysans
bretons, lesquels, après avoir bu tant de pipes de vin, s'étaient rebel-
lés contre le roi, et avaient jeté des pierres à M. le duc de Chaulnes en
l'appelant *gros cochon*. On insinue, enfin, que cette persistante adoration
pour sa fille pourrait bien ne pas être autre chose qu'une espèce de
monomanie, tout au moins un de ces détours perfides que l'égoïsme sait
prendre parfois, quelque chose d'analogue à l'affection de nos chats
qui se caressent contre nous quand nous croyons qu'ils nous caressent.
Pour ce dernier point, je le conteste, en mettant tous les égoïsmes du
monde au défi de jamais trouver une parole de ce ton-ci : « La bise
de Grignan me fait mal à votre poitrine. » Pour les autres, que vous
dirai-je? Il nous est arrivé à tous, depuis trente ans, de lire ou d'entendre des effusions si singulières, des explosions de sympathies si fac-
tices, des attendrissements si déclamatoires, qu'il nous est bien permis
de prendre en dégoût la strophe sensible et le lyrisme humanitaire,
d'admirer encore madame de Sévigné quand elle se donne tout simplement pour ce qu'elle est, et, — disons-le tout bas, — pour ce que nous
sommes le plus souvent. N'oublions pas toutefois qu'en cherchant bien
dans les Lettres, on y trouve cette phrase significative et qui peut donner
à penser aux chercheurs de sentiments profonds ; « Ah ! noble indifférence, où êtes-vous? Il ne faut que vous pour être heureuse, et sans vous
tout est inutile. »

Se donner pour ce qu'elle est, sans affectation et sans grimace, livrer

à notre observation, au lieu du personnage convenu de la plupart des
livres, une personne vraie, un cœur, une âme, un esprit, une pensée,
c'est là le mérite singulier de madame de Sévigné et l'éternel attrait de
sa correspondance. Sur aucun point, et pas même sur ceux que son
siècle et elle-même avaient le plus à cœur, il n'y a ni feinte ni dissimulation. Il est incontestable, par exemple, que les idées religieuses ont
tenu une place considérable dans sa vie; non-seulement elle lit saint
Augustin et saint Paul dans les in-folio les plus vénérables, mais encore
elle disserte sur le libre arbitre, sur la prédestination, sur le dogme de
l'éternité des peines, comme il appartiendrait tout au plus à un docteur
de notre temps; elle va le plus souvent possible entendre Bourdaloue
« qui frappe comme un sourd et dit des vérités à bride abattue; » si
Mascaron vient prêcher à sa paroisse, elle fait bien vite un très-beau
dîner, parce qu'il lui semble qu'il est « d'une vraie petite dévote de
lui donner un repas. » Mais elle est donc dévote? Hélas! non, répond-
elle à sa fille, dont je suis bien fâchée. On n'est ni à Dieu ni à diable.
On se reproche je ne sais quelles pensées qui égratignent la tête et qu'il
faut faire semblant de ne pas voir. Et pourtant, si le Comtat est saisi par
ordre de Sa Majesté, et que la saisie puisse servir à remettre en finances
ce pauvre M. de Grignan qui se ruine, la tête de sa belle-mère ne sera
nullement égratignée et vous ne lui verrez pas ombre de scrupule à
l'endroit de la dépossession du Saint-Père; elle se confiera tout bonne-
ment à la prudence du cardinal de Retz « pour accommoder le langage
du Saint-Esprit avec le service du roi; pour remettre dans le conclave
le Saint-Esprit qui en est exilé depuis tant d'années. » Ces derniers
mots vous semblent bien légers sans doute, et vous demandez si le petit
Arouet en pouvait entendre de beaucoup plus hardis chez Ninon. La
marquise est une pieuse femme, cependant, mais qui ne songe pas à se
montrer plus orthodoxe qu'elle ne sait l'être. Ainsi fait-elle en toutes
rencontres. Je ne suis guère humble, vous dira-t-elle quelque part, et il
lui fâche tout à fait de voir un Rabutin aux prises avec Duval, un valet de pied, même pour lui disputer une princesse. Mais vienne un
incendie dans le voisinage, et la voilà qui descend dans la rue, toute
bonne femme, pour voir travailler les capucins et « pour béer comme

les autres. » S'il est question de marier son fils, arrière encore les scrupules de fierté malséante ; la prudente mère s'appliquera à découvrir « une petite fille un peu juive de son estoc, mais dont les millions paraissent de bonne maison. » Je ne sache pas que l'on parle bien autrement à l'heure qu'il est.

Il me semble qu'en général on s'est trop borné à voir une madame de Sévigné vive, aimable, spirituelle, un peu prompte aux propos égrillards, très-capable de divertir, et qu'on n'a pas suffisamment montré le sérieux esprit, le jugement solide et sain, la sévère économie de l'existence qui se dérobent sous ces gaietés-là. Quand on a lu la charmante lettre sur Picard, « le garçon du monde qui aime le moins à faner ; » quand on a bien ri des chanoines nègres de Guinée qui chantent les louanges de Dieu tout nus, avec des bonnets carrés et des aumusses au bras gauche ; quand on s'est amusé aux histoires de Pomenars, de la Brinvilliers ou de la Voisin, tout n'est pas dit sur l'auteur des Lettres, il s'en faut bien. On oublie encore la femme qui mena virilement la vie réelle en regard de la vie intellectuelle, qui lisait avec délices les contes de La Fontaine, il est vrai, mais qui faisait passer avant un compte de fermier en bonne forme, et qui disait fort sagement : « Ceux qui se ruinent me font pitié ; c'est la seule affliction dans la vie qui se fasse toujours sentir également, et que le temps augmente au lieu de la diminuer. » On oublie que cette rieuse possédait au plus haut degré la faculté d'observation, et qu'il y aurait à prendre dans ses Lettres un choix de maximes que les plus profonds moralistes ne désavoueraient pas.

Puis-je ainsi terminer gravement quelques lignes consacrées à un si vif et si aimable esprit ? Vraiment non, et je veux finir par un mot que rapporte ce vilain Tallemant. On sait que la pauvre marquise ne fut guère heureuse pendant les sept années de son mariage. Elle contait ses peines à ce bon abbé Ménage, lequel avait le travers de soupirer un peu vite pour ses charmantes élèves, Marie de La Vergne ou Marie de Rabutin, « Luy qui en avoit esté amoureux autrefois luy disoit : « J'ay « esté vostre martyr, je suis à cette heure vostre confesseur.—Et moy, « respondit-elle, vostre vierge. »

LÉOPOLD MONTY.

LA PRINCESSE DE CONDÉ

(CLAIRE-CLÉMENCE DE MAILLÉ-BRÉZÉ)

(1628-1694)

Après tant d'héroïnes de beauté, de gloire, de galanterie, voici une figure plus effacée, plus humble, j'allais dire humiliée, d'épouse dédaignée et sacrifiée, une martyre de la foi conjugale.

Claire-Clémence de Maillé-Brézé fut, à l'âge de treize ans, mariée à Louis de Bourbon, duc d'Enghien, le futur héros de Rocroi et de Lens; et, dès avant le mariage et encore après, le jeune duc protesta, par acte en forme, qu'il cédait à la violence et qu'il subissait le pouvoir de l'autorité paternelle. Henri II, prince de Condé, qui exigeait ce mariage, suivait ses instincts de courtisan ambitieux et avide, en recherchant l'alliance du cardinal de Richelieu, dont Mademoiselle de Brézé était la nièce par sa mère, Nicole du Plessis. Mademoiselle de Montpensier, qui croyait avoir plus de raison que personne de s'indigner de cette recherche, dit en propres termes que le Prince se mit aux pieds de Son Éminence pour lui demander à la fois Mademoiselle de Brézé pour le duc d'Enghien et M. de Brézé, son frère, pour Mademoiselle de Bourbon, et qu'il n'échappa à la honte d'une double mésalliance que par la clémence du cardinal, qui lui répondit qu' « il voulait bien donner des demoiselles à des princes, mais non des princesses à des gentilshommes [1]. »

---

[1] Tallemant des Réaux, qui rapporte le même fait à peu près dans les mêmes termes, ajoute qu'il fut reproché publiquement au prince de Condé par l'avocat de Madame d'Aiguillon, contre laquelle il eut procès au sujet de la succession du cardinal.

Lenet, le serviteur assidu de la maison de Condé, et en ce temps-là le confident du duc d'Enghien, nous a conservé tout le détail de sa résistance. Il raconte qu'un jour, à la chasse, le jeune duc lui confia qu'il était résolu à s'enfuir et à se jeter dans Dôle pour se soustraire à la persécution de son père. Mais le vieux courtisan, instruit par le sort du comte de Soissons de ce qu'il en coûtait de traiter légèrement les nièces de Richelieu, ne tint compte ni des répugnances de son fils, ni de ses protestations.

Mademoiselle de Brézé entrait donc dans la famille de Condé par la voie détestable de l'autorité et de la politique. Son époux l'avait en aversion; sa belle-mère, Charlotte-Marguerite de Montmorency, la méprisait; Madame de Longueville, sa belle-sœur, ne l'estimait pas: Mademoiselle de Montpensier déclare *qu'elle lui faisoit pitié*, et c'était le mot le plus doux qu'elle pût trouver pour une personne qui contrariait si fort ses vues et son penchant. Enfin, M. le Prince, son beau-père, « la protégeoit sans l'aimer. »

Personnellement, la jeune duchesse méritait-elle cette aversion et ces mépris? Mademoiselle nous dit, à la vérité, qu'elle était gauche, et que, « du côté de la beauté et de l'esprit, elle n'avoit rien qui la mît au-dessus du commun. » Mais Madame de Motteville, moins passionnée et plus désintéressée dans ses jugements, lui reconnaît quelques avantages. « Elle n'étoit pas laide, dit-elle; elle avoit les yeux beaux, le teint beau et la taille jolie... Elle parloit spirituellement, quand il lui plaisoit de parler... » Lenet, dont nous n'avons voulu donner le témoignage qu'en second, à cause de son attachement à la famille, qui pouvait le rendre suspect, déclare qu'elle était « brune et belle, et autant agréable qu'il y en eust à la cour. » Madame de Motteville ajoute que si Madame de Condé n'eut pas toujours le talent de plaire au bal et dans les conversations, la fidélité qu'elle garda à son mari dans l'adversité, et le zèle qu'elle montra pour ses intérêts et pour ceux de son fils pendant la campagne de Guyenne, auraient dû compenser le malheur *de n'avoir pu mériter, par de plus éminentes vertus, une réputation plus éclatante et mieux établie.*

Il faut en quelque sorte ici deviner, sous les façons de parler du

temps, quelles étaient les *vertus éminentes* qui ont manqué à la princesse
de Condé pour mériter l'estime de son mari; ou se demander si la fidélité éprouvée, le courage, le dévouement n'étaient point alors des vertus
éminentes. Ils l'étaient, sans doute, et il est probable que ce que Madame de Motteville entend par ces mots, c'est plutôt l'éminence des qualités propres aux femmes, et qui en ce temps-là, plus que jamais, em-
portaient un genre d'illustration qui ressemblait vraiment à la gloire :
l'éclat de la beauté, de l'esprit, des grâces, de l'intrépidité, le charme,
en un mot, que possédèrent à un si haut degré une Madame de Longueville, une Madame de Chevreuse, une Marie de Hautefort, une Mademoiselle du Vigean.

Quoi qu'il en soit du mérite personnel de Madame la princesse de
Condé, le peu qu'elle en avait justifierait-il le malheur de sa destinée?
Non : quelque beauté, de l'esprit, de la vertu, du courage; un esprit timide peut-être, une vertu sans éclat, un courage même médiocre,
prompt à se déconcerter, et qui avait besoin pour se développer de la
pression des événements et du danger; ce n'était là sans doute de quoi
appeler les furies implacables.

A considérer cette vie vraiment déplorable, et du commencement à la
fin affligée de tous les genres de douleur et d'humiliation, on devine
l'ascendant d'une fatalité invincible, le guignon, la conjuration funeste
des événements et du sort. Le malheur de Claire de Brézé commence
dès ses premières années. Lorsqu'elle épousa le duc d'Enghien, à l'âge
que l'on sait, il y avait déjà six ans qu'elle avait perdu sa mère, morte
en 1635. Que devint son enfance, livrée à la négligence d'un père fan-
tasque et libertin, gouverné dès avant son veuvage par une maîtresse,
femme d'un de ses laquais, qu'il fit tuer à la chasse afin d'être plus libre; d'un père à qui, dit Tallemant, — qui le prouve, — l'amour fit
faire d'étranges choses, et qui, lors du mariage de sa fille, disait négli-
gemment, comme s'il se fût agi d'une autre : — *Ils vont faire cette petite fille princesse!*

Le premier souvenir que les Mémoires aient conservé d'elle semble
à lui seul tout un présage de son amère destinée. Dans un bal d'enfants,
donné par Monsieur au Luxembourg, on imagina, comme divertissement,

d'apporter des cages pleines d'oiseaux, auxquels on donnait la volée dans la salle. Un de ces oiseaux, effarouché, s'alla glisser dans la fraise tuyautée et goudronnée de Mademoiselle de Brézé qui, surprise et effrayée, « se mit à crier et pleurer avec tant de véhémence, qu'elle fit redoubler le rire que cet accident imprévu avoit causé dans toute l'assemblée. » Hélas! pauvre enfant! déjà pleurante et raillée! Cette ironie insultant à son effroi et à son chagrin, elle devait l'entendre toute sa vie.

Le jour de ses noces fut marqué par un autre accident, ridicule aussi, mais qui sans doute eût frappé de terreur l'âme d'une Romaine. Mademoiselle de Brézé était petite, et, pour lui donner quelque avantage, on l'avait chaussée de souliers si hauts, « qu'elle pouvoit à peine marcher. » En dansant une courante, elle glissa sur ses talons trop élevés, et... tomba. Mademoiselle, qui rapporte le second accident, et aussi le premier, n'ajoute pas un mot de condoléance, et certes elle n'avait pas dû être des moins empressées à rire et de la frayeur de l'enfant et de la maladresse de la danseuse[1].

Mais voici des fatalités plus graves.

À la gaucherie de la provinciale timide et de la fille élevée sans mère, s'ajoutent les trahisons du sort, la conspiration des événements et des passions contraires. Claire-Clémence ne tomba pas qu'une fois ce jour-là. Des obstacles inconnus, mystérieux, invisibles, auxquels son innocence se heurta, lui firent faire une chute plus profonde et plus douloureuse au-dessous du ridicule et du mépris.

En 1641, date de ce mariage funeste, le duc d'Enghien, à peine âgé de vingt ans, n'avait encore servi que comme volontaire sous les ordres du maréchal de la Meilleraye, au siège d'Arras, mais dès cette première campagne, il avait déjà montré par son activité, par son zèle, par sa témérité, l'impatience de l'obscurité et l'amour de la gloire dont il devait s'emparer, si jeune encore, à deux ans de là. Mademoiselle, plus croyable quand elle parle de Condé que quand elle parle de la princesse sa femme, nous apprend ce qu'avait été, avant ce début, la jeunesse du duc d'Enghien, dans quelle dépendance le tenait son père, et

[1] « Il n'y eut point de considération qui empêchât de rire toute la compagnie, sans en excepter M. le duc d'Enghien. » *Mémoires de Mademoiselle*, 1re partie.

quelle vie appliquée et sans distraction il lui faisait mener auprès de lui
et dans les académies, après qu'il eut terminé ses études au collège des
Jésuites de Bourges. « Il l'avoit tenu, dit-elle, toujours à Dijon, sans lui
rien donner et sans lui permettre aucune liberté : ce jeune prince *s'en-*
nuyoit de ne se pas faire connoître; et il a bien paru depuis qu'il avoit
dès ce temps-là des qualités pour le pouvoir faire avantageusement. » Ce
premier siége et ces premiers combats l'avaient émancipé. Il s'en revint
à Chantilly, affranchi par le péril et par le commandement qu'il avait
exercé, car, dit Lenet, les volontaires s'étaient montrés glorieux de
mettre à leur tête un homme de cette élévation; ayant déjà mordu à ces
fruits généreux dont il était affamé, et baptisé sur le champ de bataille
par le sang du baron de la Ferté-Saint-Nectaire, blessé à côté de lui.
M. Cousin a raconté, en quelques pages enchantées de ce beau livre, *la*
Jeunesse de Madame de Longueville, quels étaient en ce temps-là les
plaisirs de cette noble famille, la beauté des jardins de Chantilly, de
Liancourt et de Ruel, les divertissements mêlés de haute galanterie et
de badinage poétique auxquels prenaient part Mademoiselle de Bourbon et ses jeunes amies, le duc d'Enghien et ses compagnons d'armes, et
Voiture, et Sarrazin, les beaux esprits de la maison. Phase de délices,
enivrements passagers où, d'un côté, l'héroïsme relevait la frivolité, et
où, de l'autre, les traditions sévères de l'hôtel de Rambouillet sauvegar-
daient la faiblesse et la grâce. On les voit passer, ces jeunes vaillants et
ces charmantes, sur ces terrasses et dans ces parterres merveilleux illus-
trés par Perelle et chantés par Sarrazin. Et, à les voir ainsi marcher deux
à deux, ou converser ensemble, ou rêver à l'écart, on croirait réalisée la
fiction délicieuse d'un d'Urfé, d'un Tasse ou d'un Watteau. Tout leur
conseillait l'amour : le lieu, la solitude, l'âge et leur noblesse même qui,
en les faisant tous dignes, parce qu'ils étaient tous égaux, ôtait jusqu'à
l'appréhension d'une erreur, jusqu'au scrupule d'une décadence. Les
nacelles qu'ils détachaient des rives de la pièce d'eau les menaient à *l'Ile*
d'Amour; les bois et les étangs, la forêt profonde et les eaux dormantes
évoquaient mille souvenirs mythologiques, et les vers charmants que
rimaient facilement pour eux les plus gracieux maîtres de la poésie galante, ne leur parlaient que de Diane, d'Astrée et d'Alcine. Ne cherchons

plus à recomposer les paysages magiques de la vallée du Lignon, ni la forêt des Ardennes, ni le palais d'Armide ! Si jamais le bonheur, paré de toutes les grâces, de tous les prestiges de la jeunesse, beauté, splendeur du rang, luxe de la vie, vaillance, héroïsme ; si jamais la poésie du bonheur et de l'amour existèrent quelque part, ce fut dans ces lieux si beaux, peuplés d'êtres si choisis, si généreux, si également comblés de dons si rares.

On sait de quel roman délicat Condé fut en ce temps-là le héros à Chantilly, et quelle en fut l'héroïne. Mademoiselle du Vigean, une La Vallière sans faiblesse, qui porta au couvent des Carmélites le deuil de son unique et chaste amour, fut, au dire de Madame de Motteville, la seule que Condé ait véritablement aimée. Il n'est resté aucun portrait d'elle[1] ; et avant les généreuses recherches du biographe de Madame de Longueville, à qui la passion du savoir a fait poursuivre dans les archives du couvent et dans les manuscrits du temps les moindres traces de sa vie, on ignorait jusqu'à ce doux prénom de Marthe « qui, dit-il, répond si bien à son caractère et à sa destinée. » A quoi bon demander si elle était belle? Quelques vers de Voiture, où elle est comparée à l'aurore, à une fleur s'épanouissant, à l'innocence qui ignore son pouvoir et ses charmes, et une déclaration non suspecte de Mademoiselle, peu disposée à exagérer les mérites de celle qu'aimait Condé, nous apprennent qu'elle était d'une beauté peu ordinaire; sans le savoir, nous l'aurions bien cru. Le peu de bruit qui s'est fait autour de sa vie, marque d'un respect rare en ce temps-là ; sa discrétion, sa fierté, la dignité de sa retraite, tout annonce une âme sérieuse et forte, digne d'être la compagne d'un héros, sa confidente, et peut-être même sa conseillère. Peut-être, dans ses entrevues d'adieu si déchirantes, où Condé, prêt à rejoindre l'armée, pleurait et s'attendrissait, nous dit-on, jusqu'à s'évanouir, peut-être Mademoiselle du Vigean pleurait-elle moins que lui, quoique non moins affligée ; elle l'encourageait sans doute, et par sa fermeté, par la

[1] M. Cousin cite ce passage des *Mémoires-anecdotes* de Segrais, d'après lequel il lui paraît qu'il ne serait pas impossible de retrouver un portrait de Mademoiselle du Vigean : « Mademoiselle m'a fait voir « à Saint-Fargeau, dans son cabinet, un tableau où elle est représentée en Grâce, entre Mademoiselle « du Vigean et Madame de Montbazon. » *La Jeunesse de Madame de Longueville*, App. du chap. II.

gravité de sa douleur, elle lui inspirait une confiance plus mâle et des sentiments plus dignes de sa gloire.

« A la rigueur, dit M. Cousin, le duc d'Enghien pouvait fort bien imaginer qu'il ne lui serait pas impossible d'obtenir de son père et du roi, c'est-à-dire du cardinal de Richelieu, leur consentement à un mariage, disproportionné sans doute, mais qui n'avait rien de dégradant. Mademoiselle du Vigean était fort riche, et sa famille était en grand crédit; Richelieu la favorisait, et il ne lui eût pas trop déplu de voir un prince du sang descendre un peu de son rang. Le mariage qui fut imposé à Condé quelque temps après, n'était pas beaucoup plus relevé que celui-là. » Mais était-ce bien là qu'allaient ses pensées, et n'est-ce pas forcer un peu les choses que de sortir ici de la sphère éthérée du roman, de l'amour désintéressé et sans autre but que lui-même? Du moins, Lenet, sans se tromper sur la violence et la sincérité de la passion du duc d'Enghien pour Mademoiselle du Vigean, nous le fait voir dans le même temps préoccupé de pensées, de projets tout différents. Il nous le montre, fidèle en cela au génie de sa maison, songeant à une alliance illustre et plus conforme à sa destinée. Mademoiselle de Montpensier, plus jeune que lui de quelques années, n'était pas mariée, et aucun parti convenable ne se présentait pour elle. Le jeune duc, raisonnant en grand seigneur et en prince du sang, pouvait se promettre de grands avantages d'une union qui faisait rentrer le nom et les biens des Montpensier dans la maison de Bourbon. Le cardinal et le roi, à qui tant d'avantages réunis dans une seule famille pouvaient donner ombrage, étaient vieux et maladifs. Aussi fut-ce la première objection qu'il opposa aux vues du prince son père, qu'il « ne pouvoit consentir à aucune alliance tant qu'une princesse de sa maison, belle, jeune, spirituelle et comblée de biens, seroit à marier[1]. » Ainsi il allait, de l'intérêt de son amour à l'intérêt de sa grandeur, hésitant entre son affection et son orgueil, mais voyant, quelque parti qu'il prît, pour se consoler de ce qu'il abandonnait, soit la satisfaction de son cœur, soit l'accomplissement de son ambition.

C'est alors qu'elle arrive, la pauvre provinciale, gauche, on l'a dit,

[1] Lenet.

timide, peu habituée à la cour et au monde, sans mère qui la conseille, sans un père pour la gouverner; médiocre d'esprit, ordinaire en beauté, ayant juste assez de l'un et de l'autre ce qu'il en fallait pour se faire écraser par la comparaison, elle butte tout d'abord contre les deux plus terribles écueils que pût rencontrer son inexpérience. Elle blesse le cœur de son mari dans ses deux passions les plus vives, son amour et son ambition. Tout tourne contre elle, sa jeunesse, son innocence et jusqu'à la toute-puissance de son oncle, qui ajoute au désespoir du jeune prince la honte d'épouser la nièce d'un favori.

On sait quelle fut la résistance de Condé : en se soumettant, il conservait encore l'espoir de s'affranchir, et pendant deux ans il eut la fermeté de ne rien entreprendre qui pût contrarier le projet qu'il avait de rompre son mariage. Le cardinal n'ignorait pas de quelle façon sa nièce était traitée. Il ressentait vivement ces mépris et ces outrages, et ne prévoyait que trop bien de quel affront suprême ils seraient suivis dès qu'il ne serait plus là pour protéger sa famille.

Aussi, dans cette dernière année de sa vie, lorsque Condé se résolut à rentrer en faveur auprès de lui et à réparer l'offense qu'il avait faite à son frère, l'archevêque de Lyon, en refusant de lui rendre visite, la première condition que le cardinal mit à ses bonnes grâces fut que le duc vivrait désormais en bon mari avec sa femme et même, comme dit Lenet qui souligne le mot, qu'il *coucheroit avec elle de bonne foi.*

Le duc, cette fois, *s'exécuta*, et s'exécuta même si bien, que peu de jours après ce retour, la duchesse fut trouvée enceinte du duc de Bourbon. Il est vrai, comme l'ajoute encore le fidèle narrateur, qu'en rentrant à Paris, M. le duc trouva Madame la duchesse *fort grandie et embellie.*

La voilà donc mère; et il semble qu'après cet événement décisif, le duc dut renoncer à tout projet de séparation, et avoir dès lors pour sa femme le respect et les ménagements que méritait au moins celle qui venait de donner un héritier à sa maison. Il n'en fut rien; et ce dernier affront prévu par son oncle, la nièce de Richelieu devait le subir, sinon de fait, du moins d'intention; mais l'outrage en était-il moins dur? C'est alors que tout conspire contre elle! Le cardinal était mort, et Condé, déjà illustre par les victoires de Rocroi et de Thionville, trouvait au ministère, au lieu d'un adversaire et d'un maître tout-puissant, un allié déjà obligé à lui par la gloire qu'il jetait sur son pouvoir nouveau. Madame la Princesse, qui n'avait jamais pris son parti sur la mésalliance, encourageait son fils, et Mademoiselle prétend savoir que la rupture eût été autorisée si l'on avait été assuré que Condé n'y avait pas d'autre intérêt que d'épouser Mademoiselle du Vigean.

Heureusement, M. le Prince vivait encore, et quoi qu'on ait dit de sa cupidité qui lui fit envisager surtout la perte de l'héritage du cardinal, il est certain qu'il prit le parti de l'honneur en s'opposant à la répudiation d'une épouse irréprochable, et doublement légitimée par la maternité. La reine partagea ce sentiment, et on ne put jamais l'amener à consentir au déshonneur immérité d'une vertueuse femme, déjà si malheureuse et, jusque dans son triomphe, si humiliée.

Elle devait avoir son jour pourtant, et ce jour, amené par tant de désastres et par la captivité de son mari, approchait. Lors de l'arrestation des princes, tandis que la princesse douairière de Condé conférait à Chantilly avec ses serviteurs sur les meilleures mesures à prendre pour la délivrance des princes et pour le salut de son petit-fils, la jeune princesse, dominant sa timidité, interrompit Lenet, qui exposait un plan de fuite et un plan de campagne, et, après les plus humbles témoignages de respect et de déférence pour sa belle-mère, *la supplia de ne point la séparer de son fils, protestant qu'elle le suivroit partout avec joie, quel que fût le danger, et qu'elle s'exposeroit à tout pour le service du prince son mari*[1].

A partir de ce moment, nous avons, pour ainsi dire jour par jour, dans les *Mémoires* de Lenet, les preuves du zèle et de la constance de la princesse de Condé. Elle s'échappe à pied de Chantilly avec son fils et une petite troupe de fidèles, et traverse Paris, d'où elle se rend, en trois jours et par des chemins détournés, à Montrond, lieu marqué par Lenet comme le plus sûr pour une retraite et le plus avantageux en cas de défense. Ses lettres à la reine et aux ministres, aux magistrats, à ses parents, sont pleines de noblesse et de fermeté. Menacée dans

[1] Lenet.

Montrond par La Meilleraye, qui s'avançait avec ses troupes, elle s'échappe encore à la faveur d'une partie de chasse, après avoir pourvu à la sûreté de la place et des places qui en dépendaient, et s'en va rejoindre, à travers mille difficultés, tantôt à cheval et tantôt en litière ou en bateau, les ducs de Bouillon et de Larochefoucault, qui la conduisent à Bordeaux. Il faut lire dans Lenet tout le détail de ce pénible voyage et de cette insurrection de Bordeaux, qu'il a racontée avec la minutie et avec l'animation d'un témoin et d'un acteur qui a été plus d'une fois au premier rang. Plus de timidité, plus de gaucherie; en présence du danger, la fille du maréchal de Brézé s'est réveillée amazone et presque héroïne. Elle passe des revues, tient conseil, négocie, donne des ordres. A peine arrivée à Bordeaux, où son entrée fut un triomphe, elle assiège la chambre du Parlement pour faire enregistrer ses requêtes et ses protestations contre l'injuste détention de son mari. « Elle sollicitoit les juges à mesure qu'ils sortoient dans la grand'chambre, et fondoit en larmes en leur représentant le malheureux état de toute sa maison opprimée... Le jeune duc, qu'un gentilhomme (Vialas) portoit sur ses bras, se jetoit au cou des conseillers quand ils passoient et, les embrassant, leur demandoit, les larmes aux yeux, la liberté de monsieur son père, d'une manière si tendre, que ces messieurs pleuroient aussi amèrement que lui et que madame sa mère, et leur donnoient tous bonne espérance... » Elle harangue les magistrats, les supplie, les presse; elle les protége même, le jour où le peuple de Bordeaux, les trouvant trop timides à son gré, leur voulut faire rapporter par force un arrêt contraire aux vues du parti des princes. Elle se rend au palais, et du haut des marches elle conjure cette foule furieuse et lui fait mettre bas les armes. « Et il faut advouer, dit Lenet, qu'elle avoit un talent particulier pour parler en public... et que rien ne pouvoit être mieux, plus à propos, et plus conforme à sa qualité que ce qu'elle disoit. » Ce jour-là, la princesse de Condé, sur le perron de l'hôtel de ville de Bordeaux, ne paraît plus si indigne de Madame de Longueville à l'hôtel de ville de Paris, ni de Mademoiselle d'Orléans à la porte Saint-Antoine. Brienne ajoute qu'elle travailla de ses mains, avec les dames de la ville, aux fortifications, et qu'elle voulut broder elle-même, sur les drapeaux de son armée, l'emblème et la devise de la rébellion : une grenade éclatant, avec ce mot, *coacta!*

On sait quel fut le résultat de ces trois mois de résistance : la paix conclue à Bourges, l'amnistie accordée à tous ceux qui avaient pris les armes en Guyenne, en un mot, toutes les conditions proposées par la princesse et les ducs concédées, hormis une seule, la principale, celle qui avait été la première cause de tout ce soulèvement, — la délivrance du prince de Condé, que Mazarin persistait à retenir prisonnier, tout en promettant de tout faire pour abréger sa captivité.

La princesse fut renvoyée à Montrond avec son fils, dépitée sans doute de n'avoir pas vaincu, mais fière d'avoir tant osé et satisfaite d'avoir cette fois mérité sa prison. Il arriva pourtant ce jour, le jour de la reconnaissance et de la justice. Une fois déjà, étant encore à Vincennes, le Prince, en arrosant les tulipes chantées par Mademoiselle de Scudéry, avait dit à quelqu'un : « *Qui auroit jamais cru que j'arroserois des fleurs pendant que Madame la Princesse feroit la guerre!* » Mais plus tard, la campagne de Bordeaux terminée, le Prince encore prisonnier au Havre, envoyant une correspondance chiffrée à Lenet, y joignit un billet pour la princesse, et les termes en étaient si tendres que Lenet, craignant que dans l'explosion de sa joie la princesse ne trahît le secret de cette correspondance, hésita quelques instants à lui en faire part. Ce billet, première et seule récompense du dévouement, du courage et de la constance, il faut le transcrire ici, comme la compensation tardive et avare d'une si longue méconnaissance, d'un si long mépris, de tant d'outrages cruels et immérités.

« Il me tarde, Madame, que je sois en état de vous embrasser mil fois pour toute l'amitié que vous m'avez témoigné, qui m'est d'autant plus sensible que ma conduite envers vous l'avoit peu méritée; mais je scauray si bien vivre avec vous à l'advenir, que vous ne vous repentirés pas de tout ce que vous avés faict pour moy, qui fera que je seray toute ma vie tout à vous et de tout mon cœur. »

Pauvre Clémence de Maillé! comme, à ce premier témoignage d'une affection qu'elle avait désespéré de gagner, son cœur, si longtemps comprimé, se desserre et s'épanouit! et combien Lenet, en voyant cette

folle expansion d'une joie si généreuse, dut se féliciter de n'avoir pas
persévéré dans sa prudence de diplomate! Elle prend la lettre, elle
pleure, elle la baise; elle la relit, elle veut la savoir par cœur (car elle
peut la perdre!); puis elle choisit sur sa toilette son plus beau ruban
(un beau ruban *couleur de feu!*), et y coud cette précieuse lettre, pour
la pouvoir toujours porter sur elle, sous son vêtement, — sur sa chemise, dit crûment Lenet, qui ajoute que ce délire de joie dura jusqu'au
lendemain.

Hélas! ce rayon fut le seul que Condé, dans sa gloire, laissa tomber
sur elle, et il fut rapide. Le danger passé, la prison ouverte, Condé rétabli dans ses honneurs et dans son pouvoir, elle redevint l'épouse
dédaignée, éloignée, humiliée. Mademoiselle, en la revoyant, demande s'il
est vrai qu'elle ait eu part *à ce qui s'étoit fait en son nom?* Au retour de
Montrond (après la lettre!) elle l'a trouvée, il est vrai, *plus habile;* mais
elle est choquée de cette joie que montre la princesse à voir arriver le
monde chez elle, jusque-là si abandonnée, et elle conclut qu'« étant
hors de son naturel, elle se surmontoit elle-même. » Une autre fois,
chez la Reine, Mademoiselle rencontre encore Madame la Princesse :
elle avait été saignée la veille et portait le bras en écharpe, « mais cette
écharpe étoit mise si ridiculement, *aussi bien que le reste de son habillement,* que la Reine eut grand'peine à s'empêcher de rire. » Et
Mademoiselle aussi. Il est vrai, ce qui peut faire ici excuser la négligence, que la princesse venait se jeter aux pieds de la Reine avec son
fils, pour lui demander encore une fois la délivrance de son mari.

Puis viennent des humiliations plus cuisantes, et plus profondes en
douleur. Deux fois la maladie la prend, et l'on prétend qu'elle va l'emporter. Et chaque fois cette nouvelle est accueillie à la cour comme
l'annonce joyeuse d'un mariage ou d'une succession. On remarie Monsieur le Prince; quelques-uns repensent à Mademoiselle : « ce bruit vint
jusqu'à moi, dit-elle; et j'y rêvai... » Malheureusement Madame la Princesse guérit, et Mademoiselle put attendre Lauzun. Ailleurs, elle dit
encore avec quelque dépit : « Madame la Princesse arriva en meilleure
santé qu'on ne *croyoit; personne n'auroit cru qu'elle réchappât.* »

Enfin un événement tragique, et dont les conséquences montrent

sous un jour sinistre la persévérance des mauvais sentiments qu'on eut
toujours pour elle dans la famille où elle était entrée, s'ajoute à cette
suite à peine interrompue de tribulations, d'outrages, de maux et où
ne devait manquer aucune sorte de calamité. Deux officiers de sa maison
se prennent un jour de querelle et mettent l'épée à la main. La Princesse
(elle avait alors quarante-trois ans — 1671) se met entre eux pour les
séparer, et, elle reçoit un coup d'épée dans le flanc. On fit le procès à
celui qui l'avait blessée. Quant à elle,

« Lorsqu'elle fut guérie, Monsieur le Prince la fit conduire à Châteauroux, qui est
une de ses maisons ; elle y a été gardée très-longtemps en prison, et à présent, on lui
donne seulement la permission de se promener dans la cour, toujours gardée par des
gens que Monsieur le Prince tient auprès d'elle. *Monsieur le duc fut accusé d'avoir
conseillé à Monsieur le Prince le traitement que recevoit madame sa mère : il étoit
bien aise*, à ce que l'on disait, d'avoir trouvé un prétexte de la mettre dans un lieu où
elle feroit *moins de dépense* que dans le monde[1]. »

Est-ce l'avarice héréditaire dans la maison de Condé qui se révèle par
la pensée odieuse de cet indigne fils? Pauvre femme! trop dépensière,
c'est là son crime. Elle avait, il est vrai, follement mis ses diamants en
gage à Bordeaux pour soutenir les frais de la guerre. Mais n'avait-elle
point, pour parer à ses prodigalités, apporté à M. le duc d'Enghien et
à son père sa part de la succession de Richelieu? Ces sages conseils d'un
bon fils furent observés : la princesse de Condé était encore prisonnière
à Châteauroux, lorsque le prince son mari mourut, en 1686; et, par
une précaution qui épouvante en donnant la mesure d'une haine implacable, il recommanda qu'elle continuât de l'être après sa mort. Cette
fois, Mademoiselle trouve enfin une parole de pitié pour cette honnête
femme persécutée : « J'aurois voulu, dit-elle en rapportant les derniers
moments du Prince, qu'il n'eût pas prié le Roi que madame sa femme
demeurât toujours à Châteauroux, et j'en fus fort fâchée... »
C'est là sans doute qu'elle mourut, en 1694, âgée de soixante-six
ans. J'ai cherché dans les œuvres des prédicateurs et dans les recueils du

___

[1] *Mémoires de Mademoiselle,* 4ᵉ partie.

temps une oraison funèbre à sa mémoire ; je n'en ai même pas trouvé la mention. Et j'en veux, je l'avoue, à Bossuet, de n'avoir pas, dans son panégyrique du héros, trouvé un mot d'éloge, de consolation, un mot de pitié même pour l'ombre malheureuse qu'il traîna derrière lui, triste et souvent brisée.

Au défaut d'une parole éloquente, nous avons ces humbles lignes où le fidèle Lenet a témoigné de la vertu et des mérites de l'héroïne de Bordeaux :

« Elle gagna l'affection d'une des plus considérables villes du royaume ; elle y soutint la guerre *sans endetter sa maison* ; elle donna le mouvement, par sa fermeté, à tout ce qu'on vit après éclore en faveur de monsieur son mari. Elle fit rétablir ses anciens amis et serviteurs dans leurs biens et dans leurs charges. Elle évita de tomber avec son fils entre les mains des ennemis de sa maison, et donna l'exemple à tout le royaume pour défendre l'innocence opprimée. Et surtout elle acquit, avec l'amitié et l'estime de monsieur son mari, qui ne la croyoit pas capable de contribuer, autant qu'elle le fit, à sa liberté, celle de toute la France et, l'on peut dire de toute l'Europe, qui vit faire avec étonnement, à une jeune princesse sans expérience, tout ce que la prudence la plus consommée et la hardiesse la plus déterminée auroient pu entreprendre. »

Destinée mystérieuse ! fatalité bizarre, que ne justifient ni le démérite personnel, ni les torts, ni les fautes, et que ne purent conjurer ni l'amour, ni le dévouement, ni une vertu constante, éprouvée et respectée même de la calomnie[1].

[1] Les ennemis de la princesse de Condé n'auraient pas manqué de la prendre en faute sur ce point, s'ils l'avaient pu. La seule occasion que le monde ait eue de s'occuper d'elle tourne encore à son avantage. Le bruit courut que Saint-Mégrin était amoureux de Madame la Princesse et qu'il lui rendait des soins. Était-ce une vengeance essayée par Saint-Mégrin, qui avait été le rival de Condé auprès de Mademoiselle du Vigean, et le rival très-malheureux ? Quoi qu'il en soit, Mademoiselle, qui rapporte encore ce fait, ajoute que la princesse ne fut jamais soupçonnée, parce qu'elle était *fort sage*. Saint-Mégrin fut averti de discontinuer ses soins, et l'on n'en parla plus.

CHARLES ASSELINEAU.

MME DE THIANGES

(1634-1693)

Madame de Thianges n'a pas marqué dans l'histoire, mais elle a beaucoup compté dans la plus haute société du dix-septième siècle. Ce qui la distingue, ce n'est ni la grandeur ni la beauté, c'est la vivacité de caractère et d'humeur que les contemporains appelaient l'esprit des Mortemart. Cet esprit, que Voltaire a défini « un tour singulier de conversation mêlé de plaisanterie, de naïveté et de finesse, » se retrouve compliqué d'ambition ou adouci par les convenances religieuses chez ses deux sœurs, la marquise de Montespan et l'abbesse de Fontevrault, il se retrouve taché de débauche chez son frère le duc de Vivonne ; chez madame de Thianges, il est plus naturel, plus franc, et donne à sa physionomie un charme piquant et original.

Gabrielle de Rochechouart, marquise de Thianges, était la fille aînée de Gabriel de Rochechouart, marquis puis duc de Mortemart. Une des singularités de la marquise était son opinion extraordinaire de la noblesse de sa maison. Sa famille, fort ancienne en effet, se rattachait aux vicomtes souverains de Limoges. On cite des Rochechouart dès le onzième siècle ; la branche des Mortemart date du treizième. C'était toutefois une de ces familles de province qui brillèrent peu à la cour. Louis XIV, qui aimait à la piquer sur ce chapitre de la noblesse, en

fit un jour la remarque, et dit que les Rochechouart, avec toutes leurs
grandeurs, n'avaient jamais occupé de hautes charges comme les Montmorency. « Cela est plaisant, répondit-elle, c'est que ces messieurs-là,
d'auprès de Paris, étaient trop heureux d'être à vous autres rois,
tandis que nous, rois dans nos provinces, nous avions aussi nos grands
officiers, des gentilshommes d'autour de nous. » Avec le temps ces
petits rois provinciaux quittèrent leurs manoirs et vinrent servir le roi
de France.

Le père de la marquise de Thianges, Gabriel de Rochechouart,
créé duc de Mortemart et pair de France en 1650, fut premier gentilhomme de la chambre du roi. Ce premier duc de Mortemart était
homme d'esprit et de plaisirs. Sa femme, Diane de Grandseigne, parfaitement vertueuse, trouvait souvent à redire à son genre de vie. Un soir
qu'il était rentré fort tard à son ordinaire, elle, qui l'attendait, ne put
s'empêcher de lui demander d'un ton chagrin : « D'où venez-vous?
Passerez-vous ainsi votre vie avec des diables? » A quoi M. de Mortemart répondit : « Je ne sais d'où je viens, mais je sais que mes diables
sont de meilleure humeur que votre bon ange. » Mademoiselle de Mortemart, qui tenait beaucoup de son père pour l'esprit et la bonne
humeur, parut à la cour vers la fin des troubles de la Fronde, en 1651.
Elle avait alors seize ou dix-sept ans, peut-être un peu plus. Les généa-
logistes, assez étendus sur sa famille, ont oublié de donner la date de
sa naissance, mais je crois madame de Caylus trop libérale lorsqu'elle
lui accorde dix ans de plus que sa sœur, madame de Montespan, ce
qui la ferait naître en 1631. Quoi qu'il en soit de ce petit problème
chronologique, la jeunesse de madame de Thianges se passa dans cette
agréable et facile période de transition entre les sanglants désordres de
la Fronde et le règne glorieux de Louis XIV. Mazarin gouvernait avec
douceur et se faisait pardonner à force de ménagements la toute-puissance qu'on ne lui contestait plus. Le jeune roi grandissait. Autour de
lui, ardente à le flatter et à l'amuser, se pressait une brillante société de
jeunes gens où les dames se glissaient parfois, bien que la reine mère
s'en fâchât. « J'ai oui dire au feu roi, raconte madame de Caylus, que
madame de Thianges s'échappait souvent de chez elle pour le venir

trouver, lorsqu'il déjeunait avec des gens de son âge. Elle se mettait avec eux à table, en personne persuadée qu'on n'y vieillit point. Cette éducation ne devait point contribuer à la faire bien marier [1]. » Cependant elle épousa en 1655 Claude-Léonor de Damas, marquis de Thianges. Ce mariage, quoique avantageux, lui parut une mésalliance, car elle ne voyait rien de comparable aux Rochechouart. Tout au plus admettait-elle que les La Rochefoucauld en approchaient. Son mari eut bientôt un autre tort à ses yeux. Il avait des idées d'économie, qualité peu connue des Mortemart qui, si l'on en croit Saint-Simon, se ruinaient régulièrement de père en fils; au lieu de dépenser sa fortune à la cour, il aurait voulu l'accroître en vivant sur ses terres. Madame de Thianges ne partageait point ces goûts de vie provinciale. Forcée de faire quelque séjour en Bourgogne, où étaient situées les terres de son mari, elle s'y ennuya mortellement, et prit tous les habitants en aversion, au point qu'elle ne savait pas de plus grosse injure à dire à quelqu'un que de l'appeler Bourguignon. Son mari s'obstina à ne pas entrer dans cette haine. En 1656, à son retour de l'armée, où il avait perdu son équipage, il parla de la nécessité de faire des économies et insista pour un nouveau séjour en Bourgogne. Ce projet déplut fort à la marquise, mais M. de Thianges n'entendit pas raison ; il fallut quitter Paris. Tout ce qu'elle obtint fut d'aller passer le temps de son exil auprès de mademoiselle de Montpensier, la grande Mademoiselle, alors bannie de la cour et qui prenait les eaux à Pont, près de Paris. La princesse avait grand besoin de distraction dans la retraite où la confinait le ressentiment d'Anne d'Autriche ; elle prit plaisir à la société de madame de Thianges et voulut l'avoir près d'elle dans son château de Saint-Fargeau. Avant de s'y installer, elle fit une visite à l'extraordinaire reine de Suède Christine, qui traversait la France pour se rendre à Rome. Dans la suite de Mademoiselle, la reine distingua madame de Thianges et

---

[1] Tout en s'insinuant auprès du roi, madame de Thianges ne négligeait pas Monsieur, duc d'Orléans. On lit dans l'histoire de madame Henriette d'Angleterre par madame de La Fayette : « Madame de Thianges, fille aînée du duc de Mortemart, avait paru lui plaire (à Monsieur) plus que les autres ; mais leur commerce était plutôt une confidence libertine qu'une véritable galanterie. » Cela toutefois ne se rapporte qu'à quelques années plus tard.

goûta fort son genre d'esprit. Elle lui proposa tout net de s'en venir à Rome avec elle, lui disant que c'était une sottise de s'amuser à son mari, que le meilleur ne valait rien, et qu'il était fort à propos de le quitter. Ces beaux conseils ne décidèrent point madame de Thianges à passer les monts, elle préféra rester à portée de Paris et de la cour.

On ne s'ennuya plus à Saint-Fargeau dès qu'elle y fut; sa vive humeur mit tout en mouvement. Mademoiselle aimait une joie innocente, madame de Thianges s'en contentait faute de mieux.

« Elle menoit à Saint-Fargeau la plus plaisante vie du monde, dit Mademoiselle; elle ne se levoit que lorsque on lui disoit que j'avois demandé ma viande. Elle venoit dîner déshabillée, et souvent échevelée; elle me disoit : « Je ne me soucie pas que les personnes qui viennent voir Mademoiselle me voient ainsi; les honnêtes gens attribueront cette familiarité à faveur, les sots me prendront pour une folle, dont je ne me soucie guère. » Elle arrivoit assez de manière à cela; il falloit l'envoyer quérir vingt fois pour manger, et tout ce qu'il y avoit de pages et de valets de pied dans le logis venoient après elle, et quelque fois trois ou quatre pages lui portoient la robe : elle rioit de tout cela. Elle aime extrêmement à veiller les soirs; après que j'étois couchée (qui n'étoit pas de bonne heure) elle me faisoit quelque fois veiller jusqu'à deux heures à l'écouter; elle s'en alloit dans sa chambre et se mettoit à jouer à de petits jeux avec ses femmes, mes pages et mes valets de chambre, jusqu'à quatre ou cinq heures du matin; et quelque fois elle faisoit de petits repas et nous contoit cela le matin comme les plus belles actions du monde. »

Les mémoires de Mademoiselle à cette date sont pleins de la gaieté étourdie de madame de Thianges; il y a surtout une scène de mardi gras, de carême-prenant, comme on disait, où elle est tout entière avec son animation, sa promptitude à rire et à pleurer, sa hauteur, son fond de bonne nature et ses accès de dévotion. J'abrége à regret l'amusant récit. Donc un soir de mardi gras, Mademoiselle, après avoir soupé, monta avec ses dames dans la chambre où soupaient quelques gentilshommes réunis à Saint-Fargeau. Dès qu'elle fut entrée, les convives se mirent à boire à sa santé. Madame de Thianges s'adressant au chevalier de Béthune qui avait la réputation d'être très-sobre, lui dit : « il faut boire du vin tout pur. » « Je ferai effort pour l'amour de Mademoiselle, » répondit-il. On lui remit un verre, et il le levait pour porter la santé de la princesse lorsque madame de Thianges le lui cassa avec son busc. Le pauvre Béthune eut ses cheveux pleins de vin, ce qui le fâcha fort ; mais il se contint. Un peu chagriné de l'incident, Mademoiselle mena toute la compagnie dans sa chambre et l'y laissa pour aller entretenir un gentilhomme nouvellement arrivé. Madame de Thianges mit en train des petits jeux, et dans l'amusement elle revint sur la plaisanterie de tantôt. Béthune, piqué, laissa échapper quelques paroles un peu vives. Madame de Thianges n'était pas accoutumée qu'on lui tînt tête ; elle s'emporta, pleura, et alla tout en larmes conter à Mademoiselle que Béthune lui avait manqué de respect, et que, si elle n'obtenait pas justice de son insolent procédé, il fallait que tous ses proches se coupassent la gorge avec lui. Déjà, en effet, un des convives, Brigueuil, avait eu parole avec Béthune sur ce qui venait de se passer. Ce ne fut pas sans peine que Mademoiselle accommoda ces disputes. Enfin Béthune demanda et obtint son pardon de l'irascible marquise, et comme au milieu de ce trouble le mercredi matin était venu, toute la compagnie se rendit à la chapelle et prit les cendres. Au sortir de l'église, madame de Thianges déclara qu'elle sacrifiait son ressentiment à Dieu, et, s'animant à cette pieuse pensée, elle dit des merveilles sur la dévotion et en eut un *accès admirable* : ce sont les termes de Mademoiselle.

Madame de Thianges fut de tout temps sujette à ces accès de dévotion, qui ne tiraient pas à conséquence ; elle en eut même lorsqu'elle jouait le rôle peu édifiant de confidente des amours doublement adultères de sa sœur madame de Montespan ; elle n'en était pas encore là en 1657. Avant d'arriver à cette partie de sa vie qui se pourrait appeler historique, car les amours de Louis XIV sont de l'histoire, il nous serait agréable de nous arrêter sur la fin de sa jeunesse et de peindre une figure que l'âge n'a pas encore altérée. Mais pourquoi refaire à deux siècles de distance ce qu'une plume contemporaine a très-joliment fait ? On lit dans la *Galerie de portraits* de mademoiselle de Montpensier deux pages sur madame de Thianges, d'une touche ironique, et comme une princesse du sang pouvait seule se les permettre avec la fière Mortemart. Je citerai ce portrait presque en entier, quoiqu'il soit assez connu, mais il me semble qu'en le relisant, après les détails qui précèdent, on en saisira mieux les finesses cachées. Le portrait est du mois de novembre 1658. Madame de Thianges est censée se peindre elle-même.

« J'ai l'air de ce que je suis née, c'est-à-dire d'une demoiselle de très-grande qualité, et je me serois bornée à n'être que cela dans un temps autre que celui-ci, mais maintenant, je puis dire sans vanité que je suis princesse, et la quantité de souverains dont je suis descendue en font foi, mais il vaut mieux laisser dire cela aux autres : je dirai seulement que les alliances de ma maison avec celle des ducs de Guyenne, des comtes de Limosin et de Poitiers, me laissent assez croire que je suis venue de Rosanire, fille de Policandre roi des Pictes ; jugez après cela si j'ai bon air et si je l'ai haut : aussi m'en fait-on la guerre, et ce sont de ces guerres qui ne déplaisent pas. Rosanire s'habilloit quelquefois en bergère avec Galatée et prenoit plaisir à se promener avec celles qui balatoient sur les bords du Lignon ; apparemment elles filoient leurs quenouilles, et c'est un de mes plaisirs. Je suis aussi familière avec les petites gens que l'étoit cette princesse de qui j'ai l'honneur de descendre. L'on dit que j'ai les yeux beaux, doux, et l'on juge de mes regards selon que l'on m'aime. J'ai les dents belles et la bouche aussi, le nez bien fait et le riz agréable, la gorge belle, les mains admirables, la mine mélancolique, quoique j'aie l'humeur fort gaie. L'on a même dit que j'étois emportée lorsque j'étois plus jeune que je ne suis : ce n'est pas que je ne le sois encore assez pour être belle, mais j'ai assez d'âge pour être sage. Quant à la galanterie,

> L'on sauta que maman mignonne
> Se pique de femme de bien,
> Et femme qui pour moins que rien
> Étrangleroit une personne.

J'ai l'esprit agréable et divertissant, et l'on s'ennuie rarement où je suis. Je crois être assez plaisante, au moins la petite-fille du grand Henri me l'a souvent dit. Je danse mal, et en cela je ne ressemble pas à madame ma bisayeule, trisayeule ou quintayeule. Il n'y a chanson au monde que je ne sache, rien n'égale ma mémoire, et si j'avois voulu l'employer à des choses plus solides, peut-être y aurois-je réussi de même ; mais comme l'on sait que la mémoire et le jugement, selon le commun dire, sont discordants, l'on en jugera comme l'on voudra... Enfin à tout prendre je crois que j'ai beaucoup plus de bon que de mauvais, et l'on pourroit dire sur moi de certains vers de Voiture:

> Que qui ne verroit que mes vers,
> Et ne connaîtroit mes revers,
> L'on m'aimeroit d'amour trop forte.

On a là une madame de Thianges encore jeune et très-agréable, malgré ses inégalités et ses emportements. Ce qui domine jusqu'ici chez elle, c'est la belle humeur, l'étourderie franche, l'imagination vive; elle gardera sans doute jusqu'à la fin ces qualités et ces défauts, mais elle montrera avec le temps un esprit de conduite (pour ne pas dire d'intrigue) que l'agitation de la jeunesse avait dissimulé et qui ne se marquera que trop par la suite. Cette personne étourdie, qui semblait toujours rêver, entendit à merveille, dès qu'en vint le moment, l'art de se pousser à la cour, de s'y établir, de s'y maintenir. L'heure de la faveur se fit longtemps attendre, mais enfin elle arriva. La marquise de Thianges avait une sœur, madame de Montespan, plus jeune qu'elle de six ou sept ans et plus belle avec autant d'esprit. Entre cette sœur et Louis XIV commença obscurément, en 1667, lorsque la faveur de la duchesse de La Vallière était dans tout son éclat, une liaison qui se poursuivit assez secrètement encore les deux années suivantes; madame de Thianges en fut la plus intime confidente et en profita. La préférence du roi, quelque temps dissimulée par un reste d'égard pour La Vallière, se manifesta par des grâces qui s'accumulèrent sur la famille des deux sœurs. Coup sur coup, en 1670, M. de Mortemart père eut le gouvernement de Paris, M. de Vivonne la charge de général des galères, mademoiselle de Mortemart l'abbaye de Fontevrault, et madame de Thianges maria sa fille aînée avec le duc de Nevers, neveu du cardinal Mazarin et un de ses héritiers les mieux dotés. Cette fille, une des plus belles personnes de la cour, était sa favorite, elle l'admirait et prétendait retrouver en elle son image; le monde, qui l'admirait aussi, trouvait l'image fort embellie. Quant à sa seconde fille, qui fut mariée en Italie au duc de Sforce, elle l'aimait moins, ne la jugeant pas assez belle et digne du beau sang des Mortemart. Moins encore que sa seconde fille, son fils lui plaisait. Ce n'est pas qu'il manquât de mérite; Saint-Simon lui accorde beaucoup de bravoure avec de l'esprit et des lettres, beaucoup d'honneur et de probité. Avec tout cela, elle ne l'aimait point, et ne voyait en lui que deux choses qui l'avaient extrêmement ennuyée, la Bourgogne et son mari. Elle s'était déjà débarrassée de la Bourgogne; elle profita du crédit de sa sœur pour se débarrasser de son mari. Elle quitta les armes et les livrées de Thianges et porta les siennes seules. Le marquis de Thianges se le tint pour dit. Ne se souciant pas de braver les mépris d'une femme altière et puissante, il alla comme le marquis de Montespan vivre dans ses terres, et l'on n'entendit plus parler de lui. Les deux sœurs, délivrées de leurs maris et étroitement unies entre elles, s'allièrent avec M. de La Rochefoucauld, le favori du roi, avec Louvois, le ministre indispensable, et formèrent un parti dont l'autorité semblait inébranlable. Il faut leur rendre cette justice qu'elles n'abusèrent pas trop de leur pouvoir, et que plus d'une fois elles discernèrent et protégèrent le vrai mérite. En littérature, madame de Thianges avait le goût bon, quoiqu'elle eût compté entre les précieuses. Un des correspondants de Bussy-Rabutin lui écrivait, à la date du 12 janvier 1675 : « Madame de Thianges a donné à M. du Maine, en étrennes, une chambre grande comme une table, toute dorée. Au-dessus de la porte il y a écrit : *chambre sublime*, et dedans un lit, un balustre et un grand fauteuil, dans lequel est assis M. du Maine fait en cire, en petit, fort ressemblant. Auprès de lui M. de La Rochefoucauld, auquel il donne des vers pour examiner; derrière le dos du fauteuil, madame Scarron. Autour de lui M. de Marsillac et M. de Condom; à l'autre bout de l'alcôve, madame de Thianges et madame de La Fayette lisant des vers ensemble. Au dehors des balustres, Despréaux, avec une fourche, empêchant sept ou huit mauvais poëtes d'approcher; Racine auprès de Despréaux, et un peu plus loin La Fontaine, auquel il fait signe de la main d'approcher. Toutes ces figures sont faites en cire, en petit... On les appelle la *cabale sublime*. » Dans le choix de ses figures, madame de Thianges n'avait pas eu la main malheureuse, et la postérité a ratifié ses préférences.

Parmi les personnes réunies dans la *chambre sublime*, il s'en trouvait une, madame Scarron, qui devait déjouer les calculs d'ambition des deux sœurs. Elle commençait à prendre beaucoup d'empire sur le roi ; madame de Montespan s'en aperçut et s'en irrita, mais ses emportements se brisèrent contre le calme ascendant de madame de Maintenon. Madame de Thianges, soit bon naturel, soit prévoyance, n'entra pas dans cette colère de sa sœur et en amortit les éclats. Le roi et madame de Maintenon lui surent très-bon gré de sa réserve. En ménageant la favorite future, elle ne négligeait rien de ce qui pouvait maintenir la favorite actuelle. On prétend même que les deux sœurs peu scrupuleuses songèrent à tirer parti de la beauté de la duchesse de Nevers, et firent leur possible pour que le roi devînt amoureux de cette belle personne. La faveur royale passant de la tante à la nièce ne serait pas sortie de la famille. Madame de Caylus raconte cette triste intrigue, qui échoua devant l'indifférence de Louis XIV. A défaut du roi, la duchesse de Nevers se contenta d'un prince du sang, M. le Duc. Sa mère passe pour avoir favorisé une liaison que rendait difficile la jalousie de M. de Nevers. C'était le bruit public à la cour. Le comte de Tavannes écrivait à Bussy (25 janvier 1679) : « On va fort en masque cette année, et même il y a des mères qui se masquent avec les amants de leurs filles pour leur faciliter les moyens de leur parler, particulièrement quand elles ont des maris brutaux. » Quelques jours après il ajoute, pour plus de clarté : « La mère qui se masque pour faire parler ses filles à leurs amants, c'est madame de Thianges ; M. le Duc est un de ceux qui se déguisent avec elles. » Bussy, brouillé il est vrai avec la marquise, répond nettement : « Madame de Thianges n'est pas novice à servir des amants. » On rabattra ce que l'on voudra de ces témoignages ; mais il restera toujours à la charge de la mère de madame de Nevers un manége peu honorable. Il est évident que voyant baisser la faveur de madame de Montespan, elle se cherchait ailleurs des appuis qui la maintinssent en crédit à la cour.

Elle y resta en effet dans un grand crédit jusqu'à sa mort, arrivée le 12 septembre 1693. Elle occupait à Versailles un magnifique logement de plain-pied contigu à celui de Monseigneur. Là au fond de son cabinet, d'où elle ne se dérangeait pour personne, elle recevait tout ce que la

cour avait de plus distingué. Les ministres comptaient avec elle. Les
enfants du roi et de sa sœur, qui l'aimaient et la craignaient, lui rendaient
de continuelles visites, et n'en étaient pas toujours bien reçus. Mademoiselle de Blois surtout était en butte à ses reproches. Elle lui en voulait
d'avoir une figure désagréable, et « ne pouvait supporter, dit maligne-
ment madame de Caylus, que la portion du sang de Mortemart, que cet
enfant avait reçue dans ses veines, n'eût pas produit une machine parfaite. » Le commentaire de cette phrase est dans cet autre passage des
Souvenirs de madame de Caylus : « Quant à sa personne, elle se regardait
comme un chef-d'œuvre de la nature, non tant pour la beauté extérieure
que pour la délicatesse des organes qui composaient sa machine ; et pour
réunir les deux objets de sa folie, elle s'imaginait que sa beauté et la
perfection de son tempérament procédaient de la différence que la
naissance avait mise entre elle et le commun des hommes. » Cette
machine si parfaite se dérangea assez vite, mais le caractère résista.
Prématurément cassée par l'âge, elle se faisait porter chaque soir dans le
cabinet de Louis XIV, et y restait avec lui et sa famille depuis la fin du
souper jusqu'au coucher, tenant le dé de la conversation, et disputant
même contre le roi, qui se plaisait à l'agacer.

A cette époque débutait à la cour le jeune homme auquel nous devons
ces incomparables mémoires, qui font revivre la fin du grand règne et
nous en rendent l'image aussi présente que si nous avions assisté aux
levers de Louis XIV et aux conseils de ministres tenus dans le palais de
Versailles. Saint-Simon vit madame de Thianges à son extrême période
de déclin ; il nous la montre couvrant « d'un taffetas vert ses yeux fort
chassieux, » et portant sous le menton une grande bavette de linge qui
n'était pas inutile, car la dame « bavait sans cesse et fort abondamment. »
Ces détails disgracieux ne rappellent guère le charmant portrait que
Petitot peignit d'un pinceau délicat et ferme, et que Mademoiselle
traça d'une plume fine et négligée ; nous aurions peine à reconnaître
madame de Thianges dans la vieille femme peinte par Saint-Simon, si
deux choses ne subsistaient en elle aussi vives qu'aux jours de la jeunesse :

l'esprit et la hauteur. Aux soupers du roi, comme aux soirées de Saint-Fargeau, « elle était la personne du monde qui demeurait le moins court, qui s'embarrassait le moins et qui souvent embarrassait le plus la compagnie; » jusque sous le délabrement de l'âge, « elle semblait à son air et à ses manières la reine du monde. »

LÉO JOUBERT.

LE COMTE DE GRIGNAN

(1632-1714)

François-Adhémar de Monteil, comte de Grignan, chevalier de l'ordre, lieutenant général du roi en Provence, était l'aîné des onze enfants issus du mariage de Louis-Gaucher-Adhémar, comte de Grignan, maréchal de camp, et de Marguerite d'Ornano, fille de Henri-François, seigneur de Mazargues. La maison de Grignan était assurément une des plus anciennes de France, et son illustration remontait au Xe siècle. Plus tard, dans le XIIe siècle, Nostradamus cite Gérard-Adhémar, seigneur de Grignan, qui fit hommage pour les terres de sa baronnie à Raymond-Bérenger II, en 1164. Voilà déjà une date respectable et dont pourrait être fière une famille à laquelle Frédéric Barberousse accorda divers priviléges. Eh bien, malgré l'ancienneté de sa race que domine le souvenir de l'empereur légendaire, malgré la gloire de ses ancêtres, malgré les dignités dont il fut revêtu, François-Adhémar de Grignan serait à peu près oublié aujourd'hui s'il n'avait pas eu l'honneur d'épouser la fille de madame de Sévigné. L'éclat qui entoure le nom de l'illustre épistolière rejaillit sur son gendre, et c'est par les femmes qu'il est anobli pour la postérité. En supposant que le comte de Grignan n'ait pas trouvé dans cette alliance un bonheur parfait (et la supposition n'est pas téméraire), il lui doit au moins de vivre aussi longtemps que la langue française. Si ce n'est pour son ombre qu'une consolation légère, c'est pour l'écrivain chargé de parler de lui un précieux avantage.

Du reste, le mariage devait porter bonheur au comte de Grignan, car il l'aima et le cultiva beaucoup. A cela près qu'il ne tua pas ses femmes, le gendre de madame de Sévigné offre quelque rapport avec le seigneur Barbe-Bleue : il se maria trois fois. En 1658, il épousa la sœur de la divine Julie, Angélique-Claire d'Angennes. Cette première union recommande tout d'abord M. de Grignan. Quoiqu'il n'ait pas soupiré treize ans et qu'il n'ait pas composé de *Guirlande* à Claire, il devait être, sinon précieux, au moins très-cultivé d'esprit, très-élégant de manières et, selon l'expression du temps, entièrement honnête homme, pour mériter son admission dans la famille de Rambouillet. Devenu veuf en 1665, il se remaria avec Marie-Angélique du Puy-du-Fou morte, en 1667, en couches d'un fils qui ne vécut pas.

Ce fut vers la fin de 1668 qu'il entra en relation avec la marquise de Sévigné, par l'intermédiaire d'un ami commun, le comte de Brancas, qui prit le soin de négocier le mariage. Ici nous laissons la parole à madame de Sévigné. A la date du 4 décembre 1668, elle écrit à son cousin Bussy :

« Il faut que je vous apprenne une nouvelle qui, sans doute, vous donnera de la joie ; c'est qu'enfin la plus jolie fille de France épouse, non pas le plus joli garçon, mais un des plus honnêtes hommes du royaume. C'est M. de Grignan que vous connaissez il y a longtemps. Toutes ses femmes sont mortes pour faire place à votre cousine, et même son père et son fils, par une bonté extraordinaire ; de sorte qu'étant plus riche qu'il n'a jamais été et se trouvant d'ailleurs, et par sa naissance, et par ses établissements et par ses bonnes qualités, tel que nous le pouvons souhaiter, nous ne le marchandons point comme on a accoutumé de faire : nous nous en fions bien aux deux familles qui ont passé devant nous. Il paraît fort content de notre alliance et aussitôt que nous aurons des nouvelles de l'archevêque d'Arles, son oncle, son autre oncle, l'évêque d'Uzès étant ici, ce sera une affaire qui s'achèvera avant la fin de l'année. Comme je suis une dame assez régulière, je n'ai pas voulu manquer à vous en demander votre avis et votre approbation. Le public paraît content, c'est beaucoup : car on est si sot, que c'est quasi sur cela qu'on se règle. »

Madame de Sévigné, en traçant ce portrait de l'homme qui allait prendre une part si grande dans ses affections, restait fidèle à la vérité ; on peut s'en rapporter à Saint-Simon, qui n'était certainement pas un flatteur et qui dit de M. de Grignan : « C'était un grand homme, fort bien fait, laid, qui sentait fort ce qu'il était, fort honnête homme, fort poli, fort noble en tout, fort obligeant et universellement estimé. » Le comte avait à cette époque trente-sept ans et il était lieutenant général du roi en Languedoc. Tous les témoignages du temps s'accordent en faveur de ses manières, de sa politesse, de son goût qui le faisait le lecteur attentif et l'admirateur des grands écrivains ses contemporains ; il était, en outre, musicien et chantait des motets avec une voix que madame de Sévigné lui recommandera plus tard de ne pas négliger. Bref, un gentilhomme accompli... moralement ; physiquement, il ressemblait à un chat, et les chansonniers qui s'égayèrent sur son compte, à l'occasion de son mariage et même plus tard, le désignent sous le sobriquet de *matou*[1].

À la lettre que nous venons de reproduire, Bussy répondit le 8 décembre :

« Vous avez raison de croire que la nouvelle du mariage de mademoiselle de Sévigné me donnera de la joie ; l'aimant et l'estimant comme je fais, peu de choses peuvent m'en donner davantage, et d'autant plus que M. de Grignan est un homme de qualité et de mérite et qu'il a une charge considérable ; il n'y a qu'une chose qui me fait peur pour la plus jolie fille de France : c'est que Grignan, qui n'est pas vieux, est déjà à sa troisième femme ; il en use presque autant que d'habits, ou du moins de carrosses ; à cela près, je trouve ma cousine bien heureuse ; mais pour lui, il ne manque rien à sa bonne fortune. Au reste, madame, je vous suis obligé des égards que vous avez pour moi en cette rencontre. Mademoiselle de Sévigné ne pouvait épouser personne à qui je donnasse de meilleur cœur mon approbation[2]. »

En dépit de ces beaux sentiments, Bussy, qui n'aimait pas M. de

[1] À regarder le portrait de Petitot on serait disposé à trouver très-difficiles les contemporains du comte de Grignan ; mais l'artiste a peut-être vu son modèle en beau. C'est une question que nous ne pouvons pas trancher.

[2] Voir l'excellente édition que M. Ludovic Lalanne a donnée de la *Correspondance de Roger de Rabutin, comte de Bussy*.

Grignan, se contenta de donner son approbation des lèvres. Quand on voulut tirer de lui quelque chose de plus positif, il fit la sourde oreille, et la lettre suivante de madame de Sévigné n'obtint pas de réponse :

« 7 Janvier 1669.

« Je suis fort aise que vous approuviez le mariage de M. de Grignan : il est vrai que c'est un très-bon et un très-honnête homme, qui a du bien, de la qualité, une charge, de l'estime et de la considération dans le monde. Que faut-il davantage? Je trouve que nous sommes fort bien sortis d'intrigue. Puisque vous êtes de cette opinion, signez la procuration que je vous envoie, mon cher cousin, et soyez persuadé que, par mon goût, vous seriez tout le beau premier à la fête. »

Bussy ne renvoya pas la procuration, et c'est ce qui explique pourquoi son nom ne figure pas parmi ceux des « alliés et amis de ladite demoiselle, future épouse, » mentionnés au contrat de mariage qui fut signé le 28 janvier 1669.

Mademoiselle de Sévigné avait alors vingt-trois ans; elle était très-belle et un moment on avait cru qu'elle allait remplacer mademoiselle de La Vallière dans le cœur de Louis XIV. Heureusement pour madame de Sévigné et malheureusement pour Bussy qui aurait souhaité que le roi s'attachât à sa jeune cousine parce qu'il « ne pouvait être mieux en maitresse, » l'intrigue ourdie par La Feuillade ne réussit pas. Froide, dédaigneuse, incapable de se passionner même pour le roi,

Charmant, jeune, traînant tous les cœurs après soi,

Marguerite de Sévigné voyait arriver avec une sorte de répugnance le jour où elle deviendrait la troisième femme de M. de Grignan. Les hésitations de sa fille troublaient madame de Sévigné, déjà inquiète de n'avoir pu obtenir aucun renseignement précis sur l'état de fortune de son futur gendre. Elle fit part de ses chagrins au cardinal de Retz, qui lui avait écrit pour lui conseiller de s'enquérir exactement du bien de M. de Grignan, avant de rien conclure, et qui lui répondit :

« Je ne suis point surpris des frayeurs de ma nièce ; il y a longtemps que je me suis aperçu qu'elle dégénère ; mais quelque grand que vous me dépeigniez son transissement sur le jour de la conclusion, je doute qu'il puisse être égal au mien sur les suites, depuis que j'ai vu, par une de vos lettres, que vous n'avez ni n'espérez guère d'éclaircissements et que vous vous abandonnez en quelque sorte au destin qui est souvent très-ingrat et reconnaît assez mal la confiance que l'on a placée en lui. Je me trouve en vérité, sans comparaison, plus sensible à ce qui vous regarde vous et la petite, qu'à ce qui m'a jamais touché moi-même sensiblement. »

Malgré les craintes du cardinal, justifiées plus tard, car le destin fut très-ingrat en montrant que M. de Grignan avait plus de qualités que de revenus, malgré les *frayeurs* et le *transissement de la petite*, madame de Sévigné poursuivit son dessein. Le 29 janvier 1669, le comte de Grignan épousa la plus jolie fille de France, embellie encore par une dot de trois cent mille livres (plus d'un million de notre monnaie).

Madame de Sévigné, n'ayant pu obtenir que Bussy signât le contrat de mariage par procuration, lui demanda au moins de féliciter M. de Grignan. Bussy, dont on connaît le caractère fier et hautain, se révolta à l'idée d'une telle condescendance et il répondit :

« Madame de Grignan a raison aussi de se plaindre de moi ; c'est à elle à qui je devais, de nécessité, écrire après son mariage et je lui en vais crier merci ; j'avoue franchement la dette. Il faut aussi que vous soyez sincère sur le sujet de M. de Grignan ; de quelque côté qu'on nous regarde tous deux et particulièrement quand il épousa la fille de ma cousine germaine, il me doit écrire le premier, car je ne m'imagine pas que d'être persécuté, ce me doive être une exclusion à cette grâce : il y a mille gens qui m'en écriraient plus volontiers, et cela n'est pas de la politesse de l'hôtel de Rambouillet. (*Peut-il faire remarquer cette pointe de rabutinage ?*) Je sais bien que les amitiés sont libres, mais je ne pensais pas que les choses qui regardent la bienséance le fussent aussi. Voilà ce que c'est que d'être longtemps hors de la cour, on s'enrouille dans la province. »

Grand embarras ! M. de Grignan ne veut pas écrire le premier, et la spirituelle cousine de Bussy le constate agréablement :

« Madame de Grignan vous écrit pour monsieur son époux ; il jure qu'il ne vous écrira point sottement, comme tous les maris ont accoutumé de faire à tous les parents de leur épousée ; il veut que ce soit vous qui lui fassiez un compliment sur l'inconcevable bonheur qu'il a eu de posséder mademoiselle de Sévigné ; il prétend que pour un tel sujet il n'y a point de règle générale. Comme il dit tout cela fort plaisamment et d'un bon ton, et qu'il vous aime et vous estime avant ce jour, je vous prie, comte, de lui écrire une lettre badine, comme vous savez si bien faire ; vous me ferez plaisir à moi que vous aimez et à lui qui, entre nous, est le plus souhaitable mari et le plus divin, pour la société, qui soit au monde. Je ne sais pas ce que j'aurais fait d'un *Jobelin* qui eût sorti de l'Académie, qui ne saurait ni la langue ni le pays, qu'il faudrait produire et expliquer partout et qui ne ferait pas une sottise qui ne nous fît rougir. »

M. de Grignan qui semblait tenir au compliment de Bussy parce qu'il se trouvait « si heureux qu'il croyait tout le monde obligé de le féliciter, » au fond n'estimait ni n'aimait l'ancien maître de camp général de la cavalerie. Autrement il avait trop de goût, trop de politesse et surtout de politesse de l'hôtel de Rambouillet pour être en retard sur les compliments. Faut-il le blâmer de s'être obstiné à ne vouloir témoigner aucune déférence pour un parent qui introduisait, sans scrupule et sans honte, sa famille dans l'*Histoire amoureuse des Gaules?* Cette comédie du compliment finit par avoir un dénoûment. Pressé, harcelé par sa cousine, Bussy céda, vaincu par ses instances, après une défense héroïque, et il fit le sacrifice d'écrire le premier. M. de Grignan répondit-il à cette lettre? On n'en sait rien. S'il y eut une réponse, les termes en blessèrent vivement Bussy, car il bouda, pendant plus d'un an, madame de Sévigné, de l'avoir contraint à une démarche qui avait tant coûté à son orgueil, et il ne pardonna jamais à M. de Grignan son silence ou sa froideur. Longtemps après il écrivait à sa cousine :

« ..... Je suis tout revenu pour madame de Grignan, et ce que m'en dira M. de Corbinelli ne peut augmenter la tendresse que j'ai pour elle, à moins qu'il ne m'assurât qu'elle est brouillée avec son mari ; car, en ce cas-là, je l'aimerais mieux que ma vie. »

M. de Grignan passa les premiers mois de son mariage dans cette société aimable qui plaisait à madame de Sévigné et où elle plaisait tant elle-même ; il y était fort apprécié et semblait destiné à vivre ordinai-

rement dans ce milieu facile et doux, car ses fonctions de lieutenant
général du roi ne l'appelaient en Languedoc que dans les cas extraordinaires. Cette situation, dont il se contentait, faisait la joie de madame
de Sévigné qui, de cette manière, conservait sa fille auprès d'elle. Hélas!
cette félicité ne dura guère; une haute faveur vint la troubler. Par
lettres patentes du 29 novembre 1669, le comte de Grignan fut nommé
lieutenant général en Provence, c'est-à-dire commandant en chef, car
le duc de Vendôme, gouverneur de la province, n'y résidait jamais. Il
partit vers la fin d'avril 1670, laissant à Paris sa femme qui, dans l'état
de grossesse où elle se trouvait, n'aurait pu sans danger entreprendre
un si long voyage.

A son arrivée dans son gouvernement, le nouveau lieutenant général se trouva en face d'une position très-difficile. La Provence était un
pays d'états, et, comme tel, possédant ses représentants, son parlement
et ses franchises. Elle avait entre autres ce privilége d'être gouvernée
par le parlement, qui choisissait dans son sein une commission exécutive
lorsque le gouverneur et le lieutenant général étaient absents. Le cas
s'était présenté en 1667; mais Louis XIV, peu favorable, et non sans
cause, aux parlements, empiéta sur des prérogatives consacrées par
l'usage et nomma directement le baron d'Oppède, premier président du
parlement, pour commander en l'absence des représentants du pouvoir
royal. On lui adjoignit, sans titre officiel, l'évêque de Marseille, Forbin-
Janson, qui jouissait d'une grande influence. La présence de M. de
Grignan dans la province faisait cesser de plein droit l'autorité du baron
d'Oppède et diminuait considérablement l'influence du prélat. Mais,
puissants tous deux par leur situation et par leurs partisans, ils essayè-
rent de tenir en échec le lieutenant général et engagèrent avec lui des
luttes d'où ce dernier ne sortit pas toujours victorieux. Une occasion
s'offrit bientôt au baron d'Oppède de témoigner son ressentiment à
M. de Grignan, et il ne la laissa pas échapper. Les appointements du
lieutenant général, payés par la province, s'élevaient à 18,000 livres.
Lorsque le gouverneur résidait, cette somme était très-convenable; mais
elle devenait insuffisante quand le lieutenant général se trouvait seul
chargé du gouvernement et de la représentation, tellement insuffisante,

que le comte de Grignan se ruina dans l'exercice de sa charge. Il voulut profiter de la réunion de toutes les communautés de la province pour obtenir une allocation destinée à l'entretien des gardes qu'il était obligé d'avoir en l'absence du gouverneur. Sur l'opposition très-vive du baron d'Oppède, l'assemblée rejeta cette demande, en se fondant sur une ordonnance qui défendait au lieutenant général de rien exiger au delà de ses 18,000 livres pour quelque cause que ce fût. On peut lire, dans la correspondance de madame de Sévigné, tous les efforts qu'elle fit pour assurer à M. de Grignan le concours de ses puissants adversaires, ainsi que les conseils habiles et prudents qu'elle ne cessa de lui donner. Ces efforts et ces conseils eurent un heureux résultat, car l'assemblée, revenant d'une façon détournée sur sa première décision, déclara qu'en considération des services rendus au pays par le lieutenant général, il lui serait accordé une somme de 5,000 livres, qui fut continuée tous les ans. Quelques mois après, la Provence donna à son commandant une nouvelle preuve de l'estime qu'elle avait pour lui. Madame de Grignan était accouchée d'un fils, le 17 novembre 1671 ; le lendemain, M. de Grignan se rendit dans l'assemblée pour lui « offrir le fils qu'il a plu à Dieu de lui donner, et la prier de vouloir bien lui faire la faveur de le tenir, au nom de toute la province, sur les fonts du baptême et lui donner tel nom qu'il lui plaira. Sur quoi l'assemblée a délibéré que MM. les procureurs généraux du pays témoigneront, à monseigneur le comte de Grignan et à madame sa femme, la joie de toute la province et particulièrement de l'assemblée sur la naissance de ce premier mâle dans sa famille, et lui feront de très-humbles remercîments de l'honneur qu'il avait fait à la province de le faire tenir de sa part pour recevoir les saintes eaux du baptême avec tous les sentiments d'amour et de reconnaissance possibles. Et l'assemblée a délibéré que les frais en seront supportés par le pays, suivant le rôle qui en sera tenu par le sieur Pontèves, trésorier des états [1]. »

[1] *Abrégé des délibérations prises en l'assemblée générale du pays de Provence*, tenue à Lambesc les mois de septembre, octobre, novembre, décembre 1671 et janvier 1672. — Valckenaër, *Mémoires sur madame de Sévigné*.

Ce fut Louis de Provence, marquis de Grignan, mort en 1704, après s'être fort distingué à la bataille d'Hochstedt, et dont Saint-Simon, qui avait été élevé avec lui, regrette la perte en quelques mots touchants.

La charge de M. de Grignan n'était pas commode à exercer ; il se trouvait entre le roi, qui exigeait de l'assemblée des communautés de Provence le plus d'argent possible, et les députés qui, naturellement, voulaient en donner le moins possible. Il la remplit toutefois de façon à satisfaire le souverain et à mériter la reconnaissance de la province. En plus d'une circonstance, il usa de son influence auprès de Colbert pour détourner les mesures de rigueur que la résistance de ses administrés à la volonté royale devait attirer sur leurs têtes. Voici une pièce à l'appui :

Le comte de Grignan à Colbert.

« A Lambesc, le 10 janvier 1672.

« Les députés des communautés de cette province, étant touchés d'un véritable repentir de s'être attirés la juste indignation du roi, m'ont prié de me joindre à MM. les procureurs du pays pour vous supplier de les protéger auprès de Sa Majesté et d'avoir la bonté de lui représenter que les longueurs qu'on a apportées à lui donner une entière satisfaction ne sont venues que de la pauvreté de la province, l'assemblée étant toujours demeurée dans le respect et la soumission qu'elle doit à ses ordres. Je suis encore obligé de vous dire, monsieur, que la députation dont je me suis donné l'honneur de vous écrire, est très-nécessaire et très-utile pour le bien et les affaires particulières du pays, et que les personnes qu'on a choisies se sont toujours trouvées à la tête de ceux qui ont porté hautement les intérêts du roi..... Je vous aurai des obligations infinies si vous avez la bonté d'obtenir de Sa Majesté le pardon que je lui demande pour la province, et si vous lui faites agréer la députation qu'on a faite pour les affaires particulières du pays ; je vous supplie très-humblement, monsieur, de m'accorder cette grâce et d'être toujours bien persuadé de l'attachement respectueux avec lequel je suis, etc. »

¹ *Correspondance administrative sous le règne de Louis XIV.*

En voilà assez sur l'administration du comte de Grignan en Provence : il suffit d'ajouter, avec Saint-Simon, qu'elle lui gagna l'estime, l'affection et le respect de tous. Nous avons hâte de revenir à l'homme privé et surtout au mari.

Bussy avait fait une fâcheuse prédiction sur le mari de mademoiselle de Sévigné dans le cas où il ne serait pas honnête homme. Quoique le comte de Grignan fût vraiment honnête homme, la prédiction se réalisa-t-elle? Les chansonniers répondent affirmativement. Des bruits coururent sur l'amitié trop vive que madame de Grignan éprouvait pour son beau-frère, ce chevalier de Grignan, si charmant et si aimable qui, dans le commencement du mariage, vécut auprès d'elle à Livry et qui, plus tard, forcé par son état de santé de quitter la cour, alla s'établir en Provence. Ces bruits, accrédités par des personnes du monde de madame de Sévigné émurent profondément la marquise ; si les chansons n'arrivèrent pas jusqu'à elle, ses lettres prouvent qu'elle connut les propos malins de la comtesse de Marans.

Le comte de Grignan était à peine marié depuis quelques mois que déjà l'on chantait :

> Grignan, vous avez de l'esprit
> D'avoir choisi votre beau-frère ;
> Il vous fera l'amour sans bruit
> Et saura cacher le mystère ;
> Matou, n'en soyez point jaloux,
> Il est Grignan tout comme vous.

La comtesse et le chevalier sont encore les héros de la spirituelle parodie de la fable de La Fontaine : *La Cigale et la Fourmi* [1].

La Cigale, ou pour parler plus courtoisement, mademoiselle Cigale, qui appartenait à une des premières maisons de Messine, avait suivi en France M. de Langeron, capitaine de vaisseau. Au lieu de l'épouser, comme il le lui avait promis, le marin abandonna sa maîtresse à Marseille

[1] Recueil Maurepas.

et alla mettre sa conscience en repos au milieu des plaisirs de Paris. Alors,

> La Cigale ayant *aimé*
> Tout l'été,
> Se trouva bien désolée
> Quand Langeron l'eut quittée.
> Pas le moindre pauvre amant
> Pour soulager son tourment.
> Elle alla crier famine
> Chez la Grignan sa voisine,
> La priant de lui prêter
> Un Grignan pour subsister
> Jusqu'à la saison nouvelle :
> Je vous le rendrai, dit-elle,
> Avant qu'il soit quatre mois,
> Sans l'avoir mis aux abois.
> La Grignan n'est pas prêteuse ;
> C'est là son moindre défaut.
> Lequel est-ce qu'il vous faut ?
> Dit-elle à cette emprunteuse.
> — Le chevalier seulement,
> Dit la triste tourterelle.
> — Le chevalier, lui dit-elle,
> J'en ai besoin maintenant.

Si la fille de madame de Sévigné ne fit pas de M. de Grignan un de ces *saints qu'a célébrés Bussy*, elle en fit un père médiocre. Il avait eu deux filles de mademoiselle de Rambouillet : la première entra au couvent sans trop de vocation, la seconde se réfugia chez un parent maternel et épousa M. de Vibraye sans que son père, avec qui elle fut toujours brouillée, y consentît ni s'y opposât formellement. L'aînée des filles du dernier mariage se fit également religieuse. Je crois qu'à elle aussi la vocation manqua, et j'en ai pour garant ces lignes mystérieuses et mélancoliques de madame de Sévigné : « La pauvre enfant ! qu'elle est heureuse si elle est contente ! cela est sans doute ; mais vous m'entendez bien. » En termes plus nets, Marie-Blanche se sacrifiait à la fortune de son frère qu'elle eût appauvri en sortant avec une dot

de la maison paternelle. La plus jeune et la dernière resta dans le
monde et épousa, par amour réciproque, M. de Simiane, premier gentilhomme du duc d'Orléans, qui succéda à son beau-père dans la lieu-
tenance générale de Provence. En résumé, sur ces quatre filles, trois
furent persécutées; sans doute, madame de Grignan est la vraie coupable, mais le père ne saurait être absous; il fut complice, par faiblesse.

M. de Grignan, fait chevalier de l'ordre à la promotion de 1688,
perdit sa femme en 1705, sans la regretter beaucoup, comme le constate
Saint-Simon. Lui-même mourut, en 1714, dans une hôtellerie, en
allant de Lambesc à Marseille.

Nous aurions pu fouiller les in-folio qui contiennent l'histoire de la
Provence, et donner sur l'administration du comte de Grignan les détails
les plus précis, les plus considérables et les plus ennuyeux; nous
avons préféré insister sur son mariage, car, ainsi que nous le disions au
début, c'est l'acte de sa vie qui le recommande le plus au souvenir de
ce temps. Le lecteur serait bien ingrat s'il nous reprochait un parti
pris qui nous a permis de substituer à notre prose celle de deux Rabutin,
alliés par l'esprit comme par le sang, madame de Sévigné et Bussy. Nous
allions oublier le cardinal de Retz, un autre parent!

G. VATTIER.

MME DESHOULIÈRES

(1633-1694)

Le nom de madame Deshoulières est resté attaché à ce refrain que fredonnèrent toutes les mémoires enfantines :

> Dans ces prés fleuris
> Qu'arrose la Seine,
> Cherchez qui vous mène,
> Mes chères brebis.

Aussi se la figure-t-on volontiers en bergère d'opéra-comique, frisée, poudrée, musquée, la fleur au corsage entr'ouvert, montrant sous sa jupe rose une jambe fine, dans sa mule de satin un pied mignon, couchée près d'un ruisseau, à l'ombre d'un bosquet, caressant de sa houlette enrubanée des agneaux apprivoisés qui bêlent tendrement.

Cette tradition nous suffit, et les bergeries n'étant plus de mode, nous n'entrons pas dans la sienne. Si l'on sourit à son souvenir, c'est comme à ces airs du temps passé que chantonnent encore les grand'-mamans en berçant leurs petits-enfants. Cette impression est cependant bien incomplète et ressemble un peu à une injustice, lorsqu'on approche cette physionomie aimable, qui ne fut point aussi moutonnière qu'on le dit, et ne rappelle que de bien loin le type d'Estelle attendant

Némorin. Sa vie et ses œuvres nous montreraient plutôt en elle une personne exacte, sensée, presque positive, qui, sans justifier complétement ce surnom de Sapho, de Calliope française, de dixième Muse que lui décerna son siècle, eut mérité l'estime de la postérité, si les influences de son temps n'avaient détourné son esprit, naturellement sérieux, vers des bagatelles qui lui valurent la faveur des ruelles et l'oubli de l'avenir.

Née vers 1633, de Melchior du Ligier, seigneur de la Garde, maître d'hôtel de la reine Anne d'Autriche, elle reçut une éducation brillante, qui, tout en éveillant les goûts frivoles, se conciliait avec des études bien sévères pour une jeune fille : le latin y marchait de front avec l'italien et l'espagnol, qui étaient alors la langue des beaux esprits. Engagée dès sa jeunesse dans un monde où les romans étaient regardés comme l'école de la politesse, elle respira l'air de l'hôtel de Rambouillet, où on la baptisa du nom pastoral d'Amaryllis, qu'elle échangea bientôt contre celui de Célimène, sans que cette métamorphose tirât pour elle à conséquence.

Car toute sa vie devait s'écouler entre la rime et la raison : accord d'autant plus méritoire que mademoiselle de la Garde fut exposée à bien des tentations de coquetterie, s'il faut en croire son biographe, l'abbé Gouget, qui nous affirme en connaisseur, « qu'elle avait une beauté peu commune, dansait avec justesse, montait bien à cheval, et faisait toutes choses avec une grâce ravissante, » Les jeux poétiques lui furent appris comme un art d'agrément et un passe-temps de société. On avait alors son professeur de versification, comme plus tard un maître de harpe ou de clavecin. Hesnault, qui fut le sien, aurait bien voulu, paraît-il, lui persuader *que les vers devaient être son jeu et l'amour son exercice; qu'un peu de feu vaut mieux que beaucoup de fumée;* mais il y perdit son temps et sa galanterie. Son élève n'éprouva jamais d'inclination profonde que pour M. Deshoulières, gentilhomme poitevin, qu'elle épousa dans la fleur de ses dix-huit ans. Il était attaché au service du prince de Condé; aussi, quand éclatèrent les troubles de la Fronde, dut-il accompagner sa défection, hors du royaume, en pays ennemi. Sa jeune femme, ne voulant pas faire campagne, se retira près de ses parents et chercha des consolations dans Descartes et Gassendi;

mais son cœur en était bien loin, et bientôt elle alla rejoindre son mari à la cour que don Juan d'Autriche tenait à Bruxelles. Elle y parut avec éclat, et fut honorée des tendres hommages du vainqueur de Rocroy, mais sans vouloir jamais mériter autre chose que son estime.

Madame Deshoulières, et c'est là un trait à noter, avait éminemment les qualités solides d'une épouse, d'une mère de famille, j'allais dire d'une prudente ménagère. Elle ne tarda pas à le prouver, en sollicitant les appointements arriérés de son mari avec une instance si vive, que, pour couper court à ses plaintes et à ses prières, on l'enferma, sans autre forme de procès, dans le château de Vilvorden. C'était une manière économique d'acquitter ses dettes ; elle ne répugnait point à la loyauté et à la courtoisie castillanes. La lecture de l'Écriture sainte et des Pères de l'Église adoucit tant bien que mal ses huit mois de captivité ; mais il y avait encore des chevaliers pour venir au secours de la beauté, et un sauveur réussit à enlever la jolie prisonnière. Rassurez-vous ; sa reconnaissance put être légitime ; car le héros de cette romanesque aventure fut son mari, qui, fatigué de demander justice à des sourds, s'introduisit bravement avec quelques soldats dévoués au cœur de la forteresse, délivra, conquit sa femme, et, la prenant en croupe, gagna lestement avec elle le chemin de la France.

Le moment était bien choisi : une amnistie venait d'effacer tout souvenir du passé, et d'ailleurs les deux époux y avaient, plus que tout autre, des droits personnels. Le ministre Le Tellier les présenta à la reine mère et au cardinal Mazarin, qui compléta l'absolution par une pension qu'il oublia souvent de servir ; ce qui valut à la postérité bien des vers dans lesquels madame Deshoulières rappelle en vain au ministre sa générosité peu coûteuse.

Ses ailes prirent alors plus franchement leur essor, ailes fragiles et délicates qui ne vont pas très-haut, et voltigent sur des fleurs dont la fraîcheur paraît aujourd'hui un peu fanée. Liée avec les deux Corneille, Fléchier, Mascaron, Quinault, Pellisson, Benserade, Ménage et La Monnoie, elle est la bouquetière du *Mercure galant*, qui lui paye sa collaboration en compliments ; elle devient rapidement célèbre, et commence à se métamorphoser en femme auteur ; mais sans empressement d'amour-propre ; car ses amis durent employer la ruse et presque une douce contrainte pour la décider à rassembler en volume ses pièces fugitives qu'elle se contentait de confier aux brises de la faveur mondaine. Nous la voyons alors respirer l'encens de toutes les petites coteries littéraires qui s'admiraient à huis clos. On l'associe d'autorité au cercle savant qui tenait séance à l'hôtel de Matignon, sous la présidence de l'abbé d'Aubignac. La ville d'Arles lui envoie une couronne de laurier. L'académie de Padoue lui décerne un diplôme qui l'agrége à son docte corps. Si elle eût franchi les Alpes, elle se serait exposée à monter, elle aussi, les degrés du Capitole et à devenir une ancêtre de Corinne. Admise dans la familiarité de l'hôtel de Bouillon, elle s'enrôla, avec une imprudente vivacité, parmi les conspirateurs qui eurent le tort d'applaudir la *Phèdre* de Pradon et de siffler celle de Racine. Elle contribua même au succès éphémère de la cabale par un sonnet burlesque à propos duquel on put dire que « sa houlette s'était changée en serpent. » C'était le cas de la renvoyer à ses moutons. Mais la postérité doit se montrer clémente pour cette méprise, puisque madame de Sévigné fut, elle aussi, coupable d'admirer Corneille avec une tendresse jalouse, dans laquelle il faut voir la constance d'un cœur qui n'admettait pas de partage.

La tragédie devait porter malheur à madame Deshoulières ; elle se punit elle-même d'avoir méconnu une œuvre de génie en composant deux misérables pièces, *Jules-Antoine* et *Genséric*, dont le nom n'est arrivé à nous que par ce sonnet de Racine :

> La jeune Eudoxe est une bonne enfant,
> La vieille Eudoxe une franche diablesse,
> Et Genséric un roi fourbe et méchant
> Digne héros d'une méchante pièce.
>
> . . . .
>
> Et sur le tout le sujet est traité
> Dieu sait comment ! Auteur de qualité,
> Vous vous cachez en donnant cet ouvrage ;
> C'est fort bien fait de se cacher ainsi ;
> Mais pour agir en personne bien sage,
> Il nous fallait cacher la pièce aussi.

Pour comprendre ces derniers vers, il faut savoir que madame
Deshoulières s'était cachée sous le pseudonyme du duc de Nevers, son
confrère en poésie. Il n'est pas rare de voir ainsi des talents féminins
s'égarer en dehors de leur vocation. Ces esprits mobiles aiment à essayer
leur souplesse, et à changer de modes, sans se fixer par une préférence
intéressée à celle qui convient le mieux à la physionomie ou à la tournure. Il est certain que le péplum et le cothurne n'allaient pas du tout à
madame Deshoulières. Appliquons-lui le refrain d'une de ses ballades :

> *Phébus* départ de son docte domaine
> Trompettes, luths, pipeaux délicieux :
> Il donne à l'un ce qu'à l'autre il dénie
> Et dit à tous ce vers sentencieux :
> *Point on ne doit contraindre son génie.*

Mais si *Phébus* lui refusa la force et la passion, il lui départit la facilité élégante, la douceur, le naturel, la tendresse et une mélancolie
qui fut une rareté au xviie siècle. Dans ses *idylles*, où elle compare avec
un peu trop de monotonie le sort de l'homme à celui des oiseaux, des
agneaux, des fleurs et des ruisseaux, vous trouverez pourtant des accents
de tristesse vraie et personnelle. Rappelez-vous alors que la vie eut
pour elle plus d'une souffrance sensible à un cœur maternel. Veuve, à
demi ruinée, mère de deux enfants pour lesquels son talent et sa cé-
lébrité étaient encore une ressource, consumée par une maladie de
langueur, elle envisageait le présent avec amertume et l'avenir avec
anxiété. N'y a-t-il pas un cri touchant dans cette prière à Dieu ?

> Par mille et mille vœux ardens,
> Ma famille tremblante en tous lieux t'importune.
> Elle a contre une triste et cruelle fortune
> Besoin de mon secours encor pour quelque temps.
> Dans la crainte où me met l'état où je la laisse,
> Je te demande à vivre ; exauce ma tendresse.
> Si je ne puis par moi mériter ta bonté,
> A tes lois ma famille est soumise et fidèle.
> Ah ! Seigneur, par pitié pour elle,
> A ce coupable corps redonne la santé.

Il faut aussi lui savoir gré d'avoir eu le sentiment de la nature, à une époque peu pittoresque, dans le voisinage d'une littérature où, sauf chez Racan et La Fontaine, vous ne rencontrez ni un brin d'herbe, ni une feuille d'arbre, ni un rayon de soleil. Elle eut des yeux que réjouissaient la verdure des prairies, la fraîcheur des eaux, la paix silencieuse d'une forêt. La vue d'un paysage champêtre la fit rêver.

> J'ai décrit dans mes vers,
> Entre de hauts rochers dont l'aspect est terrible,
> Des prés toujours fleuris, des arbres toujours verts;
> Une source orgueilleuse et pure,
> Dont l'eau, sur cent rochers divers
> *D'une mousse verte couverts,*
> *S'épanche, bouillonne, murmure.*
> Ce fertile vallon, dont on a tant vanté
> La solitude et la beauté,
> Voit mille fois le jour, dans la saison nouvelle,
> Les rossignols, les *serins*, les pinsons,
> Répéter sous son vert ombrage
> Je ne sais quel doux badinage
> Dont les amants heureux leur donnaient les leçons.

Sous la mollesse d'une esquisse parfois maniérée ou languissante, vous pourrez découvrir ailleurs aussi plus d'un trait réel et senti.

Quant à ses mélanges, intitulés : *Chansons, bouquets, caprices, épigrammes, épîtres, rondeaux et ballades,* gardez-vous bien de les juger en gros et sommairement ; car il y a plaisir à les feuilleter. Dussiez-vous être impatienté, par exemple, de la longue correspondance que lui dicte sa chatte *Grisette,* ou le chat *Tata,* ou le chien *Cochon;* dussiez-vous être tenté de fermer le livre quand vous arriverez aux interminables rimes en *ailles,* en *eilles,* en *ille* et en *ouilles;* vous sourirez pourtant, je vous le promets, à beaucoup de jolis vers qui font regretter que ce talent ingénieux ait perdu de si longues heures à broder tant de futilités avec une adresse qu'elles ne méritaient guère. Il était capable de se prêter aux tons les plus variés. Ceux qui n'admettent en elle que la note pastorale feront bien de lire ses *ballades.* Ils verront qu'elle avait sa veine de franchise gauloise. Que dites-vous, entre autres, de ces deux couplets ?

> De doux propos et d'amoureux regards
> On ne saurait vivre toute l'année;
> Jeunes maris deviennent tôt vieillards,
> Quand il leur faut jeûner chaque journée.
> Soucis pressans chassent pensers gaillards.
> Tendresse alors est en bref terminée;
> S'il en paraît, ce n'est qu'*ad honores*.
> Par maints *grands clercs* l'affaire est amenée,
> L'Amour languit sans Bacchus et Cérès.
>
> L'être entouré d'un tas d'*enfants criards*;
> De créanciers la porte environnée,
> D'un triste hymen tous les autres hasards
> Font endurer peine d'âme damnée,
> Et donnent joie aux voisins babillards.
> Myrtes dont fut la tête couronnée
> Vous en voudrait transformer en cyprès.
> D'un tel désir point ne suis étonnée,
> L'Amour languit sans Bacchus et Cérès.

Nous avons même été surpris de rencontrer jusqu'à trois passages qui prouvent qu'au XVIIe siècle, les dames les moins exposées à la médisance avaient le mot bien leste et la gaillardise singulièrement verte. Mais ajoutons que l'auteur de ces légèretés un peu trop rabelaisiennes les expia en paraphrasant les psaumes de la Pénitence. Hélas! c'était le chant du cygne. Car *elle se sentait mourir imperceptiblement* d'un mal incurable; ses *chères brebis* allaient être orphelines le 17 février 1694.

En ce jour, le *Mercure* se voila de crêpes funèbres; mais il fut *galant* pour elle jusqu'à la fin; car, en annonçant sa mort, il ne lui donna que cinquante-cinq ans. Or, elle en avait plus de soixante bien sonnés. Parmi ses œuvres posthumes, il faut compter sa fille, mademoiselle Deshoulières, dont les vers vous feront trouver meilleurs encore ceux de sa mère.

GUSTAVE MERLET.

LA COMTESSE D'OLONNE

LA COMTESSE D'OLONNE

(1632 — 1707)

Catherine-Henriette d'Angennes, fille aînée du baron de la Loupe, morte dans l'oubli en 1707, après une vie scandaleuse au delà de toute mesure, avait épousé, en 1652, Louis de la Trémouille, qui mourut en 1686.

Par cette alliance comme par sa propre origine, la comtesse d'Olonne tenait, on le voit, à tout ce que la France avait de plus grand et de plus aimable. Pour ne citer que deux noms entre mille, elle entrait dans le monde sous les auspices de la sage et spirituelle Julie d'Angennes et de cette incomparable Charlotte de la Trémouille, qui n'eût jamais péché, suivant l'expression d'un saint évêque, si elle n'eût aimé son époux d'un amour excessif.

De tels noms rapprochés de la vie et des mœurs de la comtesse d'O-lonne offrent un contraste si violent, qu'au premier abord il choque moins qu'il n'étonne; mais les dates expliquent, sans l'atténuer, ce que les noms rendent presque incroyable.

Le propre du siècle de Louis XIV, comme, au reste, de tous les grands siècles, c'est que tout y dépasse les proportions de l'ordinaire, et que par suite les contrastes y sont aussi énormes que fréquents. En de pareils temps, le vice, la vertu, la grossièreté, la politesse, la piété, l'ir-

religion, le génie, la sottise, la pudeur, le cynisme, atteignent à leurs limites les plus extrêmes; les Bossuet et les Molière montent et descen-
dent le même escalier. Les Racine et les Cotin sont d'une même Académie. Les champs de bataille ont un Condé, les grandes routes un Car-
touche, et ce qu'il y a de plus curieux, c'est que ces grandeurs si diverses ont de certains égards les unes pour les autres : un Villars traite avec
un Jean-Cavalier; un Turenne est respecté par de faux-monnayeurs, il
leur engage sa parole, et cette parole, il la tient. On voit Ninon chez
Mme de Sévigné, et en attendant que la veuve Scarron épouse le roi
Louis XIV, la comtesse d'Olonne est reçue à la cour de la France.

Il faut dire qu'à l'époque dont nous parlons, la cour, s'il en faut croire
une mauvaise langue, « n'étoit remplie que de vieux cavaliers insensi-
« bles, ou de jeunes gens nés dans le bruit des armes, et que ce métier
« avoit rendus brutaux; cela avoit fait la plupart des dames un peu moins
« modestes qu'autrefois, et voyant qu'elles eussent langui dans l'oisiveté
« si elles n'eussent fait des avances, ou du moins si elles eussent été
« cruelles, il y en avoit beaucoup de pitoyables et quelques-unes d'ef-
« frontées. Mme d'Olonne étoit de ces dernières. »

Le portrait que nous donnons de cette beauté trop célèbre est com-
plété par celui qu'en a laissé un écrivain non moins habile peintre, à
sa façon, que Petitot, mais qui ne se bornoit pas, comme celui-ci, à
peindre ses modèles en buste.

Madame d'Olonne, au dire de Bussy-Rabutin, avoit le visage rond, le nez bien
fait, la bouche petite, les yeux brillants et fins, et les traits délicats ; et le rire,
qui embellit tout le monde, faisoit en elle un effet tout contraire ; elle avoit les cheveux d'un châtain clair, le teint admirable, la gorge, les mains et les bras bien faits ; elle
avoit la taille grossière (*grosse*), et sans son visage on ne lui auroit pas pardonné
son air.

Ce qu'il y a de flatteur dans ce portrait est tellement conforme, pour
le dessin et la couleur, à l'original de notre gravure, qu'il faut croire
non moins exact ce qu'ajoute Bussy au désavantage du modèle, et cela
d'autant mieux que Petitot n'a eu garde de dépasser d'une ligne le point
précis où s'arrêtent les éloges du malicieux écrivain.

On observera également que, en donnant à Mme d'Olonne le principal attribut et le costume aéré de Diane, le peintre lui a également prêté dans la physionomie quelque chose du sérieux attribué à cette déesse. N'est-ce pas là encore une confirmation de la sincérité de Bussy déniant à cette beauté la grâce suprême du sourire, et semblant même, par là, inculper jusqu'au mobilier de cette bouche si petite, qu'elle ne put jamais exprimer un refus?

On nous trouvera minutieux, peut-être, et sévère, mais la morale le veut ainsi. Qu'importe en effet à une Mme d'Olonne et à ses pareilles, en supposant qu'elle en ait de nos jours, qu'importe tout ce qu'on peut dire sur la licence de leurs mœurs? Autant d'amants, autant de conquêtes pour les femmes de cette sorte; le seul moyen de punir celles qui ne sont plus et d'effrayer celles qui existent, c'est de mettre leur beauté même sur la sellette de la postérité.

D'ailleurs, la charité l'exige aussi impérieusement que la nature même d'un sujet, où le physique joue à tel point un plus grand rôle que le moral. Comme toutes les grandes pécheresses de son temps, la comtesse d'Olonne a dû faire pénitence, une fois retirée du monde; mais combien n'est-il pas douteux que son repentir ait jamais pu égaler ses fautes! Si donc il lui en reste encore quelques-unes à expier, quoi de mieux fait pour l'y aider que de contrôler sévèrement ces charmes dont elle fut si vaine et si prodigue?

Laissons donc parler encore Bussy-Rabutin, excellent juge en pareille matière, et que l'honnêteté de l'intention fasse excuser chez nous, sinon chez lui, la liberté parfois un peu excessive de son langage.

Après avoir avancé que le visage de Mme d'Olonne pouvait seul lui faire pardonner son air, voici ce qu'il ose ajouter :

Cela lui dire à ses flatteurs, quand elle commença à paroître, qu'elle avoit assurément le corps bien fait, qui est ce que disent d'ordinaire ceux qui veulent excuser les femmes qui ont trop d'embonpoint. Cependant celle-ci fut trop sincère en cette rencontre pour laisser les gens dans l'erreur; s'éclaircit du contraire qui voulut, et il ne tint pas à elle qu'elle ne désabusât tout le monde.

Passant de la personne à l'esprit et au caractère, il ajoute :

Mme d'Olonne avoit l'esprit vif et plaisant quand elle étoit libre; elle étoit peu sincère, inégale, étourdie, peu méchante; elle aimoit les plaisirs jusqu'à la débauche, et il y avoit de l'emportement dans ses moindres divertissements. Sa beauté autant que son bien, quoiqu'il ne fût que médiocre, obligea le comte d'Olonne à la rechercher en mariage. Cela ne dura pas longtemps : d'Olonne, qui étoit homme de qualité et de grands biens, fut reçu agréablement de Mme de la Loupe, et il n'eut pas le loisir de soupirer pour des charmes qui avoient fait, deux ans durant, tous les souhaits de la cour. Ce mariage étant achevé, les amants qui avoient voulu être mariés (*avec elle*) se retirèrent et il en revint d'autres qui ne vouloient être qu'aimés. L'un des premiers qui se présenta fut Beuvron, à qui le voisinage de madame d'Olonne donnoit plus de commodité de la voir...

Arrêtons-nous ici un moment, et, avant de dérouler anneau par anneau la honteuse chaîne que la comtesse va bientôt opposer comme par bravade à la modeste *Guirlande de Julie*, parlons un peu, et ce ne sera que justice, du comte d'Olonne, dont le manque de dignité donna une sorte d'excuse à la conduite de sa femme.

Rien n'autorise à penser qu'avant son mariage la belle Catherine-Henriette d'Angennes se fût montrée par trop sensible à aucun des hommages dont elle s'était vue comblée dans la plus galante cour du monde. Pour elle, jusqu'à cette époque, le silence des chroniqueurs tels que Tallemant des Réaux, Saint-Simon, et notre Bussy-Rabutin, ce silence, dis-je, équivaut à un brevet de bonne vie et mœurs signé par tous les tabellions de Versailles. Il est donc permis de penser qu'elle se serait moins avilie, ou, en tout cas, moins affichée, si elle eût pu respecter davantage M. d'Olonne ; si elle eût trouvé en lui un mari plus aimable et plus clairvoyant au début, et moins facile dans la suite. Malheureusement, il est constant qu'après s'être donné, dans l'origine, les torts d'une jalousie qui portait à faux, et le ridicule d'une confiance non moins déplacée, il en arriva assez promptement à une indulgence excessive pour tout ce qui ne faisait pas scandale.

Et ce n'eût rien été encore, si, par le plus lâche compromis, le comte d'Olonne n'eût donné aux amants de sa femme des motifs de jalousie aussi bien fondés qu'il en avait lui-même par leur fait et contre eux.

La lettre suivante achèvera d'expliquer notre pensée ; elle est du comte de Guiche qui, revenant de chez Mme d'Olonne, l'écrivit dans le premier feu d'une colère assez bien déguisée, du reste, comme on va pouvoir en juger :

Vous ne savez pas? Un nouvel amant de madame d'Olonne que j'ai découvert, mais quel nouvel amant, bon Dieu! Un amant bien traité, un rival domestique; il n'y a plus moyen de le souffrir : c'est d'Olonne que je viens de surprendre sur les genoux de sa femme.

> Je penserois n'être pas malheureux,
> Si la beauté dont je suis amoureux
> Pouvoit enfin se tenir satisfaite
> De mille amants avec un favori;
> Mais j'enrage que la coquette
> Aime encor jusqu'à son mari.

Car enfin, mon cher, il n'est pas mari : il a toutes les douceurs des amants, il en reçoit d'autres que celles que fait faire le devoir, et il les reçoit de jour, qui n'a jamais été que le temps des amants.

Le comte de Guiche eût pu ajouter, à la honte de ce mari, qu'aux douceurs dont il parle la comtesse ajoutait souvent le récit de ses entrevues avec ses amants, et qu'un jour, entre autres, étant entrée avec lui dans quelques détails, trop intimes pour que nous les rapportions ici : — « Celui-là, dit le comte, ne vous aimoit guère, madame, puisqu'il faisoit si peu de chose pour une si belle femme que vous. »

Les principaux amants de la comtesse d'Olonne, pendant le temps où elle les comptait encore, furent François d'Harcourt, marquis de Beuvron, que Bussy-Rabutin croit avoir été le premier, puis le duc de Candale, Marsillac, Ronville, le comte de Guiche. Nous ne parlons, bien entendu, que des hommes de qualité, auxquels on peut, à la rigueur, ajouter l'abbé Fouquet, frère du procureur général et surintendant des finances. « Il étoit originairement d'Anjou, dit Bussy, de famille de robe avant la fortune, mais depuis gentilhomme comme le roi. » Quant aux autres, il ne paraît pas qu'aucun d'eux ait été souffert autrement que par intérêt, à en juger par Paget et Jeannin, trésoriers de l'épargne. Le dernier cependant pourrait avoir été l'objet de quelque préférence personnelle : les bontés de Mme d'Olonne ne lui coûtèrent que dix mille livres, pour les trois mois qu'elles durèrent, tandis que deux mille pistoles n'avaient valu à Paget que trois rendez-vous.

La comtesse d'Olonne connut-elle jamais l'amour? Il n'est pas permis

de l'admettre, bien que, encore une fois, le temps où elle a vécu ait vu
bien d'étranges contrastes. Il semble néanmoins qu'elle ait beaucoup
tenu à Beuvron, et plus encore à l'aimable et infortuné duc de Candale,
au premier par habitude, au second par une sorte de respect qu'il eût
mérité d'inspirer à plus digne qu'elle. Toujours est-il qu'elle se donna
des peines infinies pour les tromper tous deux, sans jamais se pouvoir
résoudre à sacrifier ni l'un ni l'autre. Il lui fallait pourtant s'y décider,
car le duc de Candale n'accepta jamais de partage, du moins sciemment.
La mort de ce noble jeune homme, où elle fut pour beaucoup, la tira
de cet embarras, non, comme on va le voir, sans lui arracher d'abord
quelques larmes. Après mainte brouille et maint raccommodement, il
venait de rompre avec elle, lorsque, battu, avec un corps qu'il commandait, il tomba malade à Vienne, autant des fatigues de la campagne
que de son amour méconnu ou trahi. Il voulut cependant continuer un
voyage qui le ramenait près d'elle ; mais, arrêté à une journée de Lyon,
par l'épuisement total de ses forces, il mourut, non sans lui avoir
adressé cette dernière lettre, la veille même de sa mort :

Si je pouvois conserver pour vous de l'estime en mourant, il me fâcheroit fort de
mourir ; mais ne pouvant plus vous estimer, je ne saurois avoir de regret à la vie. Je
ne l'aimois que pour la passer doucement avec vous. Puisqu'un peu de mérite que
j'avois et la plus grande passion du monde ne m'en ont pu faire venir à bout, je n'y
ai plus d'attachement, et je vois bien que la mort me va délivrer de beaucoup de peines.
Si vous êtes capable de quelque tendresse, vous ne me pourriez voir en l'état où je suis,
sans étouffer de douleur ; mais, Dieu merci, la nature y a mis bon ordre, et puisque
vous pouvez mettre tous les jours au désespoir l'homme du monde qui vous aimoit
le plus, vous pouvez bien le voir mourir sans en être touchée. Adieu.

Mme d'Olonne savait déjà la mort de Candale, quand cette lettre lui
fut remise, avec plusieurs des siennes et maint souvenir d'elle, par un
nommé Mérille, principal confident du duc. La vue de ces gages d'amour,
si fidèlement conservés et rendus, la plongea, au premier moment, dans
un désespoir qui n'avait rien sans doute d'affecté. Elle se trouvait alors
avec la comtesse de Fiesque, sa grande amie, et toutes deux se livraient
devant Mérille au douloureux inventaire de tout ce qu'il avait apporté,

lorsque Mme de Fiesque montra à la comtesse une lettre où celle-ci reconnut l'écriture de son propre maître d'hôtel. Ce n'était rien moins qu'un rapport exact de ses faits et gestes, que cet homme, gagné par Candale, avait adressé à celui-ci, et dont le contenu avait pu suffire à déterminer la rupture des deux amants.

Cette lecture, qui eût comblé toute autre que Mme d'Olonne de confusion et de douleur, la naïveté de certains détails, dont elle ne savait que trop la justesse, Beuvron et ses deux frères, l'abbé de Villarceaux et le chevalier de Saint-Évremond désignés par l'appellation de *Normands*, qui leur convenait de toute façon, et, brochant sur le tout, le ton indigné du bonhomme, tout cela fit aux deux amies une impression si singulière, qu'après s'être regardées l'une l'autre à la dérobée, elles partirent toutes deux ensemble d'un éclat de rire, pendant que Mérille indigné les quittait fondant en larmes.

Comme cependant la liaison de Candale avec Mme d'Olonne n'était un secret pour qui que ce fût, on conseilla à celle-ci de se montrer moins gaie que cela en public, et elle y réussit, non sans effort, jusqu'au carnaval, qui tombait à trois jours de là. On la vit alors se jeter dans toutes sortes de débauches, avec un emportement où Bussy-Rabutin voit, peut-être à tort, une preuve de complète insensibilité. Mais à quoi bon sonder le cœur d'une pareille femme?

Toujours est-il qu'une fois délivrée du dernier amant dont l'opinion pouvait encore la toucher un peu, elle ne mit plus de frein à ses désordres. C'est elle qui eut et donna la première idée de cette odieuse mascarade, qui fit tant de bruit dans le temps et dont Mlle de Montpensier, dans ses Mémoires, parle avec un si juste dégoût. On y reconnut Mme d'Olonne déguisée, elle quatrième, en capucin. Son mari était un des quatre. Deux de ses amis les accompagnèrent dans les assemblées, pendant toute la nuit du mardi-gras, en costume de sœurs collettes. Cette sacrilège équipée faillit la faire chasser de la cour, mais le roi et la reine, sa mère, se laissèrent apaiser, et on la supporta encore quelque temps, méprisée et plus que jamais méprisable.

A la fin, cependant, les choses en vinrent au point que le comte d'Olonne la relégua à la campagne, « tant pour l'empêcher de faire de nou-

« velles sottises, que pour faire cesser les bruits que sa présence renou-
« velait tous les jours. En effet, sitôt qu'elle fut partie, on ne se souvint
« plus d'elle, et mille autres copies de Mme d'Olonne, dont Paris est tout
« plein, firent en peu de temps oublier ce grand original. »

A. DE BELLOY.

Mme SCARRON[1]

Vous souvenez-vous du lugubre portrait de madame de Maintenon, par Rigault? Voici une gravure qui ne ressemble guère à cette toile endormie et qui a raison. Ce sont les mêmes traits, fermes et posés, mais l'artiste en a saisi le grave sourire; au lieu de rides sur le front, il lui met une guirlande au corsage, jusque dans l'éclair fixe des yeux, il surprend la vie intérieure. Ce n'est plus la dévote que nous voyons, c'est la femme, c'est madame Scarron.

Madame Scarron! on murmurait ce nom injurieux aux oreilles de madame de Maintenon, quand elle devint marquise et demi-reine. Elle se taisait alors, enfermée dans son dédain et peut-être heureuse de ce souvenir; car le nom du pauvre poëte lui rappelait le temps des conversations exquises et des épreuves noblement supportées. On a longtemps calomnié cette époque de son existence. Voulez-vous la vérité, celle de l'histoire qui pèse les témoignages, celle de la vie, qui mêle quelquefois dans une même trame la jeunesse et la douleur et donne à la beauté l'escorte de la souffrance? Oubliez un moment Versailles, la cour et ce qu'on appelle le grand siècle. Reculez jusque

---

[1] Le n° 59 de la *Notice des Dessins, Peintures, Émaux,* etc., imprimée en 1820, désigne ainsi ce médaillon : *Portrait d'une Dame inconnue;* mais il a été gravé par Langier, sous le nom de madame Scarron, et nous avons cru devoir lui conserver cette attribution.

dans cet âge de transition qui s'écoule entre les rudes compagnons de Henri IV et les courtisans magnifiques de Louis XIV. Là l'histoire a placé un roman étrange, tissu d'esprit, d'aventures, de fatalité, et de cette réalité poignante qui vaut mieux que nos imaginations.

Françoise d'Aubigné est née en prison (1635); son père, Constant d'Aubigné, fils de l'auteur des *Tragiques* et déshérité par lui, était allé mourir en Amérique après avoir mené la vie d'un débauché qui changeait de pays, de religion et de cachots, sans jamais changer de vices. Sa mère, femme austère et malheureuse, ne revint en France que pour y recueillir les épaves de la fortune de son mari. Toujours occupée de procès, elle ne s'occupa guère de l'éducation de ses enfants, qu'elle traitait d'ailleurs avec une gravité froide. Pendant les trois années qu'elle passa avec sa fille, elle lui donna deux baisers sur le front, lui recommanda de lire Plutarque et ne s'occupa pas davantage de former cette jeune âme. En 1646, elle confia à madame de Villette, sa parente, « la petite galeuse. » Madame de Villette était protestante et voulait qu'on le fût. Une autre personne de la famille, madame de Neuillant, catholique décidée, entendait que l'enfant reçût une éducation orthodoxe. Une guerre s'engagea entre les deux femmes, et Françoise d'Aubigné, objet de la dispute, fut alternativement enlevée et reprise, papiste et huguenote, avant de rien comprendre aux éléments de la religion. Pour tout le reste, son esprit fut livré au hasard; on lui mit dans une main les quatrains de Pibrac, dans l'autre une baguette pour garder les dindons, et elle grandit ainsi. Madame de Villette ne se soucia pas longtemps de payer l'éducation d'une catholique; madame de Neuillant, fort avare, tenait encore moins à dénouer les cordons de sa bourse. Les Ursulines de Niort, qui ne savaient à qui adresser leurs mémoires, se débarrassèrent de leur convertie. Je ne sais trop comment elle vint à Paris, chez les Ursulines de la rue Saint-Jacques; toujours est-il que vers 1649, entre quatorze et quinze ans, elle menait la vie la plus misérable, sans guide, sans protecteur, tantôt dans une cellule délabrée, où elle manquait de tout, tantôt conduite dans le monde et présentée imprudemment aux dangers de la société. Ce fut alors que le chevalier de Méré, bel esprit, professeur galant, écrivain maniéré,

offrit de lui parler d'histoire et de grammaire, et lui parla d'amour. Elle
l'accueillit avec une sorte de reconnaissance; mais cette enfant instruite
par le malheur, à défaut d'autres maîtres, lui montra tout de suite
une fermeté d'intelligence qui déconcerta la galanterie du mentor
amoureux. Rien de piquant comme la surprise de cet homme léger,
lorsqu'il trouva chez une enfant abandonnée le sens amer de la vie et
la maturité précoce de l'épreuve. « Vous ne laissez pas quelquefois
« d'être bien sombre, lui écrivait-il, et d'avoir de tristes pensées. Je
« vous ai vue en cet état; vous me faisiez souvenir de ces temps bas
« qu'on aime quelquefois mieux que les plus brillants jours de l'été. »
Et pour la consoler, il lui traduisait de sa main une épître d'un philosophe grec sur la résignation. Françoise d'Aubigné ne trouvait pas là
ce qu'elle cherchait peut-être, l'accent d'une pitié sincère et d'une
amitié franche. Plus elle connut Méré, plus elle fut avec lui mesurée et
grave, si bien qu'il en vint à avoir peur de son écolière. « J'étais bien
plus hardi, écrit-il quelque part, dans un temps que j'avais moins l'honneur de vous connaître; mais je trouve que plus je vous ai vue, plus vous
m'avez inspiré le respect. »

Or il y avait à Paris dans la société même de Méré un homme qui,
lui, avait souffert horriblement et souffrait toujours. Celui-là s'y connaissait en douleurs; sa vie était un combat. Il avait fait la gageure de
lutter, à force d'esprit, contre la maladie, la pauvreté et la tristesse.
Scarron était le plus malheureux des estropiés et le plus jovial des
poëtes. Autrefois galant et bien fait, il avait vu tout à coup ses membres
se raccourcir; il disait lui-même qu'il était un raccourci de la misère
humaine, qu'il ressemblait à un Z, et que lorsqu'une mouche était sur
son nez, ce supplice ne cessait pas sans l'intervention de quelque
domestique. Il ne pouvait dormir sans opium, ni bouger sans crier.
Quelquefois, désespéré de son malheur, il aurait voulu, disait-il, se
supprimer lui-même en s'empoisonnant. Mais en général il narguait tous
ses maux par le courage et la gaieté. Doué d'un mouvement d'esprit
prodigieux, il fit rire ses domestiques, ses amis, ses lecteurs avec une
constance qui le fit comparer par Balzac à Prométhée, à Hercule, à
Philoctète. Balzac le déclara même, en vers latins, *prince du stoïcisme.*

Le pauvre estropié réunit autour de lui toute une société de beaux
esprits : Vivonne, Mata, Grammont, Charleval, Coligny, Ménage,
Pellisson, l'abbé Testu, Hénault, Montreuil, Marigny s'y rencontraient
avec Mignard, avec mesdames de La Sablière, de La Suze, de Sévigné,
Scudéry, Lafayette, Coulanges et la célèbre Ninon. Cette société du
Marais, moitié élégante, moitié légère, fit désirer, dit-on, à la reine
Christine, de voir Scarron, qu'elle déclara son Roland.

Un jour, au milieu de la chambre étrange et illustre du malade, on
amena Françoise d'Aubigné. Elle tremblait de peur ; sa robe était trop
courte, son embarras visible à tout le monde la fit pleurer ; mais elle
n'en remarqua pas moins l'esprit vif de Scarron. Le poëte, sous le
désordre et la liberté de ses bouffonneries, ne cachait pas seulement
un grand courage contre la douleur, mais encore une veine intarissable
d'observation fine et forte sur les ridicules de son temps ; sa causerie
aventureuse était au fond une critique gauloise très-bien nourrie.

Mademoiselle d'Aubigné, obligée à cette époque de retourner à Niort,
était comme remplie de ce bizarre souvenir. Dans la première lettre
qu'elle écrivit à une amie, mademoiselle de Saint-Hermant, elle trahit
cette impression.

De Niort, 1650.

Mademoiselle, vous m'écrivez des choses trop flatteuses, et vous me traitez, peu
s'en faut, comme si j'étais d'un sexe différent du vôtre. Je suis bien plus flattée de
vos louanges que de celles de M. de M***. Il m'en donne avec plus de passion, mais
point avec autant de tendresse. Aussi me méfierais-je bien d'un amant qui saurait
entrer dans mon cœur avec la même adresse que vous y entrez. Je ne regretterais
point Paris, si vous n'y étiez pas. Vous effacez tout ce qui m'y a plu. Je n'oublierai
jamais les larmes que vous avez versées avec moi, et toutes les fois que j'y pense,
j'en verse encore. Je m'assieds avec un plaisir toujours nouveau sur cette chaise que
vous avez travaillée de vos mains ; et quand je veux écrire, je ne suis contente ni de
mes expressions, ni de mes pensées, si je ne me sers pas de vos plumes et de votre
papier. Je vous prie, Mademoiselle, de me dispenser de vous l'envoyer tout écrit. Je
n'ai ni assez de courage, ni assez d'esprit pour cela ; je vous en promets la moitié, et
vous aurez le reste quand j'aurai autant d'esprit que monsieur Scarron. J'aime bien
mademoiselle de Neuillant ; je vous prie de le lui dire, et de la remercier du service
qu'elle m'a rendu, en me donnant en vous une amie qui me consolerait de ma mère,
si quelque chose pouvait m'en consoler.

Le poëte n'ignora pas la mention honorable qu'il obtenait de la pensionnaire de Niort. Il lui écrivit aussitôt :

Mademoiselle, je m'étais toujours bien douté que cette petite fille que je vis entrer, il y a six mois dans ma chambre avec une robe trop courte, et qui se mit à pleurer, je ne sais pas bien pourquoi, était aussi spirituelle qu'elle en avait la mine. La lettre que vous avez écrite à mademoiselle de Saint-Hermant est si pleine d'esprit, que je suis mécontent du mien de ne m'avoir pas fait connaître assez tôt tout le mérite du vôtre. Pour vous dire vrai, je n'aurais jamais cru que dans les îles de l'Amérique, ou chez les religieuses de Niort, on apprît à faire de belles lettres ; et je ne puis bien m'imaginer pour quelle raison vous avez apporté autant de soin à cacher votre esprit que chacun en a de montrer le sien. A cette heure que vous êtes découverte, vous ne devez point faire difficulté de m'écrire aussi bien qu'à mademoiselle de Saint-Hermant. Je ferai tout ce que je pourrai pour faire une aussi bonne lettre que la vôtre, et vous aurez le plaisir de voir qu'il s'en faut beaucoup que j'aie autant d'esprit que vous. Tel que je suis, je serai toute ma vie, etc.

La correspondance de Scarron avec mademoiselle d'Aubigné, d'abord superficielle et rare, devint peu à peu plus fréquente. Malgré lui il songeait à elle plus que de raison, il songeait à cette ressemblance de malheur, à cet abandon, à cette pauvreté. Comme lui, elle manquait de bien-être et de linge blanc. Un jour il apprit qu'elle était malade. Il prit aussitôt sa plume de poëte burlesque, et cachant sous mille sottises un sentiment sérieux, il lui écrivit :

Vous êtes donc devenue malade de la fièvre tierce ; si elle se tourne en quarte, nous en aurons pour tout notre hiver ; car vous ne devez pas douter qu'elle ne me fasse autant de mal qu'à vous. Faites-moi savoir, je vous prie, combien d'accès nous en avons déjà eus, et ce que les médecins en disent, puisque vous les verrez la première. Et en vérité, cela est assez extraordinaire que vous sachiez de mes nouvelles quatre ou cinq jours avant moi-même. Je me fie bien en mes forces, accablé comme je suis de tant de maux, de prendre part aux vôtres. Je ne sais si je n'aurais pas mieux fait de me défier de vous la première fois que je vous vis. Je le devais faire à en juger par l'événement. Mais aussi, quelle apparence y avait-il qu'une jeune fille dût troubler l'esprit d'un vieux garçon ? et qui l'eût jamais soupçonnée de me faire assez de mal pour me faire regretter de n'être plus en état de me revancher ? Douceurs à part, je sais que vous êtes malade, et je ne sais si l'on a de vous tout le soin qu'on en doit avoir. Cette inquiétude-là augmente fort le déplaisir que j'ai de vous voir aussi malheureuse que je vous suis inutile.

> Tandis que, la cuisse étendue,
> Dans un lit toute nue,
> Vous reposez votre corps blanc et gras
> Entre deux sales draps,
> Moi, malheureux pauvre homme,
> Sans pouvoir faire un somme,
> Entre mes draps, qui sont sales aussi,
> Je veille en grand souci.

Et cela pour vous aimer plus que je ne pensais. Que je vous aime! Et que c'est une sottise que d'aimer tant! Comment! à tout moment il me prend envie d'aller au Poitou, et par le froid qu'il fait, n'est-ce pas une forcénerie? Ah! revenez, revenez, puisque je suis assez fou pour regretter des beautés absentes. Je me devais mieux connaître, et considérer que j'en ai plus qu'il ne m'en faut d'être estropié depuis les pieds jusqu'à la tête, sans avoir encore ce mal qu'on appelle l'impatience de vous voir. C'est une maudite maladie. Ne vois-je pas bien comme il en prend au pauvre M***, de ce qu'il ne vous voit pas aussi souvent qu'il voudrait, encore qu'il vous voit tous les jours! Il nous en écrit en désespéré, et je vous le garantis âme damnée, à l'heure que je vous parle, non pas à cause qu'il est hérétique, mais parce qu'il vous aime, et c'est tout dire. Vous devriez pourtant vous en tenir à vos conquêtes, laisser enfin le genre humain en paix,

> Et commander à vos œillades
> De faire un peu moins de malades.

Vous êtes bien heureuse de n'avoir pas affaire à moi, je vous mènerais d'importance. Vous vous moquez peut-être de mes menaces. Mais sachez, beauté fière, qu'on ne manque point d'hommes forts dans une affaire où le public est intéressé. Il n'y aurait donc qu'à faire mourir les gens! Et dites-moi, ma mignonne, êtes-vous chrétienne? Vous êtes Turque, sur mon honneur; je m'y connais bien, et vous êtes Turque des plus méchantes. Encore les Turcs de bien et d'honneur sont-ils grands aumôniers! Mais de l'humeur dont je vous connais, vous ne feriez pas de bien pour un empire, même à ceux qui vous aiment. Vous ne valez donc rien, quoique vous soyez faite de quantité de belles et bonnes choses : vous autorisez plus que personne le proverbe qui dit : Tout ce qui reluit n'est pas or ; et enfin vous êtes aussi diablesse que vous êtes blanche. Avec tout cela, voyez ce que c'est que d'être belle! Je suis plus que personne du monde, etc.

Ces lettres touchaient Françoise d'Aubigné, qui insensiblement en provoqua de nouvelles ; l'exigence est un commencement d'affection. Scarron fut grondé de son premier retard. Il répliqua aussitôt.

Que vous êtes querelleuse ! et, si vous n'aviez beaucoup d'autres bonnes qualités, que j'aurais à souffrir en cultivant l'amitié que j'ai grande envie de faire avec vous ! Hé bien ! quand je vous aurais manqué une fois de parole, vous seriez bien gâtée ! je vous en manquerais plus de cent fois, et si je ne vous en aimerai pas moins. Voyez-vous, Mademoiselle, j'aime si fort mes amis, que j'en suis honteux. Mais j'avoue qu'il y a quelques petites incommodités à souffrir avec moi. Je suis paresseux en diable, et pour vous montrer que je dis vrai, c'est que de pure paresse, je ne puis me résoudre à vous choisir des vers dans ma cassette, quoique j'en aie plus grande envie que vous, et c'est tout ce que je pourrai faire tantôt. Quand vous me direz des injures, vous verrez avec quelle patience je les souffrirai, et vous jugerez par là, qu'au moins je suis bon à être grondé, si d'ailleurs je ne suis bon à rien. On n'a que faire de nous vouloir brouiller, nous nous brouillerons bien tout seuls, sans que personne s'en mêle ; mais aussi nous nous raccommoderons bien vite, et ce sera à recommencer de plus belle. Adieu. Je suis votre très-humble et très-obéissant serviteur, ou le diable m'emporte.

La lettre suivante fut décidément faite pour mettre à la mode la pensionnaire lointaine :

Oh ! pour le coup, voici les vers. Vous y verrez, petite Ogresse, que j'avais bien raison de me défier de vous.

> Je voyais tous les jours l'incomparable Iris,
> J'admirais son esprit, je la trouvais fort belle ;
> Imprudent que j'étais ! je m'aimais auprès d'elle.
> Mais ne la voyant plus, ô bons dieux ! quelle flamme
>   S'est découverte dans mon âme !
> Quels rigoureux tourments n'ai-je pas endurés,
> Quand j'ai pensé depuis à ses aimables charmes !
> Que j'ai poussé de cris ! que j'ai versé de larmes,
>   Et que j'ai souvent soupiré !
> Mais je ne la vois plus, et cependant mon âme
>   Voit croître tous les jours sa flamme.
> Je la sens dans mon cœur augmenter chaque jour ;
> Mais aussi chaque jour mon esprit diminue.

> O dangereuse Iris! pourquoi vous ai-je vue,
>   Si j'en devais mourir d'amour?
> Et si je ne saurais, tant vous êtes sévère,
>   Vous le dire sans vous déplaire.
> L'amour que j'ai pour vous me tourmente si fort,
> Que j'en pourrais fléchir l'âme la plus barbare :
> Je vous offenserai, si je vous le déclare;
>   Si je le cache je suis mort :
> Mais redoutant la mort moins que votre colère,
>   J'aime mieux mourir et me taire.

M. de Miossens a la goutte : on voit bien qu'il vous aime. Aimez-moi et je serai guéri de tous mes maux.

Scarron jouait avec le feu; à travers ses madrigaux perçait une affection visible; curieux spectacle! Il mêlait alors à l'étourderie audacieuse de l'esprit la timidité de l'affection vraie et l'embarras douloureux de l'homme estropié.

Que diable allais-je faire dans cette galère? Pourquoi vous aimer, vous qui ne m'aimerez jamais? Vous me direz toujours, avec cette gaieté qui me désespère : Vous m'aimez parce que je suis jolie; je ne vous aime point parce que vous êtes à faire peur.

> Ma raison par de vains discours
> A beau me faire voir le péril que je cours;
>   Quoi qu'elle me conseille,
>   Grands yeux, qui paraissez si doux!
>   Teint frais et vif! bouche vermeille!
> Beaux cheveux! belle Iris! adorable merveille!
>   Je veux mourir pour vous.

La correspondance marchait trop bien pour ne pas aboutir à quelque résolution importante. Elle ne pouvait cependant pas se terminer par l'amour; elle devait finir par le mariage. Un jour Scarron dit en riant à Françoise d'Aubigné que si elle préférait le mariage au couvent, il serait son mari. Elle regarda alors autour d'elle : seule, misérable, sans amis, elle venait de conduire à leur dernière demeure et sa mère et madame de Villette; un homme sincère, dévoué, spirituel lui proposait, étant trop pauvre pour la secourir, de lui donner son toit et son pain sous prétexte de l'épouser. Elle consentit; on lui prêta des habits de noce et on la maria.

Scarron n'eut pas lieu de s'en repentir; en elle il trouva une amie sûre, un conseiller excellent, un secrétaire éprouvé qui s'effaçait modestement devant lui. « Les autres femmes, disait-il, se parent de leur esprit; celle-ci aime à le cacher. » Mais le feu ne se cache jamais longtemps. Elle laissait voir malgré tout assez de grâce pour qu'on vînt causer et dîner souvent dans cette maison du Marais dont la petite porte, quand elle s'ouvrait à l'arrivée d'un carrosse, était enviée « de toutes les portes cochères environnantes. » La jeune femme contait fort bien, et quelquefois la domestique lui disait tout bas, pendant le dîner : « Madame, encore une histoire, nous n'avons pas de rôti. » Car souvent, hélas! il fallait payer d'esprit. Scarron, logé à l'*hôtel de l'Impécuniosité*, était toujours aux expédients; il avait formé le projet de partir pour l'Amérique, fait quelques spéculations, sollicité la place de malade de la reine; ses écrits, vendus au libraire Quinet, ne rapportaient pas assez pour vivre, et la future marquise de Maintenon, à qui il offrait le revenu de « son marquisat de Quinet, » vit son orgueil mis à de singulières épreuves. Être belle et jeune, et se trouver garde-malade, lui semblait moins pénible que de laisser voir sa détresse. Elle avait aussi à souffrir, elle dont la distinction était si délicate, d'entendre les inventions grivoises de ce mari qui, disait-il, ne voulait pas lui faire de sottises, mais lui en apprendre beaucoup. Elle eut l'esprit de faire tourner à son avantage et à celui de Scarron cette association de leurs destinées, qui n'avait rien de commun avec l'amour, comme l'avoue le poëte perclus :

> Car il est vrai, malgré moi-même,
> Que notre hymen fût un carême.

Elle apprit l'italien, l'espagnol, le latin, s'habitua de plus en plus à la contrainte et à l'ennui, et surtout développa en elle-même ce vif bon sens qui était déjà dans sa nature et qu'on retrouve au fond des inventions burlesques de Scarron. Elle s'y prêta volontiers tout en les modérant autant qu'elle le put, s'il faut en croire Segrais, qui assure qu'au bout de trois ans elle l'avait corrigé de bien des choses. Elle donna plus de tenue à la société du Marais, qu'elle régenta peu à peu avec esprit, douceur et à-propos. Les gentilshommes qui voulurent parler de trop près à la femme du paralytique furent chapitrés fort sensément. Elle ne craignit pas de se montrer pieuse devant les mécréants et pendant le carême de manger son hareng seule au coin de la table, en présence de ses hôtes qui dînaient mieux. Un écrivain en prend occasion de faire remarquer que « la dévotion n'a pas été pour elle, comme beaucoup l'ont cru ou ont feint de le croire, un habit de parade dont elle se serait affublée dans son âge mûr pour mieux jouer son personnage à la cour. »

En 1660, Scarron mourut, toujours plaisantant ; il ne devint sérieux que pour dire adieu à sa femme : « Je vous prie de vous souvenir quelquefois de moi. Je vous laisse sans bien ; la vertu n'en donne pas, cependant soyez toujours vertueuse. »

La pauvre femme avait oublié de s'assurer quelque chose pour vivre ; elle entra dans une nouvelle période d'épreuves cruelles et la même fierté qui les lui faisait supporter, les rendait plus durables. Elle eut toutes les peines du monde à ployer son orgueil à la nécessité de demander des grâces. Quand il fallut solliciter Fouquet, le surintendant oriental, qui se croyait des droits sur toutes les femmes, elle crut éviter les piéges en faisant passer toutes ses lettres par madame Fouquet. Eh bien ! quand plus tard elle fut arrivée à ce haut rang qui lui fit tant d'ennemis, on fabriqua une correspondance entre le surintendant et madame Scarron; on attribua à la belle veuve des marchés infâmes et entre autres ce billet :

Je hay le péché, mais je hay encorres davantage la pauvreté ; j'ay receu vos dix mille escus, si vous voulez encorres en apporter dix mille dans deux jours, je verray ce que j'auray à faire, je ne vous défens pas d'esperrer.

Ces lignes apocryphes, inventées pour le plaisir de la foule, ce mensonge impudent, ce faux en un mot, l'histoire l'a enregistré comme une pièce sérieuse. Pendant un siècle et demi il a cours dans nos annales.

Si l'on ouvre aujourd'hui les lettres authentiques de madame Scarron, on trouve qu'en effet des propositions lui furent adressées, qu'elle

refusa d'épouser un libertin et que ses amis s'en irritèrent. Il n'y eut
pour l'approuver alors que mademoiselle de L'Enclos; aussi madame
Scarron lui écrit-elle :

Le 8 mars 1666.

Votre approbation me console de la cruauté de mes amis; dans l'état où je suis, je ne saurais me dire trop souvent que vous approuvez le courage que j'ai eu de m'y mettre. A la place Royale on me blâme; à Saint-Germain on me loue; et nulle part, on ne songe à me plaindre ni à me servir. Que pensez-vous de la comparaison qu'on a osé me faire de cet homme à M. Scarron? O Dieu, quelle différence! sans fortune, sans plaisirs, il attirait chez moi la bonne compagnie; celui-ci l'aurait haïe et éloignée. M. Scarron avait cet enjouement que tout le monde sait, et cette bonté d'esprit que presque personne ne lui a connue; celui-ci ne l'a ni brillant, ni badin, ni solide; s'il parle il est ridicule. Mon mari avait le fond excellent : je l'avais corrigé de ses licences; il n'était ni fou, ni vicieux par le cœur; d'une probité reconnue, d'un désintéressement sans exemple : C*** n'aime que les plaisirs, et n'est estimé que d'une jeunesse perdue; livré aux femmes, dupe de ses amis, haut, emporté, avare et prodigue, au moins m'a-t-il paru tout cela. Je vous sais bon gré de ne l'avoir pas reçu, malgré les recommandations de La Châtre : il n'aurait pas senti que la première fois devait être la dernière. Assurez ceux qui attribuent mon refus à un engagement, que mon cœur est parfaitement libre, veut toujours l'être, et le sera toujours; je l'ai trop éprouvé, que le mariage ne saurait être délicieux, et je trouve que la liberté l'est. Faites, je vous prie, mes compliments à M. de La Rochefoucauld, et dites-lui que le livre de Job et le livre des Maximes sont mes seules lectures. Vous ne serez pas remercié, puisque vous ne voulez pas l'être; mais la reconnaissance ne perd rien au silence que vous m'imposez. Que je vous dois de choses, ma très-aimable.

Voilà la lettre vraie qui témoigne des sentiments de madame Scarron, qui la montre sous son aspect charmant et fier. Maintenant mettez en regard de cette page le portrait véritable de Madame Scarron, l'expression en est bien d'accord avec ce ton ferme et simple. On y lit une grande sûreté de résolution. Il est impossible d'imaginer une physionomie plus spirituelle et plus sensée.

Françoise d'Aubigné était grande et belle; elle avait l'air noble, le teint uni et fort beau, les cheveux d'un châtain clair très-agréable, le nez bien fait, la bouche fine, souriante, des traits fins, des sourcils noirs, de longs cils et des yeux admirables, noirs, brillants, pleins d'une intelligence et d'une force qui n'excluait pas une certaine mélancolie ; sur elle du linge fort beau, une propreté et une simplicité exquises, point de dentelles, généralement des rubans noirs, toujours chaussée coquettement. Ajoutez que son langage était précis, naturel, gracieux, et que son abord, son geste, sa démarche, avaient je ne sais quoi de séduisant dont s'inquiétait son directeur, l'abbé Gobelin. « Quand vous vous mettez à genoux, lui disait-il, je vois tomber avec vous, ma très-honorée dame, une grande quantité d'étoffe à mes pieds, qui a si bonne grâce que je trouve à cela quelque chose de trop bien. »

Ainsi l'abbé Gobelin ne trouvait pas de mots pour traduire l'impression vague que laissait dans l'âme la vue de Françoise d'Aubigné.

Cet homme, dont le témoignage ne compte pas, parce qu'il ne trouvait pas de mots, est pourtant le meilleur témoin que l'on puisse écouter. Ce qu'il renonce à traduire est en effet intraduisible ; il indique et devine très-bien la complexité étrange qui est en même temps le trait saillant de cette physionomie, et l'explication de ce caractère comme de cette fortune. Le charme et la raison se fondaient merveilleusement dans cette figure exquise, voilà le secret de la femme.

Avouons-le, un pareil concert est trop rare pour ne pas étonner l'esprit de la foule. L'accord mystérieux des contraires dans une nature d'élite scandalise le vulgaire des historiens ; ils se décident à voir une duplicité profonde là où il faut voir l'harmonie d'une double puissance, ils lapident madame Scarron, et comme les courtisans de Louis XIV l'ont déchirée, eux, les courtisans du lieu commun la déchirent encore. Elle le pressentait ; regardez sa figure, elle y pense, et elle sourit.

ÉMILE CHASLES.

ÉMAUX DE PETITOT

PARIS

IMPRIMÉ CHEZ BONAVENTURE ET DUCESSOIS

55, quai des Grands-Augustins.

LES

ÉMAUX DE PETITOT

DU

MUSÉE IMPÉRIAL DU LOUVRE

PORTRAITS

DE

PERSONNAGES HISTORIQUES ET DE FEMMES CÉLÈBRES

DU

SIÈCLE DE LOUIS XIV

GRAVÉS AU BURIN PAR M. L. CERONI

PARIS

B. BLAISOT, LIBRAIRE-ÉDITEUR, Md D'ESTAMPES

178, RUE DE RIVOLI, 178

1862

ÉMAUX DE PETITOT

MUSÉE IMPÉRIAL DU LOUVRE